苏州大学文正学院教材建设基金

General Finance Series

通用财经类系列

# 国际结算

（第三版）

⊙ 顾建清 编著

复旦大学出版社

## 内容提要

本书以国内外有关国际结算的立法和国际惯例为基础，用科学的观点与方法分十二章分别阐述国际结算工具、国际结算基本方式（汇付、托收和信用证）、国际结算辅助方式（银行保函、国际保理和包买票据）、国际贸易融资、国际结算单据、非贸易国际结算和国际银行间清算与支付体系等内容。

本书是复旦大学出版社出版的"通用财经类教材"之一，可作为国际经济与贸易类、金融类本专科阶段教学用书，也可作为国际贸易与金融从业人员的培训教材。

# 第三版前言

·国·际·结·算·

《国际结算》第二版出版至今已有十个年头了,承蒙广大读者的厚爱,本书第二版得以多次印刷。其间,相关国际结算规则进行了修订,同时本书在使用过程中,有些读者也提出了一些宝贵的意见。基于此,从2017年起,就酝酿对本书进行修订。本次修订着重于三个方面:第一,对原书的体系进行了调整,使本书体系更为合理;第二,对银行保函结算方式,根据URDG758的精神进行了修改和完善;第三,增加了一些复习思考题,尤其是实务题。

本书第三版共分十二章。由顾建清老师对全书体系进行调整和梳理。顾建清、姚海明、袁建新主编。参加编写的人员有:顾建清(第一、二章)、袁建新(第三、四章)、毛群英(第五章)、仲妮(第六、七章)、朱冬梅(第八章)、郑晓玲(第九、十二章)、陶丽萍(第十章)、姚海明(第十一章)。全书由顾建清、姚海明统一修改和审定全部书稿。(本书编写人员顾建清、朱冬梅是苏州大学东吴商学院和苏州大学文正学院的双聘教师,仲妮是苏州大学文正学院自有教师,其他人员均为苏州大学东吴商学院教师。)

本次修订得到了苏州大学文正学院教材建设基金的资助和复旦大学出版社的大力支持,在此深表感谢!

编 者
2019年1月

# 目 录

· 国 · 际 · 结 · 算 ·

| 第一章　国际结算导论 | 001 |
|---|---|
| 第一节　国际结算的基本问题 | 001 |
| 第二节　国际结算的产生与发展 | 004 |
| 第三节　国际结算中的往来银行 | 008 |
| 复习思考题 | 013 |
| 附录一　代理行合作协议式样 | 013 |

| 第二章　国际结算工具——票据 | 015 |
|---|---|
| 第一节　票据概述 | 015 |
| 第二节　票据法 | 017 |
| 第三节　票据的类型 | 025 |
| 第四节　票据行为 | 033 |
| 复习思考题 | 050 |
| 附录二　汇票、本票和支票式样 | 051 |

## 第三章　汇付结算基本方式　053

第一节　汇付结算方式概述　053
第二节　汇付结算方式类型　055
第三节　汇付的偿付与退汇　064
第四节　汇付结算方式的运用　066
复习思考题　068

## 第四章　托收结算方式　070

第一节　托收的定义与当事人　070
第二节　托收结算方式的类型与程序　074
第三节　托收结算方式的特点与运用　078
第四节　托收结算方式的运输单据、利息、费用及其他　080
第五节　托收统一规则　083
复习思考题　086
附录三　跟单托收面函（托收指示）式样　086

## 第五章　信用证结算方式　088

第一节　信用证的基本概念　088
第二节　信用证业务的办理程序　092
第三节　信用证当事人的权利和义务　095
第四节　信用证的种类　098
第五节　跟单信用证统一惯例　111
复习思考题　117
附录四　SWIFT 信用证式样　117
附录五　开证申请书式样　119

## 第六章　银行保函结算方式　121

第一节　银行保函概述　121
第二节　银行保函的开立　122
第三节　银行保函的种类　128
第四节　银行保函与备用信用证的关系　132

| 第五节 有关银行保函业务的国际惯例 | 134 |
| 复习思考题 | 138 |
| 附录六 投标保函式样 | 138 |
| 附录七 备用信用证式样 | 139 |

## 第七章 国际保理结算方式 —— 141

| 第一节 国际保理概述 | 141 |
| 第二节 国际保理的类型 | 144 |
| 第三节 双保理业务的办理程序 | 145 |
| 第四节 有关保理的国际惯例 | 151 |
| 复习思考题 | 153 |

## 第八章 包买票据结算方式 —— 154

| 第一节 包买票据概述 | 154 |
| 第二节 包买票据业务的办理程序 | 155 |
| 第三节 包买票据业务的特点、融资成本和影响 | 157 |
| 复习思考题 | 160 |

## 第九章 国际贸易融资 —— 161

| 第一节 国际贸易融资概述 | 161 |
| 第二节 短期国际贸易融资 | 163 |
| 第三节 中长期国际贸易融资 | 171 |
| 复习思考题 | 177 |
| 附录八 信托收据式样 | 177 |

## 第十章 国际结算单据 —— 179

| 第一节 结算单据概述 | 179 |
| 第二节 商业单据 | 180 |
| 第三节 运输单据 | 185 |
| 第四节 保险单据 | 194 |
| 第五节 附属单据 | 198 |
| 复习思考题 | 206 |

| 附录九 | 单据式样 | 206 |

## 第十一章　非贸易国际结算　　214

| 第一节 | 非贸易国际结算概述 | 214 |
| 第二节 | 信用卡 | 216 |
| 第三节 | 旅行支票和旅行信用证 | 219 |
| 第四节 | 侨汇和外币兑换 | 221 |
| 复习思考题 | | 224 |

## 第十二章　国际银行间清算与支付体系　　226

| 第一节 | 支付系统中的基本问题 | 226 |
| 第二节 | 清算系统的电子化 | 229 |
| 第三节 | 主要发达国家的支付体系 | 231 |
| 第四节 | 国际性清算组织及规则 | 235 |
| 复习思考题 | | 237 |
| 附录十 | 《托收统一规则》（国际商会第522号出版物） | 238 |
| 附录十一 | 《跟单信用证统一惯例》（国际商会第600号出版物） | 243 |
| 附录十二 | 《见索即付保函统一规则》（国际商会第758号出版物） | 257 |

# 第一章 国际结算导论

国家间政治、经济、文化以及各种事务性的交往,必然带来债权和债务,引起国际资金的流动,这就产生了国际结算。本书重点介绍国际贸易结算的理论和实务,对非贸易国际结算作简单介绍。

## 第一节 国际结算的基本问题

### 一、国际结算的含义

国际结算(International Settlement)指国家间由于政治、经济、军事、文化、外交等方面的交往或联系而发生的以货币表示的债权债务的清偿行为或资金转移行为。它是一项国家间的综合经济活动。

这项综合经济活动主要包括：支付工具及结算方式的选择与运用,各种商业单据的处理与交接,商品货款及劳务价款的索取与偿付,国家间资金单方面的转移与调拨,短期或中长期贸易的融资与运营,信用担保的提供与应用,国际清算系统及支付体系的建设与运行,国际银行间资金的转账与划拨等。国际结算实质是货币的跨国收付活动,它是一项极其重要的跨国经济行为,是保障与促进国家间各项活动与交往正常进行的必要手段。

### 二、国际结算的分类

引起货币跨国收付的原因很多,所以国际结算的范围很广,为了便于业务操作,在实务中通常把国际结算分为国际贸易结算和非贸易国际结算两大类。

国际贸易结算是指由有形贸易(Visible Trade)引起的货币收付活动。有形贸易是指商品或货物的进出口,它是国际贸易的基础和重要组成部分。

非贸易国际结算是指由无形贸易(Invisible Trade)引起的货币收付活动。非贸易主要指单方面转移、技术贸易和服务贸易等,包括侨汇、捐赠、国际资本流动、技术转让、旅游、运输、保险、银行服务等。近些年来,在国际贸易中无形贸易比有形贸易发展更快。无形贸易的主体是服务贸易。

国际贸易结算是国际结算的基础,它在国际结算中具有主导地位。有形贸易或商品贸易是货物与金钱的相对给付,卖方交货、买方付款。但是,要以买卖双方一手交钱、一手交货,银货当面两讫的方式,来完成货物交易数量巨大、年交易额数以万亿美元计的国际货物贸易的交割(Delivery)几乎是不可能的。因此,在实际中更多的情况是,卖方发货在先,买方付款在后,并且以单(据)(Documents)代替货(物),还使用了信用证、银行保函等工具。卖方交货变成了先发货而后再交单收款,并且首先付款的可能不是进口商(如信用证下)而是银行,最后才是买方付款、赎单、提货。于是,单据成为货物的代表,信用证或银行保函成了进口方付款的保证,银行加入进来并承担了一定风险。这些都使得国际贸易结算包含的内容更加广泛,手续更加复杂。

与国际贸易结算相比,非贸易国际结算较为简单,通常它只涉及一部分结算方式和内容。掌握了国际贸易结算,非贸易结算也就不难掌握了。因此,国际贸易结算是本书的重点。

### 三、国际结算的性质

国际结算是一门以国际金融、国际贸易和货币银行学为基础而形成的交叉学科。

（一）国际结算是一项银行中介业务

银行是国际结算不可缺少的主体。在国际结算中,不同国家间的债权债务关系的清偿都是通过银行实现的。在清偿债权债务的活动中,银行提供服务、承担风险的根本目的是为了获得一定利润。银行在开展国际结算业务时,有权选择是否接受客户的委托和申请,有权采用某些保障措施以降低所承担的风险并决定收取一定的费用。总之,银行是按照其经营原则来办理国际结算业务的,有利可图是其基本要求。

（二）国际结算离不开国际金融

在国际结算中总是要涉及货币与汇率、国际收支与国际资本流动、国际金融市场与外汇风险防范等问题,而这些都是国际金融的实务问题。

（三）国际贸易是国际结算的基础

国际贸易实务是指包括国际货物买卖合同的洽谈、签订与履行在内的全过程,货款收付是合同最重要的条款之一。货款收回是卖方的根本目的和最主要的权利,货款支付是买方最主要的义务。于是,卖方就成为债权方,买方便是债务方,国际结算也就有了基础。此外,国际结算还涉及货物运输、保险等环节,因为在凭单付款结算方式中,运输单据和保险单等都是重要的单据,是进口方及银行付款必不可少的条件。因此,国际结算从产生之日起就以服务于国际贸易为宗旨。在信用证方式下,国际结算几乎包括了国际贸易的全过程。

因此,掌握国际金融、国际贸易及货币银行学等方面的知识是学好国际结算的基础。

### 四、国际结算的研究对象

（一）国际结算工具

现代国际结算主要是银行的非现金结算,而非现金结算的主要工具是票据。票据在结算中起着流通手段和支付手段的作用,远期票据还能发挥信用工具的作用。这种结算工具主要包括汇票、本票和支票,它们被称作国际结算的基石。正是依赖这些票据的使用和传递,资金才会在全球范围内最大限度地完成转账结算。票据的使用极大地提高了国际结算的效率和安全程度,因此票据的运动规律、行为、法规、要式及种类等是国际结算研究的第一个对象。

(二) 国际结算方式

以一定的条件实现国际货币收付的方式称为国际结算方式。在国际贸易中,进出口商要将商定采用的结算方式列入合同的支付条款中并予以执行。经办银行应客户的要求,在某种结算方式下以票据和各种单据作为结算的重要凭证,最终实现客户委办的国际债权债务的清偿。

国际结算方式主要包括汇款、托收、信用证、保付代理、保函业务、包买票据等类型。国际结算方式的发展与创新,主要取决于国际经贸活动的内容、融资需求、风险保障程度及银行的服务范围等因素。例如,汇款业务简单便捷,可用于寄售、售定、贸易从属费用及非贸易项目结算。跟单托收则主要用于国际贸易结算,由于其程序简单、费用较低,受到贸易商尤其是进口商的青睐。但是,由于银行在跟单托收运作中未承担任何付款责任,托收效果主要取决于商业信用,因此出口商承担了进口商拒付托收货款的风险。为了有效地保障出口商的权益,由银行担负第一性付款责任的信用证结算方式于 20 世纪初问世,并受到国际贸易交易者的普遍欢迎,现在已成为影响最大、应用最广泛的国际结算方式。此外,为了满足客户除结算货款以外的诸如融资、风险保障、账务管理、信息咨询等需要,又相继出现了保函、保付代理、包买票据等综合性业务。

在国际贸易活动中,为实现最终交易目的,当事人可采用单一结算方式,如以信用证结算货款;也可数种结算方式并用,如以跟单托收结算货款时,出口商为规避风险,可同时通过备用信用证而获得开证银行的信用担保;也可以部分款项用托收方式结算,部分款项以信用证方式结算。

总之,在国际贸易实践中,产生了各具特色、适用于不同交易需要的国际结算方式。研究国际结算方式的产生、演变、应用、发展趋势以及创新是这一学科的第二研究对象。

(三) 国际结算单据

单据的传递和使用是实现国际结算的必备条件之一,在国际贸易结算中,单据具有举足轻重的作用。

在国际贸易中,既有货物的转移,也有单据的传递。但是,除了出口商外,其他当事人在进口商最后见到货物之前,一般只能从各类单据上了解货物的情况。因此,为了使交易得以实现,各当事人之间必然要发生单据的交付转让,从而体现了当代国际贸易中的货物单据化和凭单而非凭货付款的基本特征。

货物单据化是银行作为国际贸易结算中介的前提,否则银行势必耗费相当的人力、物力及财力参与监管交易的各个环节。只有在凭单付款的条件下,银行才有可能通过控制单据,进而控制货物,在结算货款、贸易融资、咨询服务等方面发挥巨大作用。

单据对于国际贸易债务的清偿具有至关重要的影响,特别是以跟单信用证结算货款时,出口商提交单据合格与否,成为其能否收回货款的决定性因素。因此,出口商应严格按照信用证的规定,提交正确的单据。

由此可见,对单据的处理是国际贸易结算的重要内容之一。随着现代通讯技术的发展,货物单据化的事实将有所改变,一些国家已经简单化了单据的使用程序。特别是电子数据交换语言(Electronic Data Interchange,EDI)的问世与推广使用,将引发国际贸易及其结算的传统单据运作体系的重大变革。

(四) 以银行为中心的支付体系

以银行为中心的现代电子转账划拨支付体系是国家间资金得以安全有效结算的基础设施。只有通过各国货币清算中心支付体系的良好运行,才能保证国际结算的及时与可靠。此外,跨国支付系统的作用也越来越突出,如1973年开通的全球银行间通讯系统(SWIFT)、欧洲的跨国零售支付系统、英国的银行间净额轧差及结算系统(CHAPS)、美国的交换银行相互收付系统(CHIPS)和中国人民币跨境支付系统(CIPS)等,都为国家间资金结算的准确、快捷与可靠作出了贡献。进入21世纪,各国清算系统的主动脉向大额实时支付方向发展,而小额支付系统仍采用差额结算。这一改革的主要目的是减少资金在调拨转移中的结算风险和时间风险。因此,一个良好的支付系统是完成国际结算的重要条件。

## 第二节 国际结算的产生与发展

### 一、国际结算的历史演变过程

国际结算产生于国际贸易,并随着国际贸易和其他国际交往的扩大而不断发展和完善。不同时期的国际结算具有不同的特点。同时,国际结算的发展又反过来促进了国际贸易的进一步扩大。

(一) 国际结算的产生

国际结算以国际贸易的产生和发展为前提,但它们并不是同时产生的。国际贸易的产生早于国际结算。

国际贸易产生和发展的基础是社会生产力的发展和社会分工的扩大。原始社会末期,随着生产力的发展,剩余产品的不断增加,产生了私有制、阶级和国家,商品流通超出了国界便出现了国际贸易的萌芽。最初的国际贸易是以物物交换的形式进行的,随后产生了充当一般等价物的实物货币。从严格意义上讲,在黄金、白银充当一般等价物之前,还不存在国际结算,只有到了封建社会,金、银成为货币,充当统一的一般等价物,行使价值尺度、流通、支付和储藏手段职能,并充当世界货币后,国际结算才得以产生。

(二) 国际结算的发展和完善

在国际结算产生初期及此后相当长的时期里,国际结算都是以传统的方式在进行。这就是贸易商之间直接以现金支付进行结算,买卖双方一手交钱、一手交货,银货当面两讫。随着国际贸易的发展和银行职能的变化,传统的国际结算不断发生着变化。

1. 票据的产生和推广,使国际结算由现金结算发展到非现金结算

早期的国际结算是原始的现金结算,这时主要以金银铸币作为结算手段。买方直接将金银货币交付卖方,以清偿债务。远途运送金银不但风险大、费用高,而且难以清点和辨别真伪,这些都给国际贸易商带来很多不便。当交易量较大、交易活动频繁时,这种不便就更为突出。因此,现金结算也就不能适应国际贸易大规模发展的需要。

逐步取代现金结算的是票据结算,即非现金结算。现代票据制度的产生和完善,大体上经历了三个阶段。

(1) 兑换商票据时期。票据产生于公元11—12世纪的欧洲国际贸易中心——地中海沿岸城市。由于各城市国家之间的贸易往来的发展,产生了大量不同货币兑换的需要,并由此产生了专门从事货币兑换业务的兑换商。为避免运送现金发生的风险,减少运输费用,于是出现了为代替现金运送,而由兑换商在本地收取现金,再向异地的兑换商发出书面证明,由异地的兑换商进行支付的办法。这种由兑换商签发的书面证明即是早期的票据。

票据兑换的过程如下:

① 交易商在本地将一定金额的现金交兑换商A,兑换商A收取现金后开出兑换证明给交易商;

② 交易商持兑换证明到另一地点向指定的兑换商B出示兑换证明,要求兑换成现金;

③ 兑换商B受兑换商A的委托并在验明兑换证明的真实性以后,即向交易商支付现金。

(2) 市场票据时期。公元13世纪前后,欧洲的一些主要城市,定期的集市交易发达起来,票据开始了最初的交易。交易商可用由兑换商发出的、以市场交易日为到期日的票据代替现金进行支付。如交易商A欠交易商B 500元,A便可以用到期的票据向B进行支付。不过,A向B支付的票据必须是到期票据,并且票据到期日必须是市场交易日。余额部分则以现金支付。

(3) 流通票据时期。公元16、17世纪,欧洲的票据使用已相当普遍,票据制度也渐趋完善,特别是最初背书制度的出现,使票据能够以简便的方法实现转让,票据便从先前的证据性证券演变成流动性证券。到了18世纪以后,票据就开始成为现代意义上的票据。

2. 单据证券化,使支付方式从"凭货"付款发展到"凭单"付款

在票据发展的同时,国际贸易也大幅度地增长,商人们已不再亲自驾船出海,而是

委托船东运送货物,船东们为了减少海运风险,又向保险商投保。这样,商业、航运、保险分化成为三个独立的行业,出现了发票、运单、保单等,这些单据不仅是收据,而且还可以转让,成为买卖和抵押的对象。18世纪单据证券化的概念被普遍接受。19世纪末20世纪初凭单付款的结算方式已相当完善。

3. 银行的加入,使国际结算由贸易商人之间的直接结算变成以银行为中介的转账结算

早期的银行是高利贷性质的银行,发放高利贷是其主要业务,当时尚未开展中介服务业务,也未能完全加入国际贸易和国际结算体系中。到了18世纪60年代,在最主要的资本主义国家相继完成了产业革命的同时,银行业发生了深刻的变化,即高利贷性质的封建银行转变为担任信用和支付中介的资本主义银行。它们不仅从事国内的存放款业务,还开展了国际结算和国际借贷业务,贸易商便可委托银行收付货款。

银行的加入极大地促进了国际贸易和国际结算的发展。这是因为:银行拥有高效率的资金转移网络;银行有安全的保障系统(印鉴、密押);银行资信卓越;为贸易融资。

4. 国际贸易和结算的国际惯例的产生,使国际结算更加规范

国际贸易和国际结算惯例是指在长期的国际贸易和国际结算实践中逐渐形成的一些通用的习惯做法和普遍规则,如《国际贸易术语解释通则》(*International Rules for Interpretation of Trade Terms*)、《托收统一规则》(*Uniform Rules for Collections*)、《跟单信用证统一惯例》(*Uniform Customs and Practice for Documentary Credits*)、《见索即付保函统一规则》(*Uniform Rules for Demand Guarantees*)等。国际惯例确定了一定时期内国际贸易方式和规则的相对稳定性,维护了当事人各方的权益;同时,运用国际惯例有助于减少环节,提高效率;国际惯例的形成和发展还有助于在自由、公平、合理的基础上建立国际经济新秩序。

从国际结算的发展可以看出,现代国际结算是以票据为基础、单据为条件、银行为中介、结算和融资相结合的非现金结算体系。

## 二、国际结算制度的历史演变过程

国际结算制度(System of International Settlement)又称国际结算体系,它是各国之间结算债权债务关系的基本方法和总的原则。实行何种国际结算制度,取决于世界各国经济发展水平及国际政治现状。从资本主义发展过程来看,国际结算制度曾经历了三种不同类型。

(一)自由的多边国际结算制度

19世纪正处于资本主义自由贸易的鼎盛时期,国际贸易发展十分迅速,国家间的经济、贸易交往日益增强。许多国家确立了金本位的货币制度,国际收支基本平衡,黄金可以自由输出输入,国家间正常的支付与结算均以黄金作为最后的支付手段。由于各国货币之间的比价都是以各自的含金量为基础,所以汇率能保持稳定。在这种条件

下,推行自由的多边国际结算制度,有利于国际贸易的发展。但是,实行自由的多边国际结算制度必须以外汇自由为前提,而外汇自由又必须以资本主义国家的货币稳定为条件。自由的多边国际结算制度必须包括下列内容:(1)外汇自由买卖;(2)资本自由输出输入;(3)黄金自由输出输入;(4)黄金外汇自由市场的存在;(5)多边结算制度的存在。

但是,自由的多边国际结算制度遭到了第一次世界大战的冲击。在第一次世界大战爆发后,资本主义各国为了筹措战争所需的大量外汇,防止本国资本外逃,不得不对黄金、外汇采取限制性的措施。尽管在战争结束后,由于生产逐渐得到恢复,国际经济关系也归于正常,各国也先后部分或全部恢复了金本位货币制度,但在此期间大多数国家仍然采取某些措施来间接干预外汇交易以维持汇率的稳定。1929—1933年资本主义世界爆发的空前严重的经济危机,使各主要资本主义国家爆发了货币信用危机,它冲击着整个资本主义市场,使资本主义赖以运转的市场机制的作用大为削弱,国家间关系陷于混乱。各国为了维护各自的经济利益,纷纷恢复了不同形式的外汇管制。第二次世界大战期间,除了远离战争而未受战争破坏的美国之外,欧洲各主要资本主义国家都实行了严格的外汇管制,整个资本主义的金融、外汇市场陷于停滞状态,于是管制的双边国际结算制度应运而生。

(二)管制的双边国际结算制度

管制的双边国际结算制度是指两国政府签订支付协定,开立清算账户和清算两国之间由于贸易和非贸易往来所产生的债权债务收支。在这种制度下,甲国对乙国的债权只能用来偿还甲国对乙国的债务,而不能用此债权来抵偿甲国对任何第三国的债务。双边清算由两国的中央银行负责具体组织实施。具体做法是:由两国的商业银行或外汇银行各自向本国的中央银行收付本国货币,再由本国的中央银行记入对方国家的结算账户。在记账方式上,采用"先借后贷法",即出口方银行主动借记进口方银行开立在本行的账户,然后再由进口方银行贷记出口方银行开立在本行的账户。为此,各方需要设立维持账户以核对对方寄来的账单。

管制的双边结算制度的产生,直接反映了资本主义世界经济危机和货币信用危机的加剧。然而,这种国际结算制度的实行,具有止反两方面的作用。

1. 积极作用

(1)缓和了资本主义国家因黄金外汇短缺而无法进行正常贸易的矛盾,在一定程度上促进了国际贸易的发展。

(2)防止了不利的资本流出或流入,改善了各国的国际收支状况。

(3)节约了外汇黄金的使用,加速了资本的周转。

(4)节约了缔约国之间的外汇资金的支出,促进了缔约国之间的贸易发展。

2. 消极作用

(1)由于这种结算制度具有排他性,因此直接影响到与缔约国以外的第三国开展贸易,从而在一定程度上阻碍了国际贸易的发展。

(2) 这种结算制度容易造成资本主义发达国家向不发达国家倾销过剩产品等。

（三）多元化混合型的国际结算制度

第二次世界大战之后,世界政治经济格局发生了重大变化。到 20 世纪 50 年代后期,西方一些国家的经济实力已经增强,足以与美国抗衡,于是对外汇的管制有放松的趋势。从 1960 年开始,联邦德国与日本率先宣布货币自由兑换,英国也在 1979 年撤销了残存的一些外汇管制条例。然而,许多发展中国家为了发展民族经济,减少黄金外汇储备的流失,则一直实行着比较严格的外汇管制。然而,单纯管制的双边国际结算制度已经不能满足经济发展的需要,多元化混合型的国际结算制度逐渐取代了单一的国际结算制度。在多元化混合型的国际结算制度下,既有西方国家间全球性的多边结算,也有区域性的和集团性的多边结算,此外还存在发展中国家之间的双边结算制度。由于管制的国际结算制度不利于全球性贸易的开展,因此当前推行的主要是全球性、区域性的多边结算制度。这种多元化混合型的国际结算的主要特点是：

(1) 有限的外汇自由兑换与程度不同的外汇管制并存,而以外汇自由兑换为主；

(2) 全球自由的多边结算制度、区域性的多边结算制度和管制的双边结算制度并存,而以全球的和区域性的多边结算为主。

随着生产、市场和资本的国际化以及跨国公司的蓬勃兴起,国际贸易结算制度将进一步向着多元化和自由的多边结算制度发展。

## 第三节　国际结算中的往来银行

银行开展国际结算业务,必须通过海外的分支机构和代理行来完成。

例如,中国 A 公司向美国 B 公司出口一批货物,价值 100 万美元,合同规定货到后,由买方通过银行以汇付方式来支付货款。货到后,美国 B 公司委托其开户行花旗银行将 100 万美元汇往中国 A 公司。那么,花旗银行怎样才能完成这 100 万美元的汇款业务？花旗银行不能把这笔钱亲自送到中国,也不可能让 A 公司去美国取款,因为这都不可行。要完成这笔业务,花旗银行首先必须在中国,最好是 A 公司所在城市或地区找一家银行如中国银行合作。先由花旗银行将款项汇给中国银行,然后由中国银行记入 A 公司的账户上,从而完成汇款业务。在这里,中国银行就是花旗银行完成汇款业务不可缺少的合作行或往来银行。因此,在国际结算业务中,每笔业务都至少要涉及两家以上的银行机构。

根据与本行的关系,可将往来银行分为两种类型。

### 一、商业银行分支机构与联行

（一）商业银行分支机构

一般来说,经营外汇和国际结算业务的商业银行都在海外设有分支机构。

商业银行在国内外设置的分支机构一般有以下六种形式。

1. 代表处

代表处(Representative Office)是商业银行设立的非营业性机构。它不能经营真正的银行业务,其主要职能是探询新的业务前景,寻找新的盈利机会,开辟当地信息新来源。代表处是分支机构的最低级和最简单形式,它通常是设立更高形式机构的一种过渡形式。

2. 代理处

代理处(办事处、经理处)(Agency Office)是商业银行设立的能够转移资金和发放贷款,但不能在东道国吸收当地存款的金融机构。代理处是母行的一个组成部分,不具备法人资格。它是介于代表处和分行之间的机构。代理处可以从事一系列非存款银行业务,如发放贷款、提供贸易融资、开证、承兑、票据买卖和交换等业务。代理处由于不能吸引当地居民存款,所以其资金主要来源于总行和其他有关机构,或从东道国银行同业(Interbank)市场拆入。

3. 分行

分行(Branch)是商业银行设立的营业性机构,下设支行,不是独立的法人。分行可以经营完全的银行业务,但不能经营非银行业务。分行的业务范围和经营政策与总行保持一致,但受总行的资本、资产与负债的限制;总行对分行的活动负有完全的责任。

4. 子行

子行(Subsidiary)是商业银行设立的间接营业机构,是在东道国登记注册而成立的公司性质的银行机构,在法律上是一个完全的经营实体,它自身的债务仅以其注册资本为限负有有限责任。股权全部或大部分为总行控制。业务活动可以是东道国允许的全部银行业务,甚至包括东道国内银行不能经营的非银行业务。

5. 联营银行

联营银行(Affiliate)类似子行,区别在于任一外国投资者拥有的股权在50%以下,即少数股权,其余股权为东道国所有。其最大优点是可以集中两家或多家参股者的优势。

6. 银团银行

银团银行(Consortium Bank)是由两个以上不同国籍的跨国银行共同投资注册而组成的公司性质的合营银行,任一投资者所持股份都不超过50%。作为一个法律实体,银团银行有自己的名称和特殊功能。它既接受母行委托的业务,也开展自己的业务。其业务范围一般包括:对超过母行能力和愿意发放的大额、长期贷款作出全球性辛迪加安排;承销公司证券;经营欧洲货币市场业务;安排国际企业并购;提供项目融资和公司财务咨询等。与其他形式的银行相比,银团银行具有以下特点:

(1) 其母行大多为世界著名跨国银行;

(2) 注册地多为一些传统金融中心或离岸金融中心;

(3) 专门从事成本高、风险大、技术性强、规模大的业务(辛迪加贷款、承销国际证券、经营欧洲货币市场业务、安排国际兼并、提供项目融资和公司财务咨询等);

(4) 业务对象一般是政府、跨国公司。

(二) 联行

联行(Sister Bank)是指银行根据业务发展的需要,在国内外设置的分支机构。总行与分行、分行与支行之间以及相互间都是联行关系。根据设立的地点不同,联行可分为国内联行和海外联行两种。

1. 国内联行

国内联行(Domestic Sister Bank)是指设立在国内不同城市和地区的分、支行。国内联行往来是国际结算中不可缺少的组成部分。例如:总行在国外开立了账户,分、支行办理国际结算时即可通过国内联行与总行办理资金的划拨;异地办理国际结算需要在国内异地划拨资金时,也可通过国内联行在分、支行之间办理。

2. 海外联行

海外联行(Overseas Sister Bank)是指设置在海外的分、支行。设立海外联行的目的是为了开拓海外市场,方便国际结算,扩大银行业务范围。但是,设立海外联行必须具备一定条件。首先,拟设立联行的城市或地区要具备良好的自然地理、政治经济条件;其次,关键是要看该地业务量的多寡,若业务量充足,其盈利足以维持分支机构的开支,则可设立分支机构,否则就不需设立分支机构。

长期以来,中国银行作为我国的外汇专业银行,在海外联行的设立方面要领先于其他银行一步。中国银行先后在伦敦、纽约、巴黎、东京、开曼、卢森堡、法兰克福、新加坡、巴拿马、多伦多、大阪等地设立了分行和代表处;在港澳地区有中银集团。中国银行在海外设置的各类分支机构累计超过500家。其他银行也正在设置或准备设置海外联行。

## 二、代理行

在办理国际结算业务时,银行除了在国外设置分支机构外,还需要外国银行的业务合作与支持。因为一家或一国的银行不可能在发生债权债务关系的所有国家或地区都建立分支机构,这样做既无必要也无可能。以中国银行为例,虽然它已在海外设立了数百家分支机构,但这些分支机构的数目与中国银行所肩负的国际结算业务相比,还是不相适应的。于是,中国银行根据业务发展的需要,与外国银行广泛建立了代理关系。目前,中国银行已与世界上近200个国家和地区的1 500多家银行的5 000家左右的分支机构建立了代理关系。

(一) 代理关系和代理行

代理关系是指两家不同国籍的银行通过相互委托办理业务而建立的往来关系。建立了代理关系的银行互为代理行(Correspondent Bank or Correspondents, CORRES)。

(二) 代理关系的建立

代理关系即代理行关系,一般由双方银行的总行直接建立。分支行不能独立对外建立代理关系。

代理行关系的建立一般要经过三个步骤。

1. 考察了解对方银行的资信

代理行关系是建立在一定资信基础上的,因此在建立代理关系前,应对对方银行的基本情况有所了解,以便决定是否同对方银行建立代理关系。

一般而言,银行只同那些资信良好、经营作风正派的海外银行建立代理关系。

2. 签订代理协议并互换控制文件

如果双方银行同意相互建立代理关系,则应签订代理协议。代理协议一般包括双方银行名称、地址、代理范围、协议生效日期、代理期限、适用分支行等。

为使代理业务真实、准确、快捷、保密,代理行之间还要相互发送控制文件(Control Documents)。控制文件包括如下三种。

(1) 密押(Test Key)。密押是银行之间事先约定的,在发送电报时由发电行在电文中加注密码。密押具有很强的机密性,使用一段时间后,应予以更换。

(2) 印鉴(Specimen Signatures)。印鉴是银行有权签字人的签字式样。银行之间的信函、凭证、票据等经有权签字人签字后,寄至收件银行,由收件银行将签名与所留印鉴核对相符,即可确认其真实性。代理行印鉴由总行互换,包括总行及所属建立了代理关系的分行的有权签字人的签字式样。

(3) 费率表(Terms and Conditions)。它是银行在办理代理业务时收费的依据。一般由总行制定并对外发布,各分支行据此执行。对方银行委托我方银行办理业务,按照我方银行费率表收取费用;我方银行委托国外银行办理业务,则按对方银行费率表收费。费率表应定得适当、合理,过高会削弱我方竞争力,过低则影响经济效益。

3. 双方银行确认控制文件

收到对方银行发来的控制文件后,如无异议,即可确认,此后便照此执行。

(三) 代理行的种类

代理行又可分为账户行和非账户行。

1. 账户行

账户行(Depository Bank)是指代理行之间单方或双方相互在对方银行开立了账户的银行。账户行是在建立代理行关系的基础上,为了解决双方在结算过程中的收付而建立的特殊关系。账户行间的支付,大都通过开立的账户进行结算。选择建立账户行,一般应是业务往来多、资金实力雄厚、支付能力强、经营作风好、信誉卓著、地理位置优越以及世界主要货币国家的银行。账户行必然是代理行,而代理行并不一定是账户行。

(1) 账户行可以是单方开立账户和双方互开账户。

① 单方开立账户是指一方银行在对方银行开立的对方国家货币或第三国货币账

户。例如，中国银行在美国纽约的若干家银行（美国或外国）开设有美元现汇账户。

② 双方互开账户是指代理行双方相互在对方国家开立对方国家货币账户。例如，中国银行在美国纽约花旗银行开立美元账户；花旗银行在北京中国银行开立人民币账户。

(2) 根据开立的性质不同，账户可分为往户账、来户账、清算账户。

① 往户账(Nostro Account)指存放国外同业，即国内银行在国外同业开立的账户。例如，我国国际结算货币主要是美元，而美元清算中心在美国纽约，为便利结算，我国银行在纽约许多大银行都开立了美元账户。采取出口货款的收回请账户行贷记我账，进口货款的支付请账户行借记我账的方式。

② 来户账(Vostro Account)指国外同业存款，即外国银行将账户开在我国国内。如其他国家银行在我国开立外汇人民币账户。由于人民币尚不可自由兑换，我国的来户账还不普遍。

③ 清算账户(Clearing Account)是两国政府间为办理进出口贸易和其他经济往来所发生的债权债务清算而开设的不必使用现汇的记账账户。

2. 非账户行

非账户行(Nondepository Correspondent)是指除账户行以外的其他代理银行，或者说是没有建立账户行关系的代理行。非账户行之间的货币收付需要通过第三家银行办理。

### 三、往来银行的选择

虽然联行与代理行、账户行与非账户行都可办理国际结算的有关业务，但它们对己方银行的影响是不同的。在办理结算和外汇业务时，联行是最优选择。这是因为本行与联行是一个不可分割的整体，同在一个总行的领导下，不仅相互之间非常熟悉和了解，而且从根本上说是利益共享、风险共担的。因此，让海外联行开展有关业务，海外联行必然会尽最大努力圆满地完成所委托的业务，保证服务质量，减少风险，而且能使肥水不流外人田，将业务留在本行系统。

但是，联行数量毕竟有限，因此在绝大多数没有联行的地区还得依靠代理行来进行。与建立联行关系相比，代理行关系的建立成本更低、更灵活、更普遍，在国际结算中具有相当重要的地位。在代理关系中，账户行的关系更密切、更方便。因此，账户行选择的优先地位仅次于联行。账户行之间的业务委托也十分方便，只要通过账务往来即可完成委托。在同一城市或地区有多个账户行的情况下，要选择资信最佳的银行办理业务。

在没有联行和账户行的少数地区，要开展业务只能委托非账户行的代理行。因为建立了代理关系的银行还是相互比较了解的，只不过资金的收付不太方便，需要通过其他银行办理，手续复杂些，所需时间也要相对长一些。

如果以上关系行都没有，将很难开展国际结算业务。

## 复习思考题

1. 国际结算的含义是什么？它是如何分类的？
2. 国际结算的历史演变过程怎样？
3. 国际结算经历了几种不同的结算制度？
4. 什么是联行和代理行？代理关系如何建立的？
5. 我国国际结算有什么特点？

## 附录一　代理行合作协议式样

（选自苏宗祥主编：《国际结算》，中国金融出版社，1997 年）

**Agency arrangement**

Bank A and B through friendly negotiation and on the basis of equality and mutual benefits agree to establish correspondent relationship for the cooperation of banking business as follows：

Office concerned：

Bank A including its xxx branches

Bank B including its xxx branches

Additional branches will be included through negotiation when ever business requires.

Control documents：

1. Each party will send its Booklet of Authorized Signatures and Schedule of Terms and Conditions to the other party.

2. Bank A's telegraphic test key is supplied to Bank B's Office for mutual use.

Currency for transactions：

U. S. dollars, Hongkong dollars, Deutsche Mark, Pound Sterling.

Other currencies will be included through negotiation whenever it is necessary.

Account will be opened through negotiation according to the development of business.

Business transactions：

1. Remittance：

Each party may ask the other party to pay by draft, mail transfer, telegraphic transfer. At time of drawing cover to be remitted to the designated account of the paying party.

2. Letter of credit：

Each party may issue by mail or by cable the letter of credit to the other party nominated as advising bank. Appropriate instruction is to be embodied in each credit advice with regard to reimbursement.

3. Collection：

Each party may send collections directly to the other party with specific instruction in each dividual case regarding the disposal of proceeds.

4. Each party may request the other party to provide the credit standing of their clients.

5. Credit facilities:

Credit facilities furnished by each bank rate arrangement.

This arrangement becomes effective immediately on the date of signing of both parties and will terminate after receipt of either party's advise three months prior to the date of termination.

Bank A                                                                                                           Bank B

# 第二章 国际结算工具——票据

世界上最早进行的交易是物物交换,其后发展到以货币为媒介的商品交换。此时,商人买卖中现金是重要的收付工具。由于国际贸易中现金的携带既不方便,又不安全,随着商业活动的日益发展,出现了能够代替现金流通的票据。目前,在国际结算中,基本上都采用票据结算。

## 第一节 票据概述

### 一、票据的含义

票据是由债务人按期无条件支付一定金额,并且可以流通转让的有价证券。

在国际结算领域,票据占有极其重要的位置。因为现金结算的支付工具是货币,而国际结算的基本方法是非现金结算。在非现金结算中担任支付工具和信用工具角色的就是票据。它在货币和商品的让渡中,为反映债权债务关系的发生、转移、偿付而诞生,首先是以支付一定金钱为目的的特定证券。在商务实践中,它又被赋予了可流通转让的功能和反映当事人债权债务关系的功能。它被誉为"有价证券之父"。在它之后,又衍生出一系列代表商业上的各种权利的凭证,如商业发票、货运单据、股息凭证等被称为是广义的票据。在本章中要讲述的票据则是狭义的票据。

### 二、票据的基本特征

(一) 票据是一种设权证券

票据一经设立并交付出去,票据的权利和义务便随之而确立。

票据发行的目的,不在于证明已经存在的权利,而是设定票据上的权利。票据上的权利在票据制成之前并不存在,但是在票据制成的同时它则产生并被确立。作为一种金融、信用或结算工具,票据的发行目的是支付,或者说是代替现金充当支付手段。

例如,甲国Q公司从乙国R公司进口了价值10万美元的机器设备,Q应向R支付货款10万美元。付款方式有两种:一种可以直接支付现金,二是通过签发票据付款。由于直接付现不方便,Q和R商定以票据支付,于是Q命令S在见票时向R付款10万美元。本来,R和S之间是没有任何债权债务关系的,这时S却成了票据债务的承担者(债务人),虽然 R 和 Q 之间因购货而存在债权债务关系,但票据的产生并非是为了证明这种关系,而是 Q 通过票据这种工具来向 R 付款,S 因与 Q 存在某种特定关系(存款行或债务人等)而被 Q 指定为票款的支付者。

(二) 票据是一种无因证券

票据上权利的发生,当然是有原因的。付款人代出票人付款不是没有缘故的,他们之间一般存在资金关系,要么是付款人处有出票人的存款,要么是付款人欠出票人的款项,也可能是付款人愿意向出票人贷款;出票人让收款人去收款,他们之间通常存在对价关系,即出票人对收款人肯定负有债务,可能是购买了货物,也可能是以前的欠款。这些原因是票据当事人的权利义务的基础,因此也称票据原因。

票据的无因性并非否认这种关系,而是指票据一旦制成,票据上权利即与其原因关系相分离,成为独立的票据债权债务关系,不再受先前的原因关系存在与否的影响。如果收款人将票据转让给他人,对于票据受让人来说,他无需调查票据原因,只要是合格的票据,他就能享受票据权利。票据上权利的内容,完全依票据上所记载的内容确定,不能进行任意解释或者根据票据外的其他文件来确定。

(三) 票据是一种要式证券

票据的存在不重视其原因,但却非常强调其形式和内容。所谓要式性是指票据的形式必须符合法律规定:票据上的必要记载项目必须齐全且符合规定。各国法律对票据必须具备的形式条件和内容都作了详细规定,各当事人必须严格遵守这些规定,不能随意更改。只有形式和内容都符合法律规定的票据,才是合格的票据,才会受到法律保护,持票人的票据权利才会得到保障。如果票据的形式不统一,重要事项记载不全或不清,没有按照法律的严格规定来记载,那么,票据就是不合格的和无效的,也就不会受到法律的保护。

(四) 票据是一种流通证券

根据英国《票据法》的规定,凡票据未标明"禁止转让"字样者,持票人以正当手段取得票据后,有权将其转让他人。但是,票据的权利转让与股票的过户转让和提单的交付转让有所不同,它具有流通转让的特点,这些特点是:

(1) 持票人可经交付或背书后交付将票据转让他人,而不必通知原债务人;

(2) 票据的受让人接受票据即获得了票据上的全部权利,若票据被拒付或出现其他问题,受让人有权以自己的名义提出诉讼;

(3) 善意而又支付过对价的票据受让人不因其前手票据权利的瑕疵而影响其票据权利。

(五) 票据是一种可追索的证券

票据的可追索性是指票据的付款人或承兑人如果对合格票据拒绝承兑或拒绝付款,正当持票人为维护其票据权利,有权通过法定程序向所有票据债务人起诉、追索,要求得到票据权利。

### 三、票据的功能

**(一)汇兑功能**

汇兑功能是票据的传统功能。由于商品交换活动的发展,商品交换规模和范围不断扩大,经常会产生在异地或不同国家之间的兑换和转移金钱的需要。直接携带或运送现金,往往很不方便。在这种情况下,通过在甲地将现金转化为票据再在乙地将票据转化成现金或票款,通过票据的转移、汇兑,实现资金的转移,不仅简单、方便、迅速,而且又很安全。在票据产生的最初几个世纪里,票据几乎成了转移资金的专门工具。在现代经济中,票据的汇兑功能仍具有很重要的作用,它克服了金钱支付上的场所间隔问题。

**(二)支付功能**

支付功能是票据的基本功能。在现实经济生活中,随时都会发生支付的需要,如果都以现金支付,不仅费时、费力,而且成本高、效率低。如果以银行为中介、以票据为手段进行支付,只需办理银行转账即可,这种支付方式方便、准确、迅速、安全。

以票据作为支付手段,不仅可以进行一次性支付,还可通过背书转让进行多次支付。在票据到期时,只需通过最后持票人同付款人之间进行清算,就可以使此前发生的所有各次交易同时结清。因此,票据被誉为"商人的货币"。

**(三)信用功能**

信用功能是票据的核心功能,被称为"票据的生命"。在现代商品交易活动中,信用交易是大量存在的。卖方常常因竞争需要等原因向买方提供商业信用。当这种商业信用只表现为口头上或账面上时,这种债权的表现形式是不明确的,清偿时间是不确定的,保障程度是较低的,并且难以转让和提前收回,从而阻碍商业信用的发展。如果使用票据,由买方向卖方开出约期支付票据,则可使债权表现形式明确,保障性强,清偿时间确定,转让手续简便,且还可通过贴现提前转化为现金。票据的信用功能克服了金钱支付上的时间间隔问题。

# 第二节 票 据 法

### 一、票据法的含义

票据法是规定票据种类、票据形式及票据当事人权利义务关系的法律规范的总称。我们常讲的票据法,是狭义的票据法,指的是关于票据的专门立法,是形式意义上的票据法。由于票据是一种具有自身特点的有价证券,其法律关系有一定的特殊性,因此对票据要专门立法规定。

## 二、票据法调整的对象

票据法调整的对象是票据关系中的主要当事人。

**(一) 出票人**

出票人(Drawer)是做成票据、在票据上签名并发出票据的人。票据关系因出票人的出票而产生。汇票的出票人是进行委托支付或发出支付命令的人；本票的出票人是承担或承诺付款的人；支票的出票人是向银行发出支付命令的人。

**(二) 持票人、背书人和被背书人**

持票人(Holder)是持有票据并享受票据权利的人。票据上载明的收款人(Payee)即为第一持票人或原始持票人，持票人可以通过转让票据从而转让票据权利。背书人(Endorser)或转让人(Transferor)为前手持票人，受让人(Transferee)为后手持票人或被背书人(Endorsee)。票据可以经过多次背书转让，因此同一票据先后可能有多个持票人。

**(三) 付款人**

付款人(Drawee)即受票人，是指票据上载明的承担付款责任的人。远期汇票的付款人在对汇票进行承兑后，即为承兑人；本票的付款人为出票人本人；支票的付款人为出票人指定的银行。汇票中还可记载预备付款人(Referee in Case of Need)和担当付款人(Person Designated as Payer)。

**(四) 保证人**

保证人(Guarantor)是为出票人、背书人等特定债务人向付款人以外的第三人担保支付全部或部分票据金额的人。

以上当事人可以组成不同的关系，其中出票人、持票人(收款人)、付款人三者之间的关系是票据的基本关系，他们被称为票据基本关系人，也是票据法调整的主要对象。调整票据基本关系的规定，构成了票据法的核心内容。

## 三、西方国家的票据立法

**(一) 法国票据法体系**

法国票据法体系又称拉丁法系，是最早形成的票据法体系。1673年，在路易十四颁布的《商事敕令》中，就对汇票及本票的签发和流通做了规定。这是近代各国票据法的开端，也是法国票据法的基础。1807年，法国又颁布了《拿破仑商法典》，在继承路易十四《商事敕令》的基础上，做了若干修订。1865年，法国制定出支票法。

法国票据法的特点是注重票据的汇兑功能，较少考虑票据的支付和信用功能。这是由于当时法国法学界对票据的功能以"送金说"为理论基础，十分强调票据作为转移金钱的工具作用，它要求票据当事人之间必须先有资金关系，把属于原因关系的资金关系作为票据的必要条件加以规定，而对票据形式的要求并不很严格，如果缺乏若干记载事项，并不影响票据的效力。这就是最早产生的法国票据法体系。

由于该票据法过于强调票据的资金关系,强调票据权利和基础合约的联系,在一定程度上阻碍了票据的流通转让,限制了票据全部功能的发挥。于是,法国在1935年根据《日内瓦统一票据》的规定,修改了本国票据法,抛弃了原体系中落后的规定。

法国的票据法体系对欧洲大陆各国的票据法影响较大,意大利、荷兰、西班牙、比利时、希腊、土耳其及拉美的巴西、哥伦比亚、厄瓜多尔、秘鲁等国早期票据立法均是在仿效法国票据法体系的基础上形成的。

(二) 德国票据法体系

德国票据法体系又称日耳曼法系,是继法国票据法体系之后形成的有重要影响的票据法体系。德国票据法体系是在统一德国各邦地方票据法的基础上经多次修订而形成的。1871年正式定名为《德国票据法》,内容仅限于汇票和本票。1908年,又单独制定了《支票法》。

《德国票据法》的特点是注重票据的流通和信用功能。《德国票据法》将票据关系与票据发生的基础原因相分离,不再强调当事人之间的资金关系,但却十分强调票据的形式,认为票据是一种文义证券、无因证券,如果缺乏若干应记载事项,票据即丧失其效力。

德国票据法体系的形成,推动了欧洲各国票据法的发展,奥地利、瑞士、瑞典、丹麦、葡萄牙、挪威及亚洲的日本、土耳其等国,均仿效德国,制定了本国的票据法。先前仿效法国票据法的欧洲及拉美国家也都先后以《德国票据法》为蓝本修改了本国的票据法。这样,德国的票据法体系最终成为欧洲大陆法系票据法的代表。

(三) 英国(美国)票据法体系

英国票据法体系又称英美票据法体系,是由英国票据法和美国票据法形成的票据法体系。《英国票据法》是在其历来的习惯法及多年法院判例的基础上于1882年制定公布的。《英国票据法》主要包括汇票和本票,1957年又公布了《支票法》,作为补充。

《英国票据法》的特点与《德国票据法》的特点基本相同,注重票据的流通性及信用功能的发挥。英国制定票据法时,票据已被广泛使用,票据作为流通手段和信用工具的作用已十分显著,因此《英国票据法》对正当票据的持票人及其正常流通和信用作用给予了充分保护。

《英国票据法》对美国、加拿大、印度、澳大利亚、新西兰、南非以及其他英联邦国家影响很大。美国于1897年仿效《英国票据法》制定了统一的美国票据法——《统一流通证券法》,这一法律经多次修改后,被纳入美国《统一商法典》。

在以上三大票据法体系中,法国票据法后来经过修改转向了德国票据法体系,不再作为独立的票据法系存在。一般认为,目前国际上尚存的票据法体系只有两个,即欧洲大陆票据法体系和英美票据法体系,这两大票据法体系在实质上并无大的不同。

## 四、国际票据法

19世纪末20世纪初,随着产业革命的完成,资本主义由自由竞争阶段向垄断竞争阶段过渡，国际贸易得到了极大发展，并形成了全球统一的世界市场。这使得票据的使用更加频繁，使用范围不断扩大，日益成为国家间重要的信用和结算工具。与此同时，三大票据法体系的并存以及同一法系中不同国家的规定又不尽相同，都给票据在国际经济贸易中的流通和使用带来很多不便。进入20世纪后，票据法的国际统一问题被正式提上日程。票据法的国际统一经过了三个阶段，并产生了三个国际票据法（草案）。

（一）海牙统一票据法

20世纪初至第一次世界大战之前为国际统一票据法的第一阶段。1910年，在德国和意大利两国政府的提议下，国际法学会在荷兰海牙召开了第一次国际统一票据法会议。有31个国家参加了本次会议，会议拟定了《统一汇票本票法》和《统一汇票本票法公约》两个草案。1912年在海牙召开了第二次会议，在以上两个草案的基础上，制定了《统一汇票本票法规则》和《统一汇票本票法公约》及《统一支票法规则》，这些规则和公约被称为《海牙统一票据法》。当时有德国等27个国家签了字，英美等国持保留态度。但是，在签字国尚未全部完成本国的批准手续时，发生了第一次世界大战，《海牙统一票据法》在尚未正式实施前即夭折。

（二）日内瓦统一票据法

第一次世界大战后至第二次世界大战前为国际统一票据法的第二阶段。自1920年起，国际联盟即着手进行因战争而停止的国际票据法统一工作。1930年，在日内瓦召开了统一票据法国际会议，有31个国家的代表参加了会议。在这次会议上，签署了《统一汇票本票法公约》《解决汇票本票法律冲突公约》《汇票本票印花税法公约》。这三个公约彼此独立，各国可分别加入。1931年，国际联盟又在日内瓦召开统一票据法国际会议，有37个国家的代表参加了这次会议。这次会议签署了有关支票的三个公约，即《统一支票法公约》《解决支票法律冲突公约》《支票法印花税法公约》。这三个公约也是相互独立的，各国可分别加入。

以1930年的《统一汇票本票法公约》和1931年的《统一支票法公约》为主体的各公约规定，通称为《日内瓦统一票据法》。德国、法国、意大利、日本和拉美等国家，均签署并批准了《日内瓦统一票据法》的各公约，并以此为基础修改了本国原有的票据法。英、美等国派代表参加了这次会议，但因对《日内瓦统一票据法》有不同看法而未签署公约，致使统一票据的立法又未取得完全成功。

（三）联合国统一票据法

20世纪70年代以后，国际统一票据法进入了第三个阶段。第二次世界大战以后，票据在国家间的流通更加广泛，但日内瓦统一票据法体系和英美票据法体系并存，使得在票据上发生的争议很难获得统一的解释。因此，迫切需要制定一个国际票据的统一法规。自1972年起，联合国国际贸易法委员会即开始着手进行统一国际票据法的工作，并起草了《国际汇票和本票公约》和《国际支票公约》，经过10多年的讨论、修改，终于在1987年各法系参加国之间达成了统一意见。1988年12月，在联合国第43

次大会上,正式通过了《国际汇票和本票公约》。

《国际汇票和本票公约》是在考虑了日内瓦统一票据法体系与英美票据法体系之间的差异基础上制定的,其目的并不在于直接调和两大票据法体系,而是着眼于解决国际贸易中汇票和本票使用上的不便。因此,该公约的适用范围及法律效力,不同于《日内瓦统一票据法》。其最主要的不同点在于如下两个方面。

《国际汇票和本票公约》仅限于"国际票据"。出票地、付款地不在同一个国家之间的票据,而且不能适用于缔约国国内的票据法规范;而《日内瓦统一票据法》既适用于国家间的票据法规范,也适用于缔约国国内的票据法规范。

《国际汇票和本票公约》对缔约国的当事人不具有强制适用的效力,只有在有关当事人选择适用于该公约的规定时,该公约的规定才具有约束力;而《日内瓦统一票据法》对缔约国的当事人具有强制适用的效力,不管当事人是否愿意,有关规定均对其具有约束力。

该公约自第 43 届联大一致通过后,向所有的国家开放签字,直到 1990 年 6 月 30 日有 10 个国家完成了本国政府批准手续,该公约宣告生效。近几年,随着电子数据交换技术的发展和电子票据的应用,联合国贸发会的各国代表认为没有必要对支票在全球范围内统一,所以《国际支票公约》已被联合国贸易法委员会放弃。

## 五、我国票据法

我国关于票据的立法要远远落后于西方国家,其直接原因是受票据发展的制约,根本原因是受社会经济发展的制约。

票据在我国的起源应该说是很早的,大约在唐宋时期就出现了"飞钱""便钱"等原始的票据形态。商人们将现款交付本地的官署或富商,取得由其发给的票券,即可到异地相应的官署或富商那里凭票券兑取现款。但是,这种早期的票据雏形,并未发展成为近现代票据,也没有形成相应的票据法。

到了清末,以汇票、本票和支票为主体的西方票据制度开始传入我国,与此同时,票据法的制定也提上了日程。当时票据法是聘请日本学者起草的,仅包括汇票和本票两种,且未完成立法工作。北洋政府于 1925 年修改时增加了对支票的规定,但都未正式通过和公布。国民党政府综合历次草案并加以修改后,于 1929 年 10 月正式颁布了《票据法》,内容包括汇票、本票和支票。这部法律至今仍在中国台湾地区实施。

中华人民共和国成立后,废除了旧票据法。在此后 30 余年的时间里,我国的票据使用一直处于只有支票、没有汇票和本票,支票只能作为支付手段,不能流通转让的状态。在这种情况下,已没有必要制定专门的票据法。

进入 20 世纪 80 年代以后,为适应商品经济发展的需要,我国逐步恢复了票据的使用。1988 年,经国务院同意,中国人民银行制定了《银行结算办法》,规定可以使用汇票、本票和支票作为支付结算手段,以建立起以汇票、本票、支票和信用卡为核心的"三票一卡"新的银行结算制度。《银行结算办法》的制定及实施,标志着我国的结算制度开始从非票据结算向票据结算的全面转变。为规范票据行为,保障票据活动各当事人的合法利益,增强票据的流通性和可接受性,充分发挥票据的经济性功能,1990年年底,中国人民银行正式成立了票据法起草小组,研究制定我国统一的票据法。经过近5年的努力,于1995年5月10日颁布了《中华人民共和国票据法》。这是新中国第一部真正规范的票据法。至此,我国的票据法体系终于形成。随着我国市场经济的建立和日益完善,2004年8月28日第十届全国人民代表大会常务委员会第十一次会议通过了《关于修改〈中华人民共和国票据法〉的决定》。《中华人民共和国票据法》的出台和修订,标志着中国票据法完成了与国际票据法的对接。

我国《票据法》从内容上看比较系统全面,共有7章111条。在适用范围上,既适用于国内票据,又适用于涉外票据——出票、背书、承兑、保证、付款等行为既发生在国内又发生在国外的票据。在形式上采取汇票、本票和支票统一立法的方式。

我国票据法关于涉外票据作了如下规定:

(1) 涉外票据,是指出票、背书、承兑、保证、付款等行为中,既有发生在中华人民共和国境内又有发生在中华人民共和国境外的票据。

(2) 中华人民共和国缔结或者参加的国际条约同本法有不同规定的,适用国际条约的规定。但是,中华人民共和国声明保留的条款除外。我国票据法和中华人民共和国缔结或者参加的国际条约没有规定的,可以适用国际惯例。

(3) 票据债务人的民事行为能力,适用其本国法律。票据债务人的民事行为能力,依照其本国法律为无民事行为能力或者为限制民事行为能力而依照行为地法律为完全民事行为能力的,适用行为地法律。

(4) 汇票、本票出票时的记载事项,适用出票地法律。支票出票时的记载事项,适用出票地法律,经当事人协议,也可以适用付款地法律。

(5) 票据的背书、承兑、付款和保证行为,适用行为地法律。

(6) 票据追索权的行使期限,适用出票地法律。

(7) 票据的提示期限、有关拒绝证明的方式、出具拒绝证明的期限,适用付款地法律。

(8) 票据丧失时,失票人请求保全票据权利的程序,适用付款地法律。

## 六、票据权利和票据义务

(一) 票据权利

票据权利是指依票据而行使的,以取得票据金额为直接目的的权利。票据权利是基于票据行为人的票据行为而发生的,是作为票据行为人的票据义务而相对存在的。票据行为人的票据行为完成时,发生了行为人自己的票据义务,同时也发生了相对人的票据权利。

1. 票据权利的特征

票据权利的性质是债权,但又不同于一般民事债权,它具有以下三个特征。

(1) 票据权利是证券性权利。票据权利是债权和证券所有权的统一,是债权的物权化,它将无形的债权转化为有形的票据所有权,并通过票据所有权来实现票据上的债权。因此,要享有票据权利,必先取得票据;失去了票据,也就失去了票据权利。

(2) 票据权利是单一性权利。票据权利不能共享,其所有者只能有一人。对于同一票据权利不可能有两个或两个以上不同的所有者。

(3) 票据权利是二次性权利。一般债权只有一个债务人,债权人只有一次请求权。票据债权可能有多个债务人,债权人可行使两次请求权。票据债权人(持票人)首先向主债务人行使请求权,如果未能满足,则可向从债务人行使请求权。

2. 票据权利的类型

票据权利依行使的顺序不同,可分为三种类型。

(1) 主票据权利。主票据权利是指持票人对主债务人或其委托人所享有的,依票据而请求支付票据上所记载金额的权利。主票据权利一般包括对本票出票人、汇票付款人、支票付款行的请求权。虽然汇票的付款人在承兑之前,支票的付款行在保付之前并不构成主债务人,但持票人必须首先向汇票的付款人和支票的付款行行使请求权。因此,这一请求权可以被认为是要求主票据权利。

主票据权利是第一次请求权,持票人必须首先向主债务人行使第一请求权,而不能越过它直接行使第二请求权。

(2) 副票据权利。副票据权利是指在主票据权利未能实现时,发生的由持票人对从债务人所享有的请求偿还票据金额及其他金额的权利。副票据权利是第二次请求权,它以持票人的第一次请求权未能实现为前提条件,副票据权利一般包括追索权与再追索权。

(3) 辅助票据权利。辅助票据权利是指在主票据权利未能实现时,发生的由持票人对特定的从债务人所享有的请求支付票据金额及其他有关金额的权利。辅助票据权利一般包括持票人对参加人和保证人的付款请求权。

3. 票据权利的取得与行使

(1) 票据权利的取得。票据权利的取得主要有两种途径,即原始取得和继受取得。票据权利的原始取得是指票据持票人不经由其他前手权利人最初取得票据权利。原始取得的基本方式是通过出票行为取得票据权利。出票行为是最初始的创设票据权利的行为,出票行为完成后,受票人实现票据的实际占有,从而原始取得票据权利。

票据权利的继受取得是指持票人从票据的前手权利人受让票据,从而取得票据权利,即通过背书转让取得票据权利。

(2) 票据权利的行使。票据权利的行使是指票据权利人请求票据义务人履行义务的行为。其方式是提示票据,即由持票人实际地将票据向票据债务人出示。提示包括承兑提示和付款提示。

如果票据提示未能实现票据权利,持票人可以通过追索、向法院起诉等渠道要求取得票据权利。

## (二) 票据义务

票据义务是指票据债务人依票据上所载文义支付票据金额及其他金额的义务。票据义务的性质是一种金钱给付的义务,因此票据义务还可称为票据债务。票据义务是票据权利的相对物。

### 1. 票据义务的特征

票据义务不同于一般金钱债务,它具有以下三个特征。

(1) 票据义务是单向性义务。在票据权利义务关系中,票据义务人必须单独地承担无条件支付票款的义务,并不能以此为条件对票据权利人主张一定的权利。

(2) 票据义务是连带义务。在通常情况下,票据权利人只能有一个,而票据义务人可能有多个。凡在票据上进行必要事项的记载并完成签名者,都是票据义务人。他们主要有出票人、背书人、承兑人、保证人和参加人等。票据义务人之间对票据债务负有连带偿还的责任,在某一票据义务人无力偿还时,其他票据义务人都有代其偿还的责任。

(3) 票据义务是双重性义务。票据义务带有金钱给付和担保双重义务性。付款义务是主要义务,担保义务是从属义务。

### 2. 票据义务的类型

票据义务的类型与票据权利的类型是一一对应的。

(1) 主票据义务。主票据义务是主债务人或其委托人依票据记载所承担的付款义务。通常认为,本票出票人、汇票承兑人、支票保付行是主债务人,承担直接、绝对的付款责任;承兑之前的汇票付款人、未进行保付的支票付款行虽不是主债务人,但他们作为出票人的委托者应首先接受持票人提示,因此也可认为他们所承担的是主票据义务,不过他们所承担的并不是绝对的付款责任。

(2) 副票据义务。副票据义务是指背书人作为被追索人所承担的付款义务。它具有担保责任的性质。在主票据义务未能履行时,副票据义务人应履行付款义务。

(3) 辅助票据义务。辅助票据义务是指参加人或保证人作为特定债务人所承担的付款义务。它具有代位责任的性质,即参加人或保证人在特定情况下代替先前的被参加人或被保证人而履行相应的票据义务。

### 3. 票据抗辩

票据抗辩是指票据义务人提出相应的事实或理由,否定票据权利人提出的请求、拒绝履行票据义务的行为。票据抗辩是票据义务人的自我保护方式,是票据义务人所拥有的权利。

票据抗辩主要是对物抗辩,即因票据本身所存在的事由而发生的抗辩。对物抗辩是一种效力较强的抗辩。对物抗辩又可分为三类。

(1) 有关票据记载的抗辩,指因票据上所存在的记载内容而发生的对物抗辩,包括票据要件记载欠缺抗辩、背书不连续抗辩、票据尚未到期抗辩、票据失效抗辩等。

(2) 有关票据效力的抗辩,指因票据债务所赖以成立的实质性要件无相应效力而发生的对物抗辩,包括票据伪造或变造的抗辩、无行为能力人的抗辩、无代理权抗辩等。

(3) 有关票据债务的抗辩,指因票据债务虽曾存在,但基于某种情况已归于消灭而发生的对物抗辩,包括票据债务因时效而消灭的抗辩、票据债务因保全手续欠缺(如持票人在被拒付时未按规定作成拒绝证书)而消灭的抗辩。

除对物抗辩外,还可以对人抗辩。

对人抗辩是指因票据债务人与特定票据权利人之间的法律关系而发生的抗辩。如票据债务人可对无权利人(如票据窃取者)主张抗辩等。

对物抗辩可以对所有的票据权利人主张,对人抗辩只能对相应的当事人主张。例如,对于窃取票据的善意持票人,票据债务人不能主张抗辩。

## 第三节 票据的类型

按照通常的划分,票据包括汇票、本票和支票三类。在立法上,有些国家把汇票和本票作为票据统一立法,把支票独立于票据之外单独立法。本书将按通常的标准对票据进行分类介绍。

### 一、汇票

(一) 汇票的含义

汇票(Bill)是国际结算中使用最广泛的一种票据。按照《中华人民共和国票据法》(1995年5月10日八届人大第13次会议通过,2004年8月28日第十届全国人民代表大会常务委员会第十一次会议修订,以后章节简称《票据法》)第19条解释:"汇票是出票人签发的,委托付款人在见票时或者在指定日期无条件支付确定的金额给收款人或者持票人的票据。"

《英国票据法》对汇票(Bill of Exchange)的定义是:"汇票是由出票人向另一人签发的要求即期、定期或在可以确定的将来时间向指定人或根据其指令向来人无条件支付一定金额的书面命令。"

以上两种定义的实质是相同的。

(二) 汇票的内容

汇票的内容是指汇票上记载的项目。根据其性质及重要性不同,这些项目可以分为三类。

1. 绝对必要记载项目

绝对必要记载项目是汇票必须记载的内容,必要项目记载是否齐全,直接关系到汇票是否有效。

根据我国《票据法》规定,汇票应包括"汇票"字样、无条件的支付委托、确定的金额、付款人名称、收款人名称、出票日期、出票人签章等内容。

其他国家《票据法》的规定也都大同小异。

(1)"汇票"字样。主要目的是表明票据的性质和种类,以区别于其他票据。"汇票"一词在英文中有不同的表示方法,Bill of Exchange、Exchange、Draft 均可。

(2)无条件的书面付款命令或委托。汇票是出票人签发的,命令付款人向收款人付款的书面指示。汇票必须是书面的(in Writing),而不是口头的,否则将无法签字;汇票是命令(Order),而不是请求、征求意见等。

无条件意味着付款不能有限制或附带条件,即没有先决条件,这是汇票的本质和核心。这里所谓的"无条件",并不是指毫无原因就开出一张付款命令要求对方付款,而是指汇票上的文义不能附加任何条件,比如,"货与合同相符即付款10万美元""在货物运到后才付款1万美元"等都是有条件的限制性文句。如果汇票的付款命令附加了条件,则这张汇票就是无效汇票,因而不具备法律效力。

(3)确定的金额。票据上的权利必须以金钱表示,不能用货物数量等表示,并且金额必须确定,不能模棱两可,如"大约付1 000美元""付2 000欧元左右""付10万或15万日元""付1 000美元加利息"等表达都是不确定的。

另外,在实际中,为防止涂改,票据的金额还必须同时用大小写。如果大小写不一致,《英国票据法》和《日内瓦统一票据法》都规定以大写为准;我国《票据法》则认为无效。

(4)付款人名称。付款人指汇票命令的接受者,亦即受票人。但是,受票人不一定付款,因为他可以拒付,也可以指定担当付款人。

汇票上付款人的记载要有一定的确定性,以便持票人能顺利地找到。实务上一般都注明详细地址,特别是以在同一城市有许多机构的银行为付款人时一定要仔细注明。

(5)收款人名称。汇票上关于收款人的记载又称为"抬头"。它应像付款人一样有一定的确定性。不过,实务中一般只写一个完整的名称,不强求写明地址。

根据汇票能否转让和流通的方式不同,汇票上的"收款人"的行文方法可分为三种。

① 限制性抬头(Restrictive Order)的汇票,即收款人只限于某一具体人或某一单位或某一金融机构,这类汇票不能转让流通。例如"Pay E Company only""Pay E Company. Not Transferable"。

② 指示性抬头(Demonstrative Order)的汇票。这类汇票的特征是可以在付款到期日前,经收款人在汇票的背面"背书"后提前从第三方(即接受转让一方)之手取得款项,即背书转让。这类汇票在收款人这一栏里总有"Order"字样,其意思是"可由收款人指定的人收款"。例如:"Pay to the Order of B Company""Pay to B Company or Order"。

③ 持票来人抬头(Payable to Bearer)的汇票。其特点是在收款人这一栏里一定有"Bearer"(持票来人)这一字样。这种汇票,收款人无需背书,仅凭交出即可转让。例如:"Pay Bearer""Pay B Company or Bearer"。

(6) 出票日期。出票日期(Date of Issue)是指汇票签发的具体时间。其有三个重要作用。

① 决定汇票的有效期。持票人如不在规定时间内请求票据权利，票据权利自动消失。《日内瓦统一票据法》规定，即期汇票的有效期为从出票日起的 1 年；我国《票据法》规定见票即付的汇票有效期为 2 年。

② 决定付款的到期日。远期汇票到期日的计算是以出票日为基础的，确定了出票日及相应期限，也就能确定到期日。

③ 决定出票人的行为效力。若出票时法人宣告破产或被清算，则该汇票不能成立。

(7) 出票人签字。签字原则是票据法的最重要和最基本的原则之一，票据责任的承担以签字为条件。票据必须经出票人签字(Signature of the Drawer)才能成立。出票人签字是承认了自己的债务，收款人才因此有了债权。如果汇票上没有出票人签字，或若签字是伪造的，票据都不能成立。因此，出票人签字是汇票最重要的和绝对不可缺少的内容。

以上内容是我国《票据法》规定必须记载的事项，缺一不可，否则汇票无效。《日内瓦统一票据法》的规定同我国规定基本相同。然而，《英国票据法》规定的必要记载项目只有五个，即无条件支付命令、确定金额、付款人名称、收款人名称和出票人签字，而没有"汇票"字样和出票日期的要求。该法认为，没有"汇票"字样并不会影响汇票的效力；没有出票日期，票据仍然成立。如果出具的是远期汇票，善意持票人可以加上出票日期以确定到期日，使之成为完整汇票。

2. 相对必要记载项目

除了以上必须记载的内容外，还有三个"相对必要记载项目"。这些项目十分重要，但如果不记载也不会影响汇票的法律效力。

(1) 出票地点。这是指出票人签发汇票的地点，它对国际汇票具有重要意义，因为票据是否成立是以出票地法律来衡量的。但是，票据不注明出票地并不会影响其生效。我国《票据法》规定，汇票上未记载出票地(Place of Issue)，则出票人的营业场所、住所或者经营居住地为出票地。

(2) 付款地点。付款地点(Place of Payment)是指持票人提示票据请求付款的地点。根据国际私法的"行为地原则"，到期的计算、在付款地发生的"承兑"与"付款"等行为都要适用付款地法律。因此，付款地的记载是非常重要的。但是，不注明付款地的票据仍然成立。根据《票据法》规定，汇票上未记载付款地的，付款人的营业场所、住所或者经营居住地为付款地。

(3) 付款日期。这是指付款到期日，是付款人履行付款义务的日期。汇票的付款期限有四种。

① 即期(At Sight/On Demand)付款，指见票即付，在持票人向付款人作付款提示时，付款人应马上付款。

② 固定日(At a Fixed Date)付款，指规定确切的付款日，付款人按期付款。

③ 出票后定期(At a Fixed Period after Date)付款,又称出票远期付款,此种汇票是以出票日为基础,一段时期后付款。

④ 见票后定期(At a Fixed Period after Sight)付款,又称见票远期付款,须首先由持票人向付款人作承兑提示,然后以承兑日为起点,推算到期日。

如果未注明付款期限,则为见票即付。各国票据法都是如此规定的。

3. 汇票的任意记载项目

任意记载项目是指除以上两类项目以外的项目,它是由出票人等根据需要记载的限制或免除责任的内容。这些项目一旦被接受,即产生约束力。

(1) 担当付款人。担当付款人(Person Designated as Payer)是出票人根据与付款人的约定,在出票时注明或由付款人在承兑时指定的代付款人执行付款的人,其目的是为了方便票款的收付。

担当付款人只是推定的受委托付款人,不是票据的债务人,对票据不承担任何责任。因此,持票人在请求承兑时应向付款人提示汇票。

(2) 预备付款人。预备付款人(Referee in Case of Need)相当于汇票的第二付款人。付款人拒绝承兑或拒绝付款时,持票人就可以向预备付款人请求承兑或付款。预备付款人作参加承兑后成为票据债务人,到期要履行付款责任。

(3) 免作拒绝证书。拒绝证书(Protest)是由付款人当地的公证机构等在汇票被拒付时制作的书面证明。在通常情况下,持票人追索时要持此证书,如果汇票载有免作拒绝证书(Protest Waived)的内容,则持票人在被拒付时无需申请此证书,追索时也不需出示此证书。

(4) 免作拒付通知。拒付通知(Notice of Dishonour)是持票人在汇票被拒付时,按规定制作的通知前手作偿还准备的书面文件。如果汇票载有免作拒付通知(Notice of Dishonour Excused)的文句,持票人在汇票被拒付时就不必作此通知。

(5) 免于追索。《英国票据法》规定,出票人和背书人可以通过免于追索(Without Recourse)的条款免除在汇票被拒付时受追索的责任。

此外,如利息和利率、付一不付二、汇票编号、出票条款等也属于任意记载项目。

(三) 汇票的类型

1. 根据出票人不同,可以分为银行汇票和商业汇票

(1) 银行汇票(Banker's Draft),是一家银行向另一家银行签发的书面支付命令,其出票人和付款人都是银行。银行汇票由银行签发后交汇款人,由汇款人带往或寄往收款人,收款人持汇票向付款行请求付款,付款行在审核无误后即予付款。银行汇票的信用基础是银行信用。

根据英国的习惯,如果汇票上的出票人和付款人同属某一机构,则此汇票可视作本票。因此,付款人和出票人如为同一银行的汇票可视作银行本票。

(2) 商业汇票(Commercial Bill),是由公司、企业或个人签发的汇票,其付款人可以是公司、企业、个人,也可以是银行。商业汇票的信用基础是商业信用,其收款人或

持票人承担的风险较大。不过,对商业汇票进行承兑,可在一定程度上降低收款人的风险;若由银行承兑,则提高了该张商业汇票的身价。

2. 根据承兑人不同,可以分为银行承兑汇票和商业承兑汇票

承兑汇票(Acceptance Bill)主要是针对商业汇票而言的。

(1) 银行承兑汇票(Banker's Acceptance Bill),是指由公司、企业或个人开立的以银行为付款人并经付款银行承兑的远期汇票。银行对商业汇票加以承兑改变了汇票的信用基础,使商业信用转换为银行信用。汇票经过银行承兑后,持票人通常能按期得到票款,从而增强了汇票的可接受性和流通性。

(2) 商业承兑汇票(Commercial Acceptance Bill),是以公司、企业或个人为付款人,并由公司、企业或个人进行承兑的远期汇票。商业承兑并不能改变汇票的信用基础。

3. 按付款时间不同,可分为即期汇票和远期汇票

(1) 即期汇票(Sight Draft,Demand Draft),是注明付款人在见票或持票人提示时,立即付款的汇票。未载明具体付款日期的汇票一般视为即期汇票。

(2) 远期汇票(Time Bill,Usance Bill),是载明一定期间或特定日期付款的汇票。根据付款期限的表示或确定方法不同,远期汇票有固定日付款、出票后定期付款、见票后定期付款三种形式。

4. 按有无附属单据,可分为光票和跟单汇票

(1) 光票(Clean Bill),是指无需附带任何单据即可收付票款的汇票。这类汇票全凭票面信用在市面上流通而无物权单据作保证。银行汇票多为光票。

(2) 跟单汇票(Documentary Bill),是指附带有关单据的汇票。跟单汇票一般为商业汇票。跟单汇票的流通转让及资金融通,除与当事人的信用有关外,更取决于附属单据所代表货物的价值及单据质量。

## 二、本票

在国际贸易结算中使用的票据除以汇票为主外,有时也使用本票。

(一) 本票的定义和内容

我国《票据法》第73条给本票(Promissory Note)下了如下定义:"本票是出票人签发的,承诺自己在见票时无条件支付确定的金额给收款人或持票人的票据。本法所称本票是指银行本票。"

由于本票是出票人向收款人签发的书面承诺,所以本票的基本当事人只有两个,即出票人和收款人,本票的付款人就是出票人本人(汇票的出票人在某些情况下虽然也可能兼为付款人,但这与本票的付款人肯定都是出票人相比,显然不同)。本票的出票人在任何情况下都是主债务人。按我国《票据法》,在持票人提示见票时,本票的出票人必须承担付款责任。

本票可以由两个或更多的出票人一起签发,他们可以对本票共同负责,而使用像"我们承诺支付"(We Promise to Pay)的字样。有时既可以共同负责,也可以分别负

责,对此本票就要写成"我们共同和分别承诺支付"(We Jointly and Severally Promise to Pay)。这种共同兼分别负责的本票的写法也可以是"我承诺支付"(I Promise to Pay),但由各出票人自行签名。

本票应当具备的内容,各国票据法的规定大同小异。根据我国《票据法》规定,本票必须记载下列事项:

(1) 表明"本票"字样;
(2) 无条件支付的承诺;
(3) 确定的金额;
(4) 收款人的名称;
(5) 出票日期;
(6) 出票人签章。

本票上未记载以上事项之一的,本票无效。本票比汇票少了一个必要项目——付款人。

关于付款地、出票地等事项的记载也应清楚明确,但如果没有记载也不影响本票的效力。我国《票据法》规定,本票上未记载付款地的,出票人的营业场所为付款地;未记载出票地的,出票人的营业场所为出票地。

按《日内瓦统一票据法》规定,本票应包括"本票"字样、无条件支付一定金额的承诺、付款期限、付款地点、收款人、出票地点与日期、出票人签字。

(二) 本票的种类

按照我国《票据法》,本票仅限于银行本票。企业和个人不能签发本票。

但是,按照《日内瓦统一票据法》和《英国票据法》,本票可按出票人的不同分为一般本票和银行本票两种。一般本票(General Promissory Note)的出票人是工商企业或个人,因此又称商业本票;银行本票(Banker's Promissory Note; Cashier's Order)的出票人是银行或其他金融机构。一般本票又可按付款时间分为即期本票和远期本票两种。即期本票就是见票即付的本票,而远期本票则是承诺于未来某一固定的或可以确定的日期支付票款的本票。而银行本票都是即期的。

(三) 本票和汇票的主要区别

(1) 汇票是委托式票据,它是出票人签发的,委托付款人于规定时间无条件向收款人支付一定金额的票据,所以汇票有三个基本当事人,即出票人、收款人和付款人。然而,本票是允诺式票据,它是由出票人允诺于持票人提示付款时无条件地由他本人向收款人支付一定金额的票据,所以本票的基本当事人只有两个——出票人和收款人。本票的付款人就是出票人自己。

(2) 远期汇票一般均须经付款人承兑。具体规定付款日期的汇票,经承兑后,可使付款人的付款责任得以明确;见票后定期付款的汇票,只有经承兑方能把付款日期定下来;而本票的付款人即是出票人本身,出票人签发本票就等于承诺在持票人提示付款时付款,因此无须承兑。至于见票后定期付款的商业本票,持票人也只需向出票人提示"签见"。

（3）汇票在承兑前由出票人负责，承兑后承兑人负主要责任，出票人退居次要责任；而本票则始终由出票人负责。

此外，汇票通常需签发一式两份或多份（银行汇票除外）；而本票只能一式一份，不能多开。

## 三、支票

在国际贸易中，支票常被代替现钞而作为一种支付工具加以使用。

（一）支票的定义和内容

我国《票据法》第81条给支票（Cheque, Check）下了如下的定义："支票是出票人签发的，委托办理支票存款业务的银行或者其他金融机构在见票时无条件支付确定金额给收款人或持票人的票据。"

支票的基本当事人和汇票一样，共有三个：出票人、付款人和收款人。但是，支票的出票人必定是在银行设有往来存款账户（Current Account）的存户（Depositor），而付款人必定是该存户设有户头的银行。这种银行又称付款银行（Paying Bank）。这三个当事人也可以合成两个，例如，以付款银行为抬头人，那么银行既是付款人，又是收款人，这种支票通常用于从账户中提取一笔款项以偿付必须付给银行的金额；支票也可以出票人自己作为收款人，这种支票多半用来从银行中提取现款。

支票与汇票、本票相同，都是无条件的，如附带付款的先决条件，就不成为支票。但是，如果载明要将金额记入出票人作为借方的账户，则仍是有效的支票，而且现在有的银行也都在发给客户的空白支票上印就客户名称及账号。

支票的出票人所签发的支票金额不得超过其付款时在付款人处实有的存款金额。出票人签发的支票金额超过其付款时在付款人处实有的存款金额的，称为空头支票。各国法律一般都禁止签发空头支票。按票据法的一般规则，出票人必须按照签发的支票金额承担保证向正当持票人付款的责任。出票人在付款人处的存款足以支付支票金额时，付款人应当在当日足额付款。

按我国《支票法》规定，支票必须记载以下事项：

（1）表明"支票"的字样；
（2）无条件支付的委托；
（3）确定的金额；
（4）付款人的名称；
（5）出票日期；
（6）出票人签章。

支票上未记载以上事项之一的，支票无效。

然而，按《日内瓦统一票据法》，支票尚需记载收款人名称或加上"或其指定人"或"持票人"字样、付款地点和出票地点。

按我国《票据法》，支票上的金额可以由出票人授权补记，未补记前的支票，不得使用；支票上未记载收款人名称的，经出票人授权也可以补记。支票上未记载付款地点的，付款人的营业场所为付款地。未记载出票地的，出票人的营业场所、住所或经常居住地为出票地。出票人的签章应当与在付款人处预留的签名式样或印鉴相符。

（二）支票的类型

支票都是即期的。我国《票据法》明确规定："支票限于见票即付，不得另行记载付款日期。另行记载付款日期的，该记载无效。"有些支票虽然有时被称为期票，但只是填迟日期，那个日期实际上应被视为出票日期，对那个时期来说，支票仍是见票即付的即期支票。因为，付款人照例是不能在出票日期前支付支票金额的。"期票"一词除用于填迟出票日期的支票外，也可理解为远期本票或远期汇票。

在我国，支票可按不同用途分为现金支票和转账支票两种。我国《票据法》第84条明确规定："支票可以支取现金，也可以转账。在用于转账时，应当在支票正面注明。支票中专门用于支取现金的，可以另行制作现金支票，现金支票只能用于支取现金。支票中专门用于转账的，可以另行制作转账支票，转账支票只能用于转账，不得支取现金。"

但是，在国际上支票还可按收款人的写法与是否划线和如何划线以及是否有他人保证分为若干种。

1. 记名支票

记名支票(Check Payable to Order)是指在支票的收款人一栏中记载收款人的具体名称，如"付交亚细亚公司"(Pay to ASIA Co.)。有的还加上"或其指定人"，如"付交亚细亚公司或其指定人"(Pay to the Order of ASIA Co.)。持记名支票取款时，须由载明的收款人在背面签章。

2. 不记名支票

不记名支票(Check Payable to Bearer)又称来人支票或空白抬头支票。这种支票不记载收款人的具体名称，只写明"付交来人"(Pay to Bearer)。支款时无须收款人签章。持票人可仅凭交付即可将支票权利转让。

3. 划线支票

划线支票(Crossed Check)是在支票正面划两道平行横线的支票。一般的未划线支票(Uncrossed Check)既可以委托银行收款入账，也可以由持票人自行凭此向付款人支取现金(Cash)；而划线支票则只能委托银行收款入账，不能由持票人自行向付款人支取现金。使用划线支票的主要目的是防止在遗失时被人冒领。即使被冒领，也有可能通过银行收款线索追回款项。

在划线支票中，又可从划线的方式分为普通划线支票(General Crossing Check)和特别划线支票(Special Crossing Check)两种。前者是指仅在支票正面（一般在左上角）划上两道平行线。有的使用印戳盖上划线。这种印戳的平行线中间往往印有"××Co.""不可转让""不可流通，入收款人账"或"入收款人账"。尽管在平行线中注有这些文字,但仍是普通划线支票。普通划线支票的持票人可以委托银行代收支票上的款项,而凡有"入收款人账"字样的,只能由支票指名的收款人委托其往来银行收入其本人账户。有的划线支票在两条平行线间注上一家具体银行的名称,这种支票就是特别划线支票。持票人收到这种划线支票时,只能委托票面注明的银行代为收款,然后转到往来银行入账。

支票的划线人既可以是出票人,也可以是持票人或代收银行。出票人作成普通划线,持票人可以把它转变成特别划线;持票人作成普通划线或特别划线,持票人可注如"不可流通"字样。被特别划线的银行可以再作特别划线给另一家银行代收票款。代收票款的银行也可以作成特别划线注明自己为收款人。

4. 保付支票

凡由付款银行批注"保付"(Certified to Pay)字样并签字的支票称为保付支票(Certified Check)。支票一经保付,签署保付的银行必须付款。支票经保付后,保付银行成为主债务人,支票的可靠性随之提高,因而有利于流通。

(三) 支票和汇票的区别

支票和汇票虽同是委托式票据,与汇票一样,也是由出票人签发的委托付款人向收款人支付一定金额的票据,也有出票人、收款人和付款人三个基本当事人。但是,支票必须以银行为付款人,而汇票既可以是银行,也可不以银行为付款人。此外,尚有以下三个差别。

(1) 功能不同。汇票的功能可作汇兑和支付工具,也可以作为信用工具;支票只能用作汇兑和支付。

(2) 付款期限不同。就付款期限而言,汇票有即期和远期之分;而支票则只能是即期的。支票一经提示,付款人就应按照票面金额支付票款。因此,支票无须承兑,而远期汇票通常需经承兑。

(3) 提示期限不同。由于支票必须在短期内结束使用,而汇票却可以在较长时期内流通,所以两者提示的期限是不同的。按《日内瓦统一票据法》,支票的出票人和付款人若在同一国内,其提示期限只有 8 天,而汇票的提示期限可以长达 1 年。按我国《票据法》,支票的提示期限是自出票日起 10 天;异地使用的支票,其提示期限按中国人民银行规定。超过提示付款期限的,付款人可以不予付款,但出票人仍应对持票人承担票据责任。

# 第四节 票据行为

## 一、有效票据行为应具备的条件

票据行为有狭义和广义之分。

狭义票据行为即票据法律行为。它是以行为人在票据上进行必要事项的记载,完成签名并予以交付为条件,以发生或转移票据上的权利,负担票据上的债务为目的的要式法律行为。简单地说,狭义票据行为就是围绕票据所发生的、以确立或转移票据权利义务关系为目的的法律行为。

狭义票据行为是基于当事人的意志表示而发生的相应法律效力的行为,被称为票据的法律行为。它包括出票、背书、承兑、保证、保付、参加六种行为。

广义票据行为,统指一切能够引起票据法律关系的发生、变更和消灭的各种行为。广义票据行为除包括狭义票据行为外,还包括提示、付款、参加付款、划线、涂销等行为。狭义票据行为以外的各种行为是基于法律的直接规定而发生相应法律效力的,被称为准票据法律行为,简称准票据行为。

针对狭义票据行为而言,有效票据行为必须具备以下条件。

(一)具备必要的行为形式

票据行为是一种要式行为,其行为形式包括以下三方面内容。

(1)进行必要事项的记载。票据行为的有效成立,首先必须具备符合法律规定的票据记载必备事项的范围及记载方式,均由票据法规定,如票据金额的记载等。

(2)行为人完成签名。票据签名是各种票据行为共同的形式要件。票据签名既是票据行为人确定参加票据关系,决定承担票据债务的主观意志的体现,又是确认实际的票据行为人与票据上所载的票据行为人为同一人的客观标准。

票据签名通常采用手书签名、盖章、签名盖章、记名盖章、法人签名等形式。手书签名是指由票据行为人自己本人亲手书写自己的姓名;盖章是票据签名的变通形式,指票据行为人加盖自己的印章;签名盖章是在进行手书签名的同时,再加盖印章的双重签名方式;记名盖章是由行为人以手书签名以外的其他方法表明行为人名称,如打印,然后加盖行为人印章的特殊签名方式;法人签名是指在法人代表签名或盖章的同时加盖该法人的印章。

(3)票据交付。票据交付是使票据行为最终能够有效成立的特殊形式要件。通过票据交付以实现票据占有的实际转移。

(二)有明确的意思表示

行为人要有以发生或转移票据上权利、负担票据上债务为目的的明确表示。如出票以发生票据权利为目的,背书以转移票据权利为目的,承兑以承担票据债务为目的。

(三)行为人具备相应的票据能力

票据行为在本质上是一种民事行为,根据民事法律规定,行为人必须具备相应的民事能力。就票据行为而言,它要求行为人具备相应的票据能力,包括票据权利能力和行为能力。票据能力是票据成立的实质要件。

票据权利能力是指能够成为票据行为的主体,参加票据关系,享受票据权利与承担票据义务的资格。它是票据能力的静态表现。

票据行为能力是指具有票据权利能力的行为人,能够实际地以自己的行为,取得票据上权利,承担票据上义务的能力。票据行为能力是票据能力的动态表现。

票据权利能力为进行有效的票据行为提供了可能性,票据行为能力则为其提供了现实性。

## 二、票据行为的特征

票据是商事活动的重要工具,在社会经济生活中具有特殊的作用,为保障票据在使用上具有极大的流通性、安全性和可靠性,票据法赋予了票据行为不同于一般法律行为的特殊性,即票据行为的无因性、形式性与独立性。

(一)票据行为的无因性

票据行为的无因性,又称为票据行为的抽象性。它与票据特性的无因性是一致的,即强调票据行为的效力同发生票据的原因关系相分离。对票据来说,票据上的法律关系仅指票据债权债务关系,票据原因关系被称为是票据外法律关系。票据行为的无因性包含以下三方面内容。

1. 票据行为的效力独立存在

票据债权债务关系因某种原因关系一经形成,就与先前的原因关系相分离,不再受原因关系的影响而存在。当原因关系发生改变或消失时,票据债权债务关系并不因此发生任何变化。

2. 持票人不必证明票据债权的取得原因

法律规定,持票人只要能证明票据债务的真实成立与存续,即可对票据债务人行使票据权利,而无须证明自己以及前手是依何种实际的经济关系取得债权的。

3. 票据债务人不得以原因关系对抗善意持票人

在通常情况下,作为票据债务人的付款人与受让取得票据的持票人之间是不存在直接原因关系的,因此票据债务人不能以原因关系对善意持票人提出抗辩。

(二)票据行为的形式性

票据行为的形式性又称为票据行为的要式性。它是指票据行为具有法律规定的行为方式及其效力解释,行为人不得自行选择行为方式,也不能对票据行为的效力任意解释。票据行为的形式性包括以下三方面内容。

1. 以书面方式进行

票据行为必须是严格的书面行为。在票据行为中,既不承认口头方式的效力,也不承认诸如信件、电报等准书面方式的效力,只承认证券书面的效力。

2. 以固定方式进行

票据法明确规定了票据行为的固定方式,包括应记载的固定内容、固定记载位置,如承兑只能在票据正面进行、背书只能在票据背面进行等。

3. 依票据所载文义解释

票据行为的内容,必须完全依票据的书面记载确定,不能以票据记载以外的事实,对所载文义进行补充或变更,甚至作出与票据所载文义相反的解释。

### (三) 票据行为的独立性

票据行为的独立性又称为票据债务独立原则或单独行为原则。它是指发生在同一票据上的若干票据行为均分别依其在票据上所记载的内容，独立地发生效力，各种行为互不牵连。票据行为的独立性包括以下三方面内容。

1. 各票据行为均独立发生

发生在同一票据上的各个票据行为，虽然有逻辑上的先后顺序，但并没有发生的必然性。各个行为人都是依自己的意志，独立地决定是否作相应的票据行为。例如，背书行为只能产生于出票之后，但出票并不能导致背书一定发生。

2. 先前票据行为并不影响后续票据行为

先前的票据行为无效，并不能免去后续票据行为人所承担的票据责任。例如，出票的无效并不能因此而否定在此票据上背书、承兑行为的有效性，背书人、承兑人必须对其行为负责。

3. 某一票据行为无效，并不能影响其他票据行为的效力

在运用票据独立性原则时，不能违背票据行为的形式性要求，即只能在确认某一票据行为在形式上为有效行为，而在实质上为无效行为的前提下，才能适用该原则。对于以形式上显然无效的票据行为为前提的票据行为，是不能依据票据行为的独立性原则，确认其为有效票据行为的。

## 三、狭义票据行为

狭义票据行为包括出票、背书、承兑、保证、保付和参加承兑等。

### (一) 出票

1. 出票的含义和内容

出票(Issue)包括两个动作：一是开票(to Draw)或写成并签字；二是交付(Deliver)。在汇票、本票、支票的使用中，都存在出票行为。

本票和支票都是只开单张，汇票的开立可以是单张，也可以是两张或两张以上。英美国家的国内汇票多为单张汇票(Sola Bill)。国外跟单汇票一般可开成多份，每张汇票都具有同等的效力，其中一张付讫后，其余几张自动失效，所以每张上要注明是第几份，并说明"付一不付二"[First(Second Being Unpaid)]或"付二不付一"[Second(First Being Unpaid)]的字样。如果汇票在背书转让或承兑时，背书人或承兑人误在同样两张汇票上签名，而这两张汇票分别落入不同的正当持票人之手，则背书人或承兑人应同时对两张汇票负责。

交付是物权的自愿转移，是票据生效不可缺少的行为。

2. 出票的影响

出票后，出票人便成了票据的主债务人，本票和支票的出票人对持票人要担保付款，汇票出票人除担保付款外，还要担保承兑。如果付款人到期不承兑或不付款，那么出票人就要自己清偿票据债务，即接受持票人追索。

付款人是出票人指定的支付票据金额的人。但是,对汇票和支票的付款人而言,他没有义务必须接受支付票款的指令或委托,即他可以接受付款指令或委托,也可以拒付。这主要取决于出票人的信用、收款人与出票人之间的协议以及票据提示时他与出票人的资金关系。如果出票人信用有限,或双方事先没有达成协议或票据内容不符合协议,或票据提示时,出票人的资金不足,那么付款人可以拒付,并且不会因此而承担任何责任。因为,他没有在票据上签字。但是,本票付款人有所不同,他作为出票人在出票时已保证付款,如果拒付,持票人可以直接对其起诉。

收款人获得票据后即成为持票人,从而得到了"债权",亦即票据权利,包括付款请求权和追索权。前者指向付款人提示票据要求付款的权利;后者指在付款人拒付时,收款人可向出票人要求清偿的权利。

(二) 背书

1. 背书的含义和内容

背书(Endorsement)是指持票人在票据背面签名,并交付给受让人的行为。背书的目的是为了转让票据权利。背书行为的完成包括两个动作:一是在票据背面或者粘单上记载有关事项并签名,根据我国《票据法》规定,背书必须记载以下事项,即签章、背书日期、被背书人名称等;二是交付。

汇票、本票、支票都可以经过背书而转让。但是,并不是所有票据都能背书转让,对于限制性抬头或记载有"不得转让"字样的票据,是不可以背书转让的;而对于"来人抬头"票据,不需背书即可转让。因此,背书转让的只是指示性抬头票据。

2. 背书的影响

背书行为一经完成,对背书双方即产生不同影响。对背书人(Endorser)的影响有三个方面。

(1) 票据权利转让给被背书人,背书人不再是持票人,失去了请求承兑和付款的权利。

(2) 向后手证明前手签名的真实性和票据的有效性。即使前手的签字是无效的,或者票据不具备实质性条件,背书人一旦签字,就必须对票据债务负责。

(3) 担保承兑和付款,背书人必须保证被背书人能得到全部票据权利,如果被背书人持有的票据在向付款人提示时被拒付,那么他应当接受被背书人的追索。

被背书人(Endorsee)接受票据后即成为持票人,享有票据上的全部权利,包括承兑和付款请求权、追索权。对被背书人而言,背书前手越多,表明其债权的担保人越多。但是,回头背书的被背书人对原来的后手无追索权,他只能向原来的前手追索。

3. 背书的种类

(1) 记名背书。记名背书(Special Endorsement)又称为特别背书、正式背书、完全背书。记名背书的特点是背书内容完整、全面,包括背书人签名、被背书人或其指定人。背书日期可有可无,如果没有记载背书日期,则视为在票据到期日前背书。经过记名背书的票据,被背书人可以再作背书转让给他人,这种背书可以是记名的,也可以是无记名的。

记名背书通常有三种写法：

① "Pay to the Order of E Co."（支付给 E 公司的指定人）；

② "Pay to E Co. or Order"（支付给 E 公司或其指定人）；

③ "Pay to E Co."（支付给 E 公司）。

(2) 无记名背书。无记名背书（Blank Endorsement）又称空白背书、略式背书。它是指仅在票据背面签名而不注明被背书人的背书。经过无记名背书的票据，受让人可以继续转让。转让方式有以下两种。

① 继续作无记名背书转让。又可分为两种情况：一种情况是，不作背书，将受让票据直接交付他人，由于没有签名，也就没有被追索的可能；另一种情况是，在无记名背书票据上加上自己的名字后，再作无记名背书转让。

② 转作记名背书转让。也有两种情况：一种情况是，在无记名背书票据上加上自己的名字后，作记名背书转让；另一种情况是，直接在无记名背书票据上加上被背书人的名字后转让，这种转让也没有签名，从而可避免追索。

(3) 限制背书。限制背书（Restrictive Endorsement）是指背书人在票据背面签字、指定某人为被背书人或记载有"不得转让"字样的背书。

对于限制背书的受让人能否将票据转让，各国票据法有不同规定。根据《英国票据法》，限制背书的被背书人无权再转让票据权利；《日内瓦统一票据法》和我国《票据法》承认不得转让的背书。

规定限制背书的票据仍可由被背书人进一步转让，但原背书人即作限制背书的背书人只对直接后手负责，对其他后手不承担保证责任。

限制背书通常有三种写法：

① "Pay to E Co. Only"（仅付给 E 公司）；

② "Pay to E Co. not Transferable/Negotiable"（支付给 E 公司，不可转让）；

③ "Pay to E Co. not to Order"（支付给 E 公司，不得付给其指定人）。

(4) 有条件背书。有条件背书（Conditional Endorsement）是指对被背书人享受票据权利附加了前提条件的背书。多数国家，包括我国的《票据法》规定，有条件背书的背书行为是有效的，但背书条件无效。对有条件背书的受让人而言，在行使票据权利或再将票据背书转让时，他可以不理会前手附加的条件，因为这些条件不具有法律效力。例如：

Pay to E Co., London on Delivery of B/L

On 17th May, 2004

For C Co., Newyork

Signature

(5) 委托收款背书。委托收款背书（Endorsement for Collection）是指记载有"委托收款"字样的背书。背书人的背书目的不是转让票据权利，而是委托被背书人代为行使票据权利,即代为收款。委托收款背书的被背书人不得再以背书转让票据权利,因为票据的所有权仍属于背书人而不是被背书人。

委托收款背书有两种方式:

第一种:特别托收背书,又称记名托收背书。例如:

Pay to the Order of A Bank, London for No.× Account of Us

For C Co., Newyork

Signature

其中,A银行为托收的被记名人(受托人)。

另一种:空白托收背书,又称不记名托收背书。例如:

For Collection Pay to Any Bank

For C Co., Newyork

Signature

(6) 设定质押背书。设定质押背书是指记载有"质押"字样的背书。被背书人只有在依法实现其质押权时,才可行使汇票权利。在其他任何情况下,票据的所有权都属于背书人,被背书人不得侵犯背书人的票据权利。

(7) 其他背书。包括加注"不得追索"(Without Recourse)字样的免责背书、免作拒绝证书背书、免作拒付通知背书等。票据法一般都允许这种背书,但其效力只限于背书人与直接被背书人之间,被背书人的后手不受此类背书的影响。

(三) 承兑

1. 承兑的含义

承兑(Acceptance)是指远期汇票的付款人在汇票上签名,同意按出票人指示到期付款的行为。

承兑行为的完成包括两项内容:首先是完成签名。承兑时,可以写明已承兑"Accepted"并签名,也可仅签名。承兑日期视情况而定,见票后定期付款汇票必须记载承兑日期。此外,还可以加上担当付款人或付款处所的记载。并且承兑应作于汇票正面。汇票一般是两张一套,付款人只需承兑一张。其次是完成交付。承兑的交付有两种:一种是实际交付,即付款人在承兑后将汇票退还给持票人;另一种是推定交付,付款人在承兑后将所承兑的汇票留下,而以其他方式通知持票人汇票已承兑并告知承兑日期。通知一般以书面形式为主。

2. 承兑的影响

付款人在作承兑后,便成为承兑人,他要对票据的文义负责,到期履行付款责任。并且汇票承兑以后,付款人(承兑人)便处于汇票主债务人的地位,出票人则由承兑前的主债务人变为从债务人,假如到期日承兑人拒付,持票人可以直接对承兑人起诉。

对持票人而言,汇票承兑以后,其收款就有了保障,并且还有利于汇票的转让。因此,一般的受让人都不愿意接受未承兑的汇票。

3. 应当承兑票据

承兑行为是针对汇票而言的,并且只是远期汇票才可能有承兑。本票、支票和即期汇票都不可能发生承兑。

必须提示承兑的远期汇票主要包括以下三种汇票。

(1) 见票后定期汇票。只有作承兑提示(见票)后,才可以确定见票日期,并以此为起点确定汇票到期日。

(2) 由不在付款人同地的第三人付款的汇票。办理承兑便于承兑人安排外地付款人作好到期付款准备。

(3) 有"必须提示承兑"字样的汇票。

4. 承兑的类型

汇票的承兑有两种。

(1) 普通承兑。普通承兑(General Acceptance)即一般承兑,它是指付款人对出票人的指示不加保留地予以确认的承兑。例如:

ACCEPTED

Payable at the B Bank London

3rd March,2004

For B Co.,London

Signature

(2) 保留承兑。保留承兑(Qualified Acceptance)是指付款人在承兑时,对汇票的到期付款加上了某些保留条件或对票据文义的修改意见的承兑。常见的保留承兑有以下几种:有条件承兑、部分承兑、修改付款期限的承兑、限制地点的承兑等。

例如:有条件承兑(加列了须提交海运提单作为付款条件的承兑)。

ACCEPTED

Payable on Delivery of B/L

For B Co.,Newyork

Signature

例如:对于票面金额为1 000美元的汇票,在承兑时特别加列承兑金额为500美元。

ACCEPTED

Payable for the Amount of U.S. Dollars 500.00 Only

For B Bank,Newyork

Signature

例如:限制付款地点承兑。

ACCEPTED

Payable at the B Bank Newyork and There Only

For B Co.,Newyork

Signature

例如：修改付款期限承兑。

ACCEPTED

Payable at 6 Months after Date

For B Co., Newyork

Signature

我国《票据法》规定，付款人承兑汇票，不得附有条件。承兑附有条件的，视为拒绝承兑。但是，国外一些票据法规定，对于保留性承兑，持票人有权拒绝接受，也可以接受。如果持票人接受了保留性承兑，在付款人拒付的情况下，持票人不能向出票人或背书人追索。

(四) 参加承兑

1. 参加的含义

参加是付款人以外的当事人在票据被拒付后，可能发生追索时，为防止特定的债务人受到追索而介入票据关系的行为。参加可分为参加承兑和参加付款。

参加行为只存在于汇票和本票，支票中无参加行为。我国《票据法》无参加的规定。

2. 参加承兑的含义

参加承兑(Acceptance for Honour)是指在汇票不获承兑，持票人尚未追索时，其他人要求承兑汇票的行为。只是在远期汇票中才可能有参加承兑行为。

参加承兑的目的是为了阻止持票人追索，维持特定债务的信誉。

3. 参加承兑的当事人责任

参加承兑人(Acceptor for Honour)即作参加承兑的行为人。根据《日内瓦统一票据法》，他可以是除承兑人以外的任何人，包括出票人、背书人、保证人、预备付款人等。《英国票据法》认为，参加承兑人应是票据债务人以外的其他当事人。

根据《日内瓦统一票据法》规定，参加承兑人必须在作参加承兑后的两个营业日内通知被参加承兑人，否则应赔偿被参加承兑人因此造成的损失。

作参加承兑后，参加承兑人要对被参加承兑人的后手，包括持票人负责。如果持票人到期向付款人或预备付款人作付款提示时拒付，他便可在作拒绝证书后向参加承兑人请求付款。

参加承兑人付款后，即取得向被参加承兑人及其前手追索的权利，汇票也不注销。

被参加承兑人是指由于参加承兑人的参加行为而免受追索的票据债务人。参加承兑人付款后，有权要求被参加承兑人偿还所付款项。

持票人有权决定是否接受参加承兑。但是，如果是预备付款人参加承兑，根据《日内瓦统一票据法》的规定，持票人非接受不可。

4. 参加承兑的做法

作参加承兑时，参加承兑人应在汇票正面记载被参加承兑人名称、参加承兑日期及参加承兑人签名。如果没有记明被参加承兑人是谁，则以出票人为被参加承兑人。例如：

Accepted for Honour

Of Drawer

9th June, 2004

For B Bank, Newyork

Signature

这是一个以B银行为参加承兑人,出票人为被参加承兑人的参加承兑记载。

(五) 保证

1. 保证的含义和作用

保证(Guarantee)通常是指非票据债务人为票据债务承担保证的行为。其目的是为了增强票据的可接受性,使之便于流通和融资。在汇票、本票和支票的使用中,都可以存在保证。《日内瓦统一票据法》和我国《票据法》允许这一行为,《英国票据法》无此规定。

2. 保证的做法

作保证时,保证人应在票据或粘单上记载保证字样、保证人名称和住所、被保证人名称、保证日期并由保证人签名。如果未记载被保证人,对于已承兑的汇票,应以承兑人为被保证人;对于其他票据,则以出票人为被保证人。如果未记载保证日期,出票日期即为保证日期。例如:

Guaranteed

For Acceptor

23rd July, 2004

For F Bank, London

Signature

保证不得附带条件。附有保证条件的,不影响对票据的保证责任,但保证条件无效。

3. 保证人的责任和权利

保证人一般由票据债务人以外的其他人担当,我国的规定即是如此。但是,《日内瓦统一票据法》却允许任何人作保证人,包括本来已在票据上签过名的债务人。

汇票被保证后,保证人所负的票据责任与被保证人相同。但是,被保证人的债务因票据记载事项欠缺而无效的例外。我国《票据法》规定,两个或两个以上的保证人之间、保证人与被保证人之间对持票人要承担连带责任。

保证人清偿票据债务后,取得持票人地位,有权对被保证人及其前手进行追索。

在实务中,对票据债务直接进行担保的保证行为很少发生。如果需要对票据债务进行担保,则多采用背书、承兑、共同出票、共同背书等方法,对票据债务进行间接担保。

(六) 保付

1. 保付的含义和内容

保付(Certified to Pay)是指作为支票付款人的付款银行表明保证支付票款的行为。

保付行为的完成包括两项内容：一是进行保付文句及保付日期的记载、完成签名；二是将支票交付持票人。

保付可以由支票的持票人请求付款银行进行，也可以由支票的签发人请求付款银行进行。在通常情况下，支票的签发人在出票后，应随即请求付款银行进行保付，然后将已保付的支票交付持票人。

2. 保付行为的效力

支票中的保付如同汇票中的承兑，都是付款人表明保证支付票款意愿的行为。经过保付后的支票，付款银行要承担绝对的付款责任，不得以任何理由拒付。

《美国统一商法典》中规定，付款行一经保付，其他债务人一概免责。即使持票人在支票过期后提示，保付银行仍要付款。不过《日本票据法》规定，保付银行只是在支票有效期内保证付款。

《英国票据法》《日内瓦统一票据法》和我国《票据法》都没有支票保付的规定。

由于保付对付款银行来说，在资金安全性上有些不利，因而实际业务中很少使用。

### 四、准票据行为

准票据行为指狭义票据行为以外的其他票据行为，主要包括提示、付款、拒付、追索、划线、涂销、变造和伪造等。

(一) 提示

1. 提示的含义和种类

提示（Presentation）是指持票人向付款人出示票据、要求其履行票据义务的行为，提示是持票人要求票据权利的行为。

提示分为承兑提示和付款提示。承兑提示是持票人在票据到期前向付款人出示票据，要求其承兑或承诺到期付款的行为。承兑提示只是针对远期票据（主要是汇票）而言的，即期汇票、本票、支票不必作承兑提示。付款提示是指持票人在即期或远期票据到期日向付款人出示票据要求其付款的行为。汇票、本票、支票均需作付款提示。

2. 有效提示的要求

根据《票据法》规定，提示必须在规定的时间及地点作出才有效。

(1) 提示时间。关于提示时间，各国票据法的规定有较大不同。《日内瓦统一票据法》规定：即期票据必须在出票日后的 1 年内作付款提示；见票后定期汇票在出票日后的 1 年内作承兑提示；远期票据在到期日及以后两个营业日内作付款提示。

《英国票据法》规定：即期票据、本票须自出票日起 1 个月、支票（不含异地）10 日内作付款提示；见票后定期付款汇票，自出票日起 1 个月作承兑提示；远期汇票、本票，自到期日起 10 日内作付款提示。

我国《票据法》规定，见票即付的汇票，自出票日起 1 个月内向付款人提示付款；定日付款、出票后定期付款或者见票后定期付款的汇票，自到期日起 10 日内向承兑人提示付款。支票的持票人应当自出票日起 10 日内提示付款；异地使用的支票，其提示付款的期限由中国人民银行另行规定。我国《票据法》对本票的提示时间没有作明确规定。

在规定期限内未作提示的,持票人丧失对前手的追索权,但在一定期限内,持票人仍有权向出票人和承兑人要求票据权利。例如,我国规定即期汇票、本票的持票人在自出票日起的 2 年内,远期票据的持票人在自到期日起的 2 年内,有权对出票人和承兑人要求票据权利;支票持票人在出票后 6 个月内有权对出票人要求票据权利,过了此期限,持票人便丧失票据权利。

(2) 提示地点。持票人应在票据上指定的地点向付款人提示票据,如果票据上未指定地点,那么应在付款人营业地或住所提示。此外,持票人还可以通过银行票据交换场所向付款人提示票据。

(二) 付款

付款(Payment)是指在即期票据或到期的远期票据的持票人向付款人出示票据时,付款人支付票款的行为。付款是票据流通过程的终结,是票据债权债务的最后清偿。汇票、本票、支票都存在付款行为。

在付款时,付款人必须做到以下六点。

1. 对票据权利所有人付款

在付款时,付款人首先必须是出于善意,即不知道持票人权利的缺陷;其次是要鉴定背书的连续性。只有在符合以上两个要求的情况下,付款人的付款才被称为正当付款(Payment in Due Course),至此付款人才可以免除债务。

2. 立即付款

当持票人按规定向付款人作付款提示时,付款人应在 24 小时内付款。

3. 支付金钱

票据权利是一种金钱权利,付款人必须支付金钱。如果票据上规定了支付货币的种类,付款时应支付规定货币;如果没有规定支付货币的种类,一般应支付本国货币。

4. 到期日付款

付款人只能在票据到期日向持票人支付票款,如果付款人在到期日前支付了票款,应承担由此产生的一切后果。

5. 足额付款

我国《票据法》规定,付款人必须足额支付票款,不能作部分付款。

国外法律规定有所不同。《日内瓦统一票据法》规定:持票人不得拒绝部分付款;《英国票据法》规定,持票人可以接受部分付款,也可以拒绝。在接受部分付款时,债务并不能完全了结,因此持票人仍需保留票据。

6. 注销票据

付款人作正当付款后,应要求收款人在票据背面签字作为收款证明并收回票据,注上"付讫"(Paid)字样,此时票据就"注销"(Discharge)了。票据注销后,不仅付款人的付款义务被解除,所有的债务人的责任都因此消灭。

(三) 拒付

1. 拒付的含义

拒付(Dishonour)又称退票,它是指付款人在持票人按票据去规定作提示时,拒绝承兑和拒绝付款的行为。汇票、本票和支票都有可能发生拒付。如果即期汇票和承兑前的远期汇票和支票发生拒付,持票人可依法行使追索权;承兑后的远期汇票和本票发生拒付,持票人可分别对直接承兑人和出票人起诉。

2. 拒付的情形

(1) 持票人到期不获承兑或付款。持票人到期不获承兑或付款包括下面几种情形:付款人明确表示拒付;虽未明确拒付,但在规定时效内未予承兑或付款;承兑人或付款人避而不见;作部分承兑或付款。

(2) 承兑人或付款人死亡、破产或因违法被责令终止业务活动。

(3) 在非承兑票据的出票人破产时,付款人大多会拒付。

3. 拒绝证书

(1) 拒绝证书的内容。拒绝证书通常包括以下内容:拒绝者和被拒绝者双方名称、拒付原因、拒绝证书作成时间和地点、拒绝证书制作者签名等。

(2) 拒绝证书制作过程及制作人。国内外制作方式有所不同。国外的一般做法是在票据拒付时,持票人应立即将票据交当地公证人,由其再向付款人提示,若付款人仍拒付,则公证人立即作成书面证明交持票人。在当地没有公证人时,可由银行、法院等有权公证的机构或者由两位有影响的人作成。我国的规定是,在拒付时,由承兑人或付款人出具拒绝证明或退票理由书。未出具的应承担由此产生的民事责任;如果因承兑人或者付款人死亡、逃匿或者其他原因,不能取得拒绝证明时,持票人可依法取得其他有关证明;承兑人或付款人被依法宣告破产的,由法院出具的司法文书证明;承兑人或付款人因违法被责令终止业务活动的,由有关行政主管部门的处罚决定证明。

(3) 拒绝证书制作时间。拒绝证书只有在规定的时效内作成,持票人才能保证其利益。《英国票据法》规定,拒绝证书必须在拒付日的第二天终了前作成;《日内瓦统一票据法》关于远期汇票承兑与即期汇票的付款拒绝证书的制作时间规定与《英国票据法》规定相同。但是,远期汇票付款拒绝证书可在到期日以后两天内作成。

如果持票人没有或不能在规定时间内作成拒绝证书及有关证明文件,那么他将因此失去对前手的追索权。但是,承兑人或出票人仍应对持票人承担责任。

作成拒绝证书后应及时通知前手。我国规定作成后 3 天内、《日内瓦统一票据法》规定作成后 4 天内、《英国票据法》规定作成后 2 天内通知前手,否则后果同上。

(4) 拒付通知。拒付通知通常由持票人或背书人制作,并在规定时间内通知前手。《英国票据法》规定,如果前手在同地,持票人收到通知后必须在第二天通知到;如果前手在异地,持票人必须在第二天发出通知。《日内瓦统一票据法》规定,必须在 2 天内通知前手。我国规定在 3 天内通知前手,在规定期限内将通知按法定或约定地址邮寄的,视为已发出通知。

如果未能及时通知前手,《英国票据法》规定,持票人或背书人将丧失对前手的追索权;《日内瓦统一票据法》和我国《票据法》规定,持票人或背书人仍有追索权,但应赔偿前手因此而发生的损失。我国还规定,赔偿金额以票据金额为限。

(四) 追索

1. 追索的含义

追索(Recourse)是持票人在票据被拒付时,对背书人、出票人及其他债务人行使请求偿还的权利。它是持票人在特殊情况下要求票据权利的一种手段和方式。

持票人在追索时必须具备一定条件:

(1) 持有合格票据,指票据的记载和背书的连续两方面合格。

(2) 持票人尽责,指持票人已在规定的时间内作了提示,作成拒绝证书和拒付通知并通知前手。

(3) 发生拒付。

2. 追索的顺序

只要在票据上签了字,就应对票据债务承担全部责任,并且我国《票据法》规定,出票人、背书人、承兑人和保证人对持票人要承担连带责任。因此,持票人可以按顺序向自己的前手追索,也可以向任何一个背书人或出票人、承兑人追索;可以对任何一个票据债务人追索,也可同时对数个或全体债务人行使追索权。

以汇票为例,如果持票人按顺序追索,债务人的先后顺序如下:

未承兑汇票:持票人──→持票人前手……──→第二背书人──→收款人(第一背书人)──→出票人(主债务人);

已承兑汇票:持票人──→持票人前手……──→第二背书人──→收款人──→出票人──→承兑人(主债务人)。

在实务中,持票人一般都是向出票人追索。这是因为,出票人是票据的原始债务人和基本债务人,如果依次按顺序追索,最后一定是出票人付款。若按顺序逐一追索,不仅手续繁杂,而且相应费用会增加。即使在承兑人是主债务人的情况下也是如此。这是因为,承兑人付款的资金来源于出票人,实际上是出票人付款。只有在出票人破产或无力支付时,才由承兑人付款。

3. 被追索者的权利

被追索者在清偿债务后,有权要求追索者交出汇票和拒绝证书,出示收据及费用表,涂销自己的背书;除出票人外,被追索者与持票人享有同一权利,有权对前手追索。

4. 追索的金额

持票人行使追索权时,追索金额包括:被拒付的票据金额,票据金额自到期日或提示付款日起到清偿日的利息,取得有关拒绝证明和发出通知书的费用。

被追索人的再追索金额包括:已清偿的全部金额,前项金额自清偿日起至再追索清偿日止的利息,发出通知书的费用。

如果出票时注明"免作拒绝证书"或"拒付通知",那么出票人和所有背书人都对作拒绝证书和拒付通知的费用无责;如果是某背书人注明的,那么仅此背书人无责,持票人可向其他背书人或出票人收取此费用。

(五) 参加付款

1. 参加付款的含义

参加付款(Payment for Honour)是指在票据不获付款,持票人尚未追索时,其他人要求付款的行为。参加付款与参加承兑的目的和作用相同。

2. 参加付款的主要当事人责任

《日内瓦统一票据法》规定,参加付款人(Payer for Honour)可以是付款人与担当付款人以外的任何人;《英国票据法》允许任何人参加付款。两者没有实质性差别,因为如果付款人与担当付款人拒付,在一般情况下,他们是不会再要求作参加付款的。在两人或两人以上竞相参加付款时,能免除债务人最多者有优先权。

根据《日内瓦统一票据法》规定,参加付款人必须在2个营业日内,将参加付款的事实通知被参加付款人,否则须赔偿由此而造成的损失。

参加付款人付款后,即免除被参加付款人后手的债务,同时取得向被参加付款人及其前手追索的权利。

持票人必须接受参加付款,接受参加付款后应向参加付款人交出票据和拒绝证书,并出具收据。

3. 参加付款的做法

作参加付款时,参加付款人应在票据上记载被参加付款人、付款目的以及付款事实的说明,《英国票据法》规定还要由公证人作"参加付款公证"。如果没有记载谁是被参加付款人,则以出票人为被参加付款人。

(六) 划线

划线(Crossing)主要用于支票。《英国票据法》和《日内瓦统一票据法》都有关于支票划线的规定,我国《票据法》尚未对此作出规定。

(七) 涂销和更改

1. 涂销的含义

票据涂销是指以一定的方法,将票据上的签名或者其他记载事项予以消除的行为。票据涂销通常由有相应权限的人所为;票据涂销仅限于对票据上记载内容的去除,不包括对票据上记载内容的增添。

2. 涂销的种类

票据的涂销可以分为两类,即法定涂销和任意涂销。

(1) 法定涂销。法定涂销是指《票据法》明确规定了法律效力的涂销。在一般情况下,法定涂销不影响票据的效力,但依所涂销的具体内容不同,涂销本身可能发生不同的效力。法定涂销主要有三类。

① 票据背书的涂销。票据背书的涂销是指将票据上已进行记载的背书予以消除的行为。涂销人通常为背书人本人,也可以为其他票据权利人。

可能发生背书涂销的情况有：持票人在将票据交付受让人之前，涂销自己先前拟背书转让的记载；背书人在接受追索后取得票据，将自己的背书涂销；贴现申请人向贴现银行买回贴现票据时，涂销自己先前的贴现背书；涂销错误的背书；背书人涂销后手的背书直接取得票据，以代替回头背书。

《票据法》规定，票据背书的涂销视为无记载，即该背书无效，但背书涂销不影响票据的效力，即票据上的其他记载仍然有效。

② 汇票承兑的涂销。汇票承兑的涂销，是指将汇票上已进行记载的承兑予以涂销的行为。其涂销人只能是接受持票人的承兑提示，并在票据上记载承兑文句的付款人或承兑人；涂销时间是在承兑记载之后，尚未将已经承兑的汇票交付提示人之前。如果已经将承兑票据交付提示人，承兑人则不能再将其承兑涂销。

汇票承兑的涂销，具有将该承兑记载完全去除，从而表明付款人撤销承兑的效力，但承兑涂销并不影响其他记载的效力。

(2) 任意涂销。任意涂销是指票据法未明确规定其法律效力、应依其他有关规定确定其效力的涂销。

① 保持票据效力的涂销。如果所涂销的是非必要记载事项，票据的涂销不影响票据自身的效力，持票人可依涂销后的票据文义主张权利；如果涂销的是必要记载事项，只要持票人能证明这种涂销并非由有涂销权限的人故意所为及能证明被涂销部分的实际内容，即可要求票据权利。

② 丧失票据效力的涂销。如果涂销为票据权利人故意所为，则所涂销部分的票据权利消灭；如果所涂销的部分为必要记载事项，则票据权利全部消灭。

3. 更改

更改是指有权限人对票据记载内容进行变更、订正的行为。更改不仅包括涂销原记载内容，而且包括增加新的内容。

由于票据是要式凭证，有严格的形式要求，因此《票据法》对票据更改也有严格规定。根据更改后票据的效力不同，更改可分为两种。

(1) 丧失票据效力的更改。对于票据上的实质性内容，票据法一般不允许更改，否则票据无效。如我国《票据法》规定：票据金额、日期、收款人名称不得更改，更改的票据无效。

(2) 保持票据效力的更改。对于一些相对次要的内容，通常可以作更改。如我国《票据法》规定，除票据金额、日期、收款人以外的其他记载事项，原记载人可以更改。不过，更改时原记载人应签章证明。在这种情况下，不仅票据仍然有效，而且更改后的内容也有效。

(八) 伪造

1. 伪造的含义

伪造是指假借他人名义而出票的行为。票据伪造的行为人称为伪造人，其票据伪造行为，可以采取模仿他人的手书签名、私刻他人印章、盗用他人印章等方法。被其假借名义的他人称为被伪造人,他通常是实际存在的人。

2. 票据伪造的影响

(1) 对真实签名人的影响。伪造票据仅是签名的伪造,在票据形式上是完备的。因此,属于形式上有效的票据。根据票据行为独立原则,签名的伪造并不影响真实签名人的票据行为效力。真实签名人不得以票据上存在伪造的签名,而主张免除自己的票据责任。

(2) 对持票人的影响。如果被伪造人对票据伪造一事无重大过失,伪造票据的持票人就不能对被伪造人主张任何票据上的权利,而只能对伪造人提出赔偿请求;如果被伪造人有重大过失,且持票人是善意取得票据的,那么持票人有权对被伪造人主张票据上的权利。

持票人负有证明票据签名为真实签名的责任,即证明该票据签名确为名义上的行为人自己的签名,或其印鉴确为名义上行为人自己的真实印鉴。

(3) 对被伪造人的影响。由于伪造票据的签名不是依被伪造人自己的意志而完成的票据行为,因而对被伪造人而言,不应因此而承担任何票据责任。不过,被伪造人要能证明其印鉴是被盗用的。但是,被伪造人本身对票据伪造一事有重大过失的例外。

被伪造人有重大过失主要是指在被伪造人与伪造人之间存在关系。在能够成立表现代理时,被伪造人应对伪造票据承担责任。主要包括以下四种情况:

① 被伪造人虽未向伪造人授予票据代理权,却向第三人宣称向伪造人授予票据代理权,则被伪造人应在自己宣称授予票据代理权的范围内,承担票据责任;

② 被伪造人虽未向伪造人授予票据代理权,但已授予其他代理权,对票据伪造人利用此机会伪造的票据,被伪造人应承担伪造票据责任;

③ 被伪造人曾经授予伪造人以票据代理权,在该代理权已被撤销后,被伪造人仍应对伪造票据承担责任;

④ 在被伪造人同伪造人有雇佣关系时,被伪造人应对伪造票据承担责任。

(4) 对伪造人的影响。票据伪造人应该对其票据伪造行为负责。对于票据伪造人来说,由于其并未以自己的名义在票据上签名,根据《票据法》中"签名人承担责任"的原则,伪造人不承担票据责任。但根据民法规定,他应对受害人承担损害赔偿的责任。此外,他还要承担刑事责任。我国《票据法》规定,伪造票据或故意使用伪造票据都属于欺诈行为,要依法追究其行为人的民事责任和刑事责任。

(九) 变造

1. 变造的含义

票据变造是指无票据记载事项变更权限的人,对票据上记载事项加以变更的行为。它有这样四个特点:

(1) 票据变造是无变更权限的人所为;

(2) 票据变造既包括对票据上记载内容的单纯去除,也包括对票据上记载内容的

更改以及在原有记载上直接添加新的内容;

(3) 票据变造的前提是,该票据在变造前须为形式上有效的票据,变造后仍为形式上有效的票据;

(4) 票据变造行为对票据上所有签名人都会产生影响。

2. 票据变造的影响

经过变造后的票据,由于其记载事项发生变更,票据的效力也随之发生变化。

(1) 对签名人的影响。变造前的签名人与变造后的签名人所承担的票据责任是不同的。《票据法》规定,对于变造前的签名人,应依变造前的票据所载文义,承担票据责任;对于票据变造后的签名人,应依变造后的票据所载文义,承担票据责任。

(2) 对变造人的影响。变造人擅自变更票据记载事项,应承担由此产生的法律责任。如果变造人是票据上的签名人,就应依票据所载文义承担票据责任。其签名在变造前,依原来的文义负责;其签名在变造后,依新的文义负责。如果变造人不是票据上的签名人,则他不承担任何票据责任,但应依民法承担不法行为责任。我国《票据法》规定,变造票据和故意使用变造票据属票据欺诈行为,应依法追究其行为人的刑事责任及民事责任。

3. 票据变造的举证责任

一般而言,票据变造的举证责任应由主张票据变造的人承担。实际中有两种情况。

(1) 票据义务人负举证责任。如果从外观上不能发现票据有变造等异常状态,持票人即可依票据现有文义,请求票据权利;如果票据义务人主张应免除依票据现有文义所承担的票据义务,则须提出在自己签名后票据记载事项发生变造的证明。

(2) 持票人负举证责任。如果从外观上已确认票据有变造,票据义务人可拒绝依票据现有文义履行票据义务;如果持票人要求票据义务人按现有文义履行票据义务,则需提出票据义务人签名是发生在票据变造后的证明。

# 复习思考题

1. 正确理解汇票、本票和支票的基本概念和三者之间的区别。
2. 汇票上"收款人"一栏的行文有几种?其与汇票转让流通的关系如何?
3. 什么是狭义票据行为和准票据行为?各有哪些行为?
4. 什么是记名背书和不记名背书?
5. 什么是承兑?该票据行为的特点和作用是什么?
6. 什么是付款?付款应主要哪些问题?
7. 什么是追索?追索应具备什么条件?其追索的款项应包括哪些部分?
8. 什么是票据的涂销和变造?变造对有关当事人有何影响?
9. 什么是票据的伪造?其对有关当事人有何影响?

10. 我国《票据法》对提示时间有何要求?

11. 甲交给乙一张经付款银行承兑的期票,作为向乙订货的预付款,乙在票据上背书后转让给丙以偿还原欠丙的借款,丙因故外出,延至到期日后第三个银行营业日始向承兑银行提示取款,适遇当地法院公告该行于当天起进行破产清理,因而被退票。丙随即向甲追索,甲以乙所交货物质次为由予以拒绝,并称已于10天前通知银行止付,止付通知及止付理由也同时通知了乙。在此情况下丙再向乙追索。乙以票据系甲开立为由推诿不理。丙遂向法院起诉,被告为甲、乙与银行三方。你认为法院应如何判决?理由何在?

## 附录二 汇票、本票和支票式样

### 一、汇票

**BILL OF EXCHANGE**

凭
Drawn Under............................................  不可撤销信用证
Irrevocable  L/C No...................

日期
...................................................  支取 Payable With interest  @......%  按......息  付款

号码
No.................  汇票金额
Exchange for ═══════════  上海
Shanghai..................

见票  日后(本汇票之副本未付)付交
at................... sight of this FIRST of Exchange (Second of Exchange Being unpaid) Pay to the order of
══════════════════════════════

金额
the sum of
══════════════════════════════

此致
To...........................................................

### 二、本票式样

一般本票

---

USD5,000.00                              NEWYORK, MARCH 15 2004

Thirty days after date I promise to pay ABC Co. or order the sum of FIFTY THOUSAND UNITED STATE DOLLORS for value received.

XYZ Co.

银行本票

HONGKONG BANK, LTD.<br>
10 queen'Road, Hongkong<br>
CASHIER'S ORDER

Hongkong, Sept. 5, 2004

Pay to the order of ABC Co. LTD. The sum of Hongkong Dollars Eighty Thousand Only.

For Hongkong Bank, Ltd.

HKD80,000.00

Manager

## 三、支票

Cheque for £10,000.00 London, 30th, Nov., 2004
    Pay to the order of United Trading Co.
The sum of TEN THOUSAND POUNDS
To: Midlan Bank
    London

For ABC Corporation
London
(Signed)

# 第三章　汇付结算基本方式

## 第一节　汇付结算方式概述

### 一、汇付结算方式定义

所谓国际结算方式,是指两个不同国家的当事人在一定的条件下,使用一定的货币,结清债权债务关系的方式。这实际上也是一种债务人对债权人偿还债务的方式,又称之为国际支付方式。

随着国际贸易和跨国银行业务的发展,国际结算方式也从简单的现金结算方式,即交货付款,转变为凭单付款的非现金结算。

一般而言,国际结算方式应包括以下内容:

(1) 按照买卖双方议定具体的交单与付款方式办理单据和货款的对流;

(2) 在结算过程中,银行充当中介人和保证人,正确结清买卖双方债权和债务;

(3) 买卖双方可以向银行提出给予资金融通的申请;

(4) 结算方式必须订明具体类别、付款时间、使用货币、所需单据和凭证。

依据付款时间的先后不同,国际结算方式存在预先付款(Payment in Advance)、装运时付款(Payment at Time of Shipment)和装运后付款(Payment after Shipment)三种付款时间。由于银行依据的装运时间是以海运提单日期为准,所以银行的付款时间有:(1)交单前预付;(2)交单时付款,又称即期付款;(3)交单后付款,又称远期付款。

国际结算使用的货币,应是可兑换的货币(Convertible Currency),它可以是出口国货币,也可以是进口国货币,还可以是国际通用的第三国货币。美元、英镑、欧元、日元等货币是主要的世界通用货币,对于卖方和买方来说,使用世界通用货币结算易被双方接受;至于使用出口国货币或进口国货币,须经买卖双方磋商决定。

国际结算方式一般划分为汇款、托收、信用证三大类别。每一大类还可再分为若干具体种类。通常是结合交易情况、市场销售情况、对方资信情况由买卖双方协商订立。

在国际结算中,资金的流动必须通过各种结算工具的传送来实现。结算工具通常是指票据、电讯工具和邮寄支付凭证等,这些结算工具从 A 国传送到 B 国,就可实现资金从 A 国流向 B 国,或从 B 国流向 A 国,用以结清两国当事人之间的债权债务关系。

结算方式按资金的流向和结算工具传送的方向分类,有顺汇和逆汇两大类别。

顺汇(Remittance)又称汇付法,是由债务人或付款人主动将款项交给银行,委托银行使用某种结算工具,交付一定金额给债权人或收款人的结算方法。其特点是,结算工具传递与资金运动的方向一致,都是从付款方(债务人)传递到收款方(债权人),故称之为顺汇。顺汇在国际结算中一般应用在汇款方式中。

逆汇(Reverse Remittance)又称出票法,是由债权人以开出汇票的方式,委托银行向国外债务人索取一定金额的结算方式。其特点是,结算工具传递与资金运动在方向上相反,逆汇在国际结算中一般应用在托收方式和信用证方式结算中。

汇付(Remittance)也称汇款,简单地说,就是付款人通过银行或其他途径,将货款汇交收款人的国际结算方式。在当代,汇付一般都是通过银行进行的。因此,汇付是银行(汇出行)应汇款人(债务人)的要求,以一定的方式将一定的金额,通过其国外联行或代理行作为付款银行(汇入行),付给收款人(债权人)的一种国际结算方式。汇付是一种顺汇方式。

汇付方式不仅运用于诸如寄售的货款归还、预付货款和订金、汇交和退还履约金,以及汇付佣金、代垫费用、索赔款和欠款等国际贸易结算,还广泛应用于非贸易的结算,凡属外汇资金的调拨都可采取这种方式,所以它是外汇银行的一项主要业务。

## 二、汇付业务的基本当事人

在汇付业务中,通常涉及四个当事人。

(1) 汇款人(Remitter),即汇出款项的人。在进出口贸易中,汇款人通常是进口人,即买方。

(2) 受款人(Payer or Beneficiary),即收取款项的人。在进出口贸易中通常是出口人,即卖方。

(3) 汇出行(Remitting Bank),即受汇款人的委托汇出款项的银行。汇出行办理的汇款业务称为汇出汇款(Outward Remittance)。在进出口贸易中,汇出行通常是进口方所在地的银行。

(4) 汇入行(Paying Bank),即受汇出行委托解付汇款的银行,又称解付行。解付行办理的汇款业务称为汇入汇款(Inward Remittance)。在进出口贸易中,汇入行通常是出口方所在地银行。

办理汇款需要由汇款人向汇出行填交汇款申请书,汇出行有义务按申请书上的要求,通过它的代理行(汇入行)给收款人解付货款。汇出行和汇入行对不属于自身的过失而造成的事故不负责任;汇出行对汇入行工作上的失误也不负责。目前,随着国际贸易的发展,外贸业务不断扩大,有时国外买方直接将票据寄给我出口公司,出口公司接到票据后应及时送交中国结算的银行，办理收汇。

## 第二节 汇付结算方式类型

按照汇付使用的支付工具不同，汇款可分为电汇、信汇、票汇三种。

汇付业务的一般办理程序是：由汇款人向汇出行递交“汇出汇款申请书”（见图3-1），一式两联，其中一联为申请书，另一联为汇款回执；有时还须填写汇款资金支取凭证，或外汇额度支出凭证，汇出行按申请书的指示，使用某种结算工具（电报、电传、信汇委托书、汇票）通知汇入行，汇入行则按双方银行事先订立的代理合约规定，向收款人解付汇款。

字第　　　　号

汇出汇款申请书

年　　月　　日

| | | |
|---|---|---|
| 汇款种类 | 电/信/票 | 编号 |
| 牌价 | | 用途 |

收款人____________________

地　址____________________

金　额____________________

汇款人<br>姓名地址____________________

附言____________________

付款行名：　　　　　　　　申请人________

**图3-1　汇出汇款申请书**

从银行的角度讲，审核客户的汇款申请时，应注意以下四点。

(1) 申请汇出国外汇款，必须符合国家外汇管理的规定，除“三资”企业以外，国内机关、团体、企业或事业单位或个人，必须有外汇管理局的批准文件，方可向银行申请办理汇出国外汇款。

(2) 审核资金来源。

① 使用现汇存款账户办理汇出汇款。汇款人填制支取凭条，先到原币存款部门核对余额和印鉴后，连同汇款申请书一并交来。

汇款人的现汇存款账户多为美元，如果汇款是其他货币时，应通过外汇交易部办理兑换，若无此机构，则通过人民币汇价套汇。

② 使用外汇额度办理汇出汇款。使用各类外汇额度须经有关部门办理额度支出手续，并在额度支出申请书和汇款申请书上加盖外汇支出证明。

(3) 审核汇款日期、种类、收款人、金额、附言是否确切。

(4) 申请书上付款行名应由汇出行填写,要正确使用国外代理行,执行有关代理行协议。

## 一、电汇

电汇汇款(Telegraphic Transfer,简称 T/T)是汇款人(付款人或债务人)委托银行以电报(Cable)、电传(Telex)、环球银行间金融电讯网络(SWIFT)方式,指示出口地某一银行(其分行或代理行)作为汇入行,解付一定金额给收款人的汇款方式。电汇业务的基本程序见图 3-2。

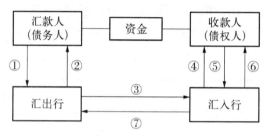

图 3-2 电汇业务

说明:
① 汇款人填写汇款申请书,交款付费给汇出行,申请书上说明使用电汇方式;
② 汇款人取得电汇回执;
③ 汇出行发出加押电报或电传给汇入行,委托汇入行解付汇款给收款人,发电后,不寄电报证实书(Cable Confirmation);
④ 汇入行收到电报或电传,核对密押无误后,缮制电汇通知书,通知收款人收款;
⑤ 收款人收到通知书后在收据联上盖章,交汇入行;
⑥ 汇入行借记汇出行账户,取出头寸,解付汇款给收款人;
⑦ 汇入行将付讫借记通知书寄给汇出行,通知它汇款解付完毕。资金从债务人流向债权人,完成一笔电汇汇款。

电汇是一种最快捷的汇款方式,它在收取汇费时还要加收电报费,通常用于紧急款项,或大额款项的支付、资金调拨、各种支付指示等。随着电讯事业发达和讲求效率,采用电汇方式越来越多。国际银行经营外汇买卖业务时,都以电汇汇率为主,因为汇出行收进本国货币现金,经过电讯通知汇入行付出外汇的时间相隔不过一二日,外汇交割迅速,不易受到市价波动影响,所以电汇的汇率成为各国基本的外汇汇率。例如,伦敦市场的"即期外汇行情"即指银行"电汇买卖汇率",其他外汇汇率都以电汇汇率作为计算的标准。

(一) 采用电报或电传的汇款方式

传统的电报汇款可分为书信电(Letter Telegram)、普通电(Ordinary Telegram)和加急电(Urgent Telegram)三个等级。自从有了电传和 SWIFT 以后,一般就分为普通电和加急电两个等级了。

电报或电传方式的汇款应具备下列内容:
FM:(汇出行名称)

TO：（汇入行名称）

DATE：（发电日期）

TEST（密押）

OUR REF NO._____（汇款编号）

NO ANY CHARGES FOR US（我行不负担费用）

PAY(AMT) VALUE(DATE) TO(付款金额、起息日)

(BENEFICIARY)（收款人）

MESSAGE_____（汇款附言）

ORDER_____（汇款人）

COVER_____（头寸拨付）

说明：

(1) TO：汇入行名称可用电报挂号。

(2) NO ANY CHARGES FOR US 有时写作 YOUR CHARGES FOR BENEFICIARY，可写在电文最后一句。

(3) 收款人的三种表示方法：

① PAY TO_____BANK（账户行）FOR CREDITING A/C NO._____OF MR.SMITH(OR_____CO.LTD.)收款人的账户行是第三家银行。

② PAY TO YOURSELVES（账户行）FOR CREDIT OF A/C NO._____OF MR.SMITH(OR_____CO.LTD.)收款人的账户行是汇入行。

③ PAY TO_____BANK（账户行）FOR ACCOUNT OF NO._____FAVOUR_____收款人的账户行是第三家银行。

(4) 汇款附言，有时写 DETAILS OF PAYMENT。

(5) ORDER 实际上是 BY ORDER OF，有时可写为 B/O。

(6) 头寸拨付根据账户设置情况有几种拨头寸方法，后面将予详述，常见的是汇出行在汇入行开设账户 PLEASE DEBIT OUR A/C WITH YOU。借记我行账户，就可拨付头寸。

**举例1：**

FM：BANK OF ASIA,NANJING

TO：THE HONGKONG AND SHANGHAI BANKING CORP.,HONGKONG

DATE：1ST MARCH

TEST 1253  OUR REF.208TT0517 NO. ANY CHARGES FOR US PAY USD 20,000. VALUE 1ST MARCH TO  YOUR HAY WAY  BUILDING BRANCH  58 STANLEY STREET HONGKONG FOR ACCOUNT  NO.004-110-106028-001 FAVOUR PRECISION PHOTO EQUIPMENT LTD.HONGKONG MESSAGE CONTRACT NO.P10158 ORDER  PHOTOGRAPH CO.NANJING COVER DEBIT OUR HO ACCOUNT.

电汇用于资金调拨时,汇款电文成为"支付指示",以电报或电传发送支付指示,可采用下列格式:

TEST_____(密押)
VALUE(DATE)____(付款起息日)
OUR REF_____(付款指示编号)
PLEASE DEBIT OUR A/C OR_____BRANCHES' A/C OR OUR HO A/C（在汇入行开设的账户）
PAR(AMT)____(金额)
TO_____BANK(账户行名称)
FOR CREDIT OF_____RANK(收款行名称)
IN FAVOUR OF_____A/C NO._____(收款人名称及其账户号码,如不是代客划拨,则无此项)
REMARKS____(付款摘要)

**举例2:**
FM: BANK OF ASIA, NANJING
TO: THE BANK OF TOKYO LTD., TOKYO
DATE: 3RD OCT.
TEST 2475 VALUE 5TH OCT OUR REF MSGI25469 PLEASE DEBIT OUR A/C PAY JPY400,000,000. TO THE FUJI BANK LTD., TOKYO FOR CREDIT OF OUR A/C WITH THEM.

亚洲银行将其4亿日元从东京银行调拨至富士银行。

(二) 采用SWIFT的电汇方式

环球银行间金融电讯协会(简称SWIFT),是一个国际银行同业间非盈利性的国际合作组织。SWIFT具有明显的一个特点:安全可靠;高速度低费用;自动加核密押,它为客户提供快捷、标准化、自动化的通讯服务。

适用于汇款方式的SWIFT格式见下表:

| 报文格式 | MT格式名称 | 描 述 |
| --- | --- | --- |
| MT100 | 客户汇款 | 请求调拨资金 |
| MT200 | 单笔金融机构头寸调拨至发报行自己账户 | 请求将发报行的头寸调拨至其他金融机构的该行账户上 |
| MT201 | 多笔金融机构头寸调拨到它自己的账户上 | 多笔MT200 |
| MT202 | 单笔普通金融机构头寸调拨 | 请求在金融机构之间的头寸调拨 |
| MT203 | 多笔普通金融机构头寸调拨 | 多笔MT202 |
| MT204 | 金融市场直接借记电文 | 用于向SWIFT会员银行索款 |

续表

| 报文格式 | MT格式名称 | 描述 |
|---|---|---|
| MT205 | 金融机构头寸调拨执行 | 国内转汇请求 |
| MT210 | 收款通知 | 通知收报行,它将收到头寸记在发报行账户上 |

**举例1：客户汇款**

客户汇款MT100报文格式

（Message Type——MT）

**MT100 CUSTOMER TRANSFER**

| M/O | Tag 项目编号 | Field Name 项目名称 |
|---|---|---|
| O | 15 | Test key |
| M | 20 | Transaction reference number(TRN) |
| M | 32A | Value date, currency code, amount |
| M | 50 | Ordering customer |
| O | 52x | Ordering ban |
| O | 53s | Sender's correspondent bank |
| O | 54s | Receiver's correspondent bank |
| O | 57s | "Account with" bank |
| M | 59 | Beneficiary customer |
| O | 70 | Details of payment |
| O | 71A | Details of charges |
| O | 72 | Bank to bank information |

注：M=Mandatory Field(必选项目)　　O=Optional Field(可选项目)

每一项的文字提示语均由电脑自动显示在荧光屏上,业务员只需输入项目内容即可。业务员拟出下述汇款电报内容：

TO：THE CHASE MANHATTAN BANK N.A,NEW YORK

FM：BANKOFCHINA, NANJING

DATE：30TH SEP., 2004

TEST ××× OUR REF TT109900/2004 PAY USD 200,000.VALUE 30SEP. 2004 TO BANQUE NATIONALE DE TUNISIE TUNIS FOR CREDIT OF A/C NO.Y10-0127-033254 OF CORPORATION INTERNATIONAL DES EAUX ET DE I'EL ECFRICITE DE CHINE MESSAGE REMIT FOR CUSTOMS DUTY ETC ORDER INTERNATIONAL WATER AND ELECTRIC CORP.NANJING YOUR

CHARGES FOR BENEFICIARY COVER DEBIT US.

将有关项目内容输入电脑成为下列 SWIFT MT100 电文如下：

```
MT100      CUSTOMER TRANSFER
   Date
20040930
   sent to
   CHAS US 33 REM
   Chase manhattan n.a.new york n.y.
  :20/transaction reference number TT109900/2004
  :32A/value date,currency code,code,amount
    20040930USD 200,000.00
  :50/ordering customer
    CHINA INTERNATIONAL WATER AND ELECTRIC CORP NANJING
  :57/account with bank
    BANQUE NATIONALE DE TUNISIE TUNIS
  :59/beneficiary customer
    /Y10-0127-033254
      CORPORATION INTERNATIONAL DES EAUX ET DE l'ELECTRICITTE DE
    CHINE
  :70/details of payment
    REMIT FOR CUSTOMS DUTY ETC
  :71A/details of charges
    FOR BENEFICIARY
  :72/bank to bank information
    COVER DEBIT US
```

注：20/,:32A/,项目编号。

**举例 2：单笔金融机构头寸调拨至发报行自己账户 MT200**

叙述：

Value 24 May 1991, Oesterreichische Laenderbank, Vienna, requests Chase Manhattan Bank, New York, to transfer US Dollars 1,000,000 to its account at Mellon Bank, Pittsburgh, through Mellon Bank International, New York.

Oesterreichische Laenderbank requests Chase to debit account 34554—3049 for this transfer, using reference 39857579.

SWIFT 报文　MT200

| Explanation | Format |
| --- | --- |
| Sender | OELBATWW |
| Message Type | 200 |
| Receiver | CHASUS33 |
| Message Text | |
| Transaction Reference Number | :20:39857579 |

续表

| | |
|---|---|
| Value Date/Currency Code/Amount | :32A：910524USD1,000,000 |
| Sender's Correspondent(1) | :53B/34554 3049 |
| Intermediary | :56A：MELNUS3N |
| Account With Institution(2) | :57A：MELNUS3P |
| End of Message Text/Trailer | |

注：① 在纽约大通曼哈顿银行设立的发报行账户已被借记。
② 通过纽约国际美伦银行将调拨头寸贷记在发报行账户设立在匹兹堡美伦银行那里。

### (三) 美元通过 CHIPS 电支付方式

1. CHIPS 简介

纽约作为美元的清算中心,有一百多家银行参加组成的"纽约清算所银行间支付系统"(Clearing House Inter-bank Payment System,缩写为 CHIPS)。它从 1970 年 4 月建立,逐步发展成为纽约银行间电子支付系统,也是当前最重要的国际美元支付系统,经该系统支付的美元金额占国际银行全部美元收付的 90%。

现在参加 CHIPS 的一百多家美国银行和外国银行在纽约的分支机构中,有 12 家是清算银行(Clearing Bankers),它们都在联邦储备银行开立账户,作为联储系统成员银行(Member Bankers)。各家非成员银行须在一家成员银行开立账户作为它们自己的清算银行,用于每天 CHIPS 头寸的清算。成员银行要把它们的电支付头寸通过设在联储的账户,进行最后清算。

参加 CHIPS 的银行必须向纽约清算所申请,经该所批准后接收为 CHIPS 会员银行,每个会员银行均有一个美国银行公会号码(American Bankers Association Number),即 ABA 号码,作为参加 CHIPS 清算时的代号。每个 CHIPS 会员银行所属客户在该行开立的账户,由清算所发给通用认证号码(Universal Identification Number),即 UID 号码,作为收款人(或收款行)的代号。

凡通过 CHIPS 支付和收款的双方必须都是 CHIPS 会员银行,才能经过 CHIPS 直接清算。凡通过 CHIPS 的每笔收付均由付款一方开始进行,即出付款一方的 CHIPS 会员银行主动通过其 CHIPS 终端机发出付款指示,注明账户行 ABA 号码和收款行 UID 号码,经 CHIPS 电脑中心传递给另一家 CHIPS 会员银行,收在其客户的账户上,而收款行则不能通过它的 CHIPS 终端机直接向付款行索款,但它可以拍发索款电报或电传,注明 ABA·UID 号码,最终受益人名称,要求付款行通过 CHIPS 付款。

2. 美元电汇付款指示

**举例**：中国工商银行南京市分行开立美元信用证项下付款给议付行,采用电支付方式,通过 CHIPS 付款。电文如下：

FM：ICBC,NANJING

TO：CHEMICAL，BANK，NEW YORK

DATE: 14TH JUNE
TEST 2819 OUR REF 97TT-0125 PAY USD 650,000.00 VALUE TODAY TO SANWA BANK LTD. NEW YORK BY CHIPS ABA 982 FOR CREDIT OF THEIR INTERNATIONAL HEADQUARTERS TOKYO ACCOUNT UID 024153 MESSAGE OUR LC 15237 THEIR BP 70054376 ORDER NANJING ADVANCED MACHINARY EQUIPMEN, CORP. NANJING COVER DEBIT OUR HO USD A/C WITH YOU.

纽约化学银行接到上述电报付款指示后,将电文输入CHIPS终端机,立即打印出一式五联的付款指示,即可传输CHIPS电脑中心付款。纽约化学银行根据打印出的付款凭证借记中国工商银行总行美元账户,并将第一联作为借记报单,寄给业务发生行,第二联作为借记报单副本,随对账单寄有关账户的开户行核对账目,第三、四、五联作为纽约化学银行内部转账传票及留底。

外汇汇率是指电汇汇率(T/T Rate),如果客户以非美元货币购买美元货币,在成交后的交割日,客户交给买卖外汇银行非美元货币,然后银行将等值的美元货币经CHIPS电支付至客户的指定账户上。

**举例**:我们假设人民币可以自由兑换,某进出口公司委托银行按1美元兑换8.31元人民币的汇率购买10万美元,在交割日客户付给银行83.1万元人民币。银行将1万美元经CHIPS电支付至某进出口公司指定账户上。其电文是:PLEASE PAY USD 10,000.00 VAL UE TODAY TO BANK OF CHINA, NEW YORK BY CHIPS ABA 326 FOR CREDIT OF BANK OF CHINA SUZHOU UID 326860 FAVOUR IMPEXPCORP THEIR ACCOUNT 12476846.

3. 经过联邦储备电划系统

美国跨州电汇划拨款项需要通过联储电划系统,即FEDWIRE系统办理清算,它是全美范围的电子支付系统,较多地用于纽约州以外的美国境内银行间的资金划拨。例如,电文中的账户行是在纽约州以外的美国境内某地,电文应注明:"BY FEDERAL, WIRE"(用联储系统划拨)。

图 3-3 美元电支付渠道

美元电支付总的说来有三条渠道:第一是通过CHIPS,第二是通过FEDWIRE,第三是纽约的银行在其本行内部转账,见图3-3。

## 二、信汇

信汇汇款(Mail Transfer,缩写为 M/T)是汇出行应汇款人申请,将信汇委托书(M/T Advice)或支付委托书(Payment Order)邮寄给汇入行,授权其解付一定金额给收款人的一种汇款方式。采用信汇方式收汇在时间上比电汇慢,但费用较电汇低。

信汇业务的基本程序如图3-4。

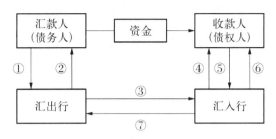

**图 3-4 信汇业务的基本程序**

说明：
① 汇款人填具汇款申请书，交款付费给汇出行，申请书上说明使用信汇方式；
② 汇款人取得信汇回执；
③ 汇出行根据申请书制作信汇委托书或支付委托书，经过两人双签，邮寄汇入行；
④ 汇入行收到信汇委托书或支付委托书后，核对签字无误，将信汇委托书的第二联信汇通知书及第三、四联收据正副本一并通知收款人；
⑤ 收款人凭收据取款；
⑥ 汇入行借记汇出行账户取出头寸，解付汇款给收款人；
⑦ 汇入行将借记通知书寄汇出行，通知它汇款解付完毕，资金从债务人流向债权人，完成一笔信汇汇款。

信汇的费用比电汇低廉，但因支付凭证邮寄时间较长，故收款较慢，采用者较少。即期外汇行情可以信汇汇率（M/T Rate）计价，但它比电汇汇率为低，因为它是用邮寄支付凭证传递汇款，汇出行收到客户交来现金，然后寄出支付委托书，需要一段时间才能被国外的汇入行收到，凭以解付汇款。故信汇汇率低于电汇汇率的差额，相当于邮程期间的利息，有的国家按照14天邮程计算利息，求得电汇扣减此数即为信汇汇率。

## 三、票汇

票汇（Demand Draft，简称 D/D）是汇款人向本地银行购买银行汇票，自行寄给收款人，收款人凭以向汇票上指定的银行取款的汇款方式。这种银行汇票和逆汇中的商业汇票不同，银行汇票用于银行代客拨款，故出票人和付款人是同一银行（代理行）。

由于出票人是汇出行，付款人是汇入行（或称解付行），两者皆是银行，票面没有表示付款期限，就是即期，故称为银行即期汇票，也是银行支票。如果出票行与付款行是联行，还可视为银行本票，它是可流通的票据，如经收款人背书后，可以在市场上转让流通，有时出票行想限制收款人只能凭票取款，不能转让他人，于是在汇票上作成不可流通划线，使汇票仅是支付工具。

根据不同需要，银行在票汇业务中使用三种即期汇票，即第一是划线不可流通汇票、第二是无划线可流通汇票、第三是磁性数码汇票，便于纽约的付款行放在支票自动处理机上分类清算。即期外汇行情可以票汇汇率（D/D Rate）计价表示，它的价格与信汇汇率相同。

票汇业务的基本程序见图 3-5。

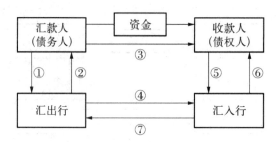

图 3-5 票汇业务基本程序

说明：
① 汇款人填具汇款申请书，交款付费给汇出行，申请书上说明使用票汇方式；
② 汇出行作为出票行，开立银行即期汇票交给汇款人；
③ 汇款人将汇票寄收款人；
④ 汇出行将汇款通知书，又称票根，即汇票一式五联中的第二联商汇入行，凭此将与收款人提交汇票正本核对。近年来，银行为了简化手续，汇出行已不寄汇款通知书了，汇票从一式五联改为一式四联，取消汇款通知书联；
⑤ 收款人提示银行即期汇票给汇入行要求付款；
⑥ 汇入行借记汇出行账户，取出头寸，凭票解付汇款给收款人；
⑦ 汇入行将借记通知书寄汇出行，通知它汇款解付完毕。

## 第三节　汇付的偿付与退汇

### 一、头寸的调拨

汇款头寸(Cover)的调拨指汇款资金从汇出行到汇入行的银行间划拨与偿付，俗称拨头寸。汇出行办理汇出汇款业务，应及时将汇款金额拨交给其委托解付汇款的汇入行，这就称为汇款的偿付(Reimbursement of Remittance Cover)，或俗称拨头寸。汇入行要掌握"收妥头寸、解付汇款"的原则，它们必须是在接到国外汇款头寸报单，或者可以立即借记国外汇款行账户的通知后方可办理解付。故每笔汇款中，必须注明拨头寸指示。一般应该在订立代理行合同中规定汇款方式的拨头寸办法。

结合汇出行与汇入行的开设账户情况，调拨头寸方法具体可以分为以下四种。

(1) 当汇入行在汇出行开立往来账户，汇出行在委托汇入行解付汇款时，汇出行应在信汇委托书或支付委托书上批明拨头寸的指示，为："In cover, we have credited your a/c with us."。如图 3-6 所示。

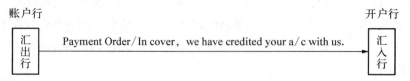

图 3-6　调拨头寸方法之一

汇入行接到支付委托书,知道了汇款头寸已拨入自己账户,即可使用头寸解付汇款给收款人。

(2) 当汇出行在汇入行开立了往来账户,汇出行在委托汇入行解付汇款时,汇出行应在信汇委托书或支付委托书上批明拨头寸的指示,为:"In cover, please debit our a/c with you."。汇入行在借记该账后,应在寄给汇出行的借记报单(Debit advice)上注明"your a/c debited"字样。如图 3-7 所示。

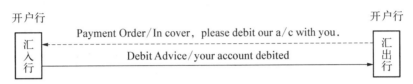

图 3-7　调拨头寸方法之二

汇入行接到支付委托书,即被授权凭以借记汇出行账户,拨出头寸解付给收款人,并以借记报单通知汇出行,此笔汇款业务即告完成。

(3) 汇出行与汇入行双方在同一代理行开立往来账户。为了偿付解款,汇出行可以在汇款时,主动通知代理行将款项拨付汇入行在该代理行的账户。如图 3-8 所示。

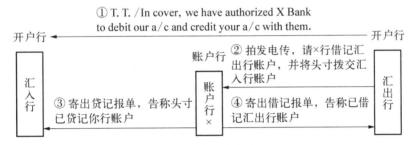

图 3-8　调拨头寸方法之三

汇入行接到汇出行的电汇拨头寸指示,同时也收到×银行寄来头寸贷记报单,即可使用该头寸解付给收款人。

(4) 汇出行与汇入行双方在不同银行开立往来账户,为了偿付,汇出行可在汇款时,主动通知其代理行,将款项拨付给汇入行在其代理行的账户。如图 3-9 所示。

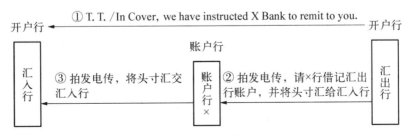

图 3-9　调拨头寸方法之四

汇入行接到汇款,使用汇来的头寸,解付给收款人。

## 二、退汇

汇款的退汇主要是指在汇款解付之前,汇款人或收款人要求撤销该笔汇款的行为。

(一) 电汇和信汇的退汇

1. 汇款人退汇

需汇款人凭汇款回执向汇出行提出退汇要求,再由汇出行通知汇入行停止解付,撤销汇款;后者接到退汇通知后,应及时回复前者同意退汇(若接到通知时尚未解付,应退回汇款头寸)或不能退汇(若接到通知时已经解付,应寄回解付凭据),之后,再由汇出行转告汇款人凭汇款回执前来办理退款手续,或因为已经解付而退汇无效。

2. 收款人退汇

需收款人向汇入行明确提出拒收或汇入行通知不到收款人(比如,汇款通知被邮局退回,亦可视为收款人退汇),再由汇入行向汇出行退回汇款委托书和汇款头寸,后者收到退汇头寸后,再通知汇款人前来办理退款手续。

(二) 票汇的退汇

1. 汇款人退汇

票汇的汇款人(注意,他并不是汇款所用银行汇票/支票的出票人)只须持原汇票到汇出行申请办理凭票退汇手续即可。但是,如果票汇的汇款人已将票据寄出,就不能再(无票)向汇出行要求退汇了(因为票汇的汇出行,作为银行汇票/支票的出票人,必须维护银行票据的信誉,不能中途止付其出具的票据,从而也就不能接受汇款人的这种"无票退汇"要求)。

如果汇款人丧失或灭失了汇款票据的话,则须向汇出行(票汇的出票人)办理特别的"挂失及补办票据"手续。它不同于前述的退汇,这时,汇款人须向汇出行出具保证书,保证若汇出行因"挂失及补办票据"而蒙受损失(比如,被他人利用原遗失票据冒领了汇款),则由汇款人负责赔偿,并保证,如以后又找到了原挂失票据,当把原票交回汇出行;必要时,还须取得法院或公证处的有关公告。

2. 收款人退汇

收款人只需将收到的票据退还给汇款人,然后再由汇款人去向汇出行办理凭票退汇即可。

如果收款人丧失或灭失了汇款票据的话,则应当及时向汇入行(票据的付款人)挂失止付,依法采取必要的保全票据权利行为。

# 第四节　汇付结算方式的运用

## 一、汇付方式的特点

从进、出口商的角度,将汇款、托收和信用证三种基本支付方式相比较,可以归纳出汇付方式具有以下三个特点。

(1) 风险大小很不平衡。预付汇款的买方或货到后汇款的卖方承担了几乎全部的交易风险,并且可能会遭到款、货两空的风险;而前者的卖方和后者的买方则几乎毫无风险。

(2) 资金负担很不平衡,且缺乏相关的融资手段。预付汇款的买方或货到汇款的卖方承担了较重(甚至全部)的资金负担,而汇款方式又难以为之提供基于交易的融资手段。

(3) 手续简便,费用低。在三种基本支付方式中手续最简便,费用最低。

鉴于以上特点,汇款方式较多用于贸易从属费用的结算,而较少用于贸易货款的结算,仅限于前述的特点原因及条件下,才会采取预付汇款或货到汇款的支付方式。不过,在跨国公司的不同子公司之间却常采用汇款支付方式,以降低结算成本。

## 二、三种汇付方式比较

从支付工具、安全性、速度、费用等方面看,电汇、信汇、票汇三种方式各有利弊。

(1) 从支付工具来看:电汇方式使用电报、电传,或 SWIFT,用密押证实。信汇方式使用信汇委托书或支付委托书,用签字证实。票汇方式使用银行即期汇票,用签字证实。

(2) 从汇款人的成本费用来看:电汇收费较高,信汇与票汇费用较低。

(3) 从安全方面来看:电汇比较安全,汇款能短时迅速到达对方。信汇必须通过银行和邮政系统来实现,信汇委托书有可能在邮寄途中遗失或延误,不能及时收到汇款,因此信汇的安全性比不上电汇。票汇虽有灵活的优点,却有丢失或毁损的风险,背书转让带来一连串的债权债务关系,容易陷入汇票纠纷,汇票遗失以后,挂失或止付的手续比较麻烦。

(4) 从汇款速度来看:电汇是一种最快捷的方式,也是目前广泛使用的方式,尽管费用较大,但可用缩短在途时间的利息抵补。信汇方式由于资金在途时间长,操作手续多,故信汇方式日趋落后,有的银行很少使用,甚至不用。票汇是由汇款人邮寄给收款人,或者自己携带至付款行所在地提示要求付款,比较灵活简便,适合邮购或支付各种费用,或者当作礼券馈赠亲友。其使用量仅次于电汇。

## 三、汇付方式在国际贸易中的运用

在国际贸易中,使用汇款方式结算买卖双方的债权债务主要有以下两种做法。

(一) 预付货款

预付货款(Payment in Advance)是进口商先将货款的一部分或全部汇交出口商,出口商收到货款后,立即或在一定时间内发运货物的一种汇款结算方式。预付货款是对进口商而言,对出口商来说则是预收货款。

预付一部分货款的目的,主要是出口商顾虑进口商不履行买卖合同,以预收部分贷款作为担保,倘若进口商毁约,出口商就可以没收该预收货款。这种预付的货款,实际上是出口商向进门商收取的预付订金(Down Payment)。通常需要预付货款的商品,多数是热门货。

预付货款的结算方式,有利于出口商,而不利于进口商。预付货款不但占压了进口商的资金,而且使进口商负担着出口商可能不履行交货和交单义务的风险。因此,进口商有时为了保障自身的权益,就规定了解付汇款的条件,即于收款人取款时,应提供书面担保,以保证在一定时间内将货运单据寄交汇入行,转交汇款人;或提供银行保证书,保证收款人如期履行交货交单义务,否则负责退还预收货款,并加付利息。

(二)货到付款

货到付款(Payment after Arrival of Goods)是出口商先发货,待进口商收到货物后,立即或在一定期限内将货款汇交出口商的另一种汇款结算方式。它有时还可称为赊销方式(Sell-on Credit)或记账赊销方式(Open Account,缩写为O/A)。货到付款在国际贸易上可分为售定和寄售两种。

1. 售定

这是指买卖双方已经成交,货物售妥发运,并经进口商收到后一定时期将货款汇交出口商。多数的货到付款系指售定方式。广东、广西、福建等省经常有些鲜活商品,如牛、羊、猪、鸡、鸭、鱼、鲜花、蔬菜对港澳出口,因为时间性较强,出口商采用活鲜随到随出、提单随船带交进口商的方式。这便于迅速提货,不能积压,并按实际收到货物,汇付货款结算,所以售定方式又称为"先出后结"。这种方式对进口商有利而对出门商不利,因为货物出口后,出口商就失去控制货物权利,如进口商不付款,出口商将会货款两失。

2. 寄售

这是指出口商先将货物运至进口国,委托进口国的商人在当地市场代为销售,待售出后被委托人将货款按规定扣除佣金后全部汇交出口商。

寄售的出口商称为委托人,接受委托寄售的国外商人称为受托人。委托人与受托人之间通常订有委托寄售协议。在委托寄售时,货物价格未定,可在寄售协议中规定最低限价,或自由作价,或征得委托人同意的售价。寄售的一切运、保、杂费、佣金等均由委托人负担,从销售款项内扣除,受托人汇寄净款给委托人。寄售货物在出售前物权属于委托人。

近年来,我国"三资"企业增多,它们与国外交往频繁,彼此了解程度加深。在国际贸易中,它们采用汇款方式结算逐渐增加,改变过去着重采用信用证结算的方式,体现了国际结算方式的灵活性。

## 复习思考题

1. 什么是汇付?汇付分为哪几种?
2. 顺汇与逆汇的区别是什么?

3. 比较三种汇付方式的差异表现在哪些方面?

4. 中国的甲银行发信汇通知书给纽约的乙银行,受益人是乙银行的客户。由于甲银行和乙银行间没有账户关系,甲银行就电报通知其境外的账户行丙银行,将资金调给乙银行。请分析甲银行这一做法是否正确?为什么?

# 第四章 托收结算方式

## 第一节 托收的定义与当事人

### 一、托收的定义

托收(Collection),是指出口人于货物装运后,开具以进口人为付款人的汇票,连同有关单据(主要指提单、发票和保险单等)委托当地银行通过它的国外的分支行或代理行向进口人收取货款的方式。近些年来,出口贸易采用托收方式结算的有所增加,其原因是国际市场竞争激烈,为了扩大出口而采取有利于进口人灵活支付的方式。

显然,托收支付方式的国际汇兑业务属于逆汇业务。托收方式可用于货款托收,也可用于非货款托收。

托收方式是以进口人为付款人,委托人与银行之间只是委托代理关系,银行不负责保证付款,因此托收是商业信用。银行办理托收业务时,只是作为委托人的代理行事,既无检查装运单据是否齐全或正确的义务,也无承担付款的责任。如果付款人借故拒绝付款赎单提货,除非另有约定,银行也无义务代为保管货物。

在付款交单的情况下,进口人在没有付清货款之前,货物的所有权仍属于出口人。如果进口人拒付,出口人有权另行转卖货物,但出口人需承担仓储保管费用、损耗、手续费和风险等。至于在承兑交单的情况下,进口人只要在汇票上履行承兑手续,即可取得装运单据,凭以提货。出口人收款的保障就是进口人的信用,一旦进口人拒付,虽然可以起诉,往往进口人已陷于无力付款的境地,甚至破产倒闭等,出口人便可能遭受到款、货两空的损失,所以承兑交单的风险比付款交单更大。

### 二、托收的基本当事人及其责任

托收方式有五个基本当事人。

(一) 客户委托人

客户委托人(Consignor Principal)指委托银行办理托收的客户。在托收业务中存在着多重委托关系,每个参与托收业务的银行都是"受托人",而其前手则是其"委托人";但我们这里所说的"客户委托人"则是专指"客户"(the Consignor)而言,在国际贸易的货款托收中通常为出口商。

贸易货款跟单托收的客户委托人(出口商)有着两方面的责任:一是跟进口商之间的贸易合同下卖方的责任;二是跟托收行之间的托收合同下委托方的责任。

1. 贸易合同下卖方的责任和义务

(1) 卖方必须依合同要求发货。货物的种类、质量和数量均须符合要求。

(2) 卖方必须依合同要求作托收及交单:按合同要求填制"托收申请书";所交单据种类及份数齐全;单据内容也符合要求;按时交单。

2. 托收合同下委托方的责任和义务

(1) 按惯例填制托收申请书。目前我国银行在办理托收业务时,往往只要求客户注明交单条件,而不要求其填制托收申请书,但这种做法不够正规,容易产生纠纷或因故延误收汇,有待改进。

(2) 未经银行事先同意,货物不应直接发至银行或者以银行和银行指定人为收货人,以及委托银行代为存仓和保险。否则,即便做了上述委托,银行也没有义务采取行动,货物的风险及责任由发货人承担;若货物做成以代收行或代收行指定人为收货人,则代收行也可按照指示的交单条件安排货物的交付,而无须再行请示,但委托人须承担因此而发生的手续费及其他费用,乃至赔偿因此而给代收行带来的损失或额外费用支出(比如,代收行因放货有误,而需要重新办理放货手续时,就需要支付额外费用)。

(3) 若接到托收行的意外情况通知,则须及时作出明确的答复指示。不然,因此而造成的损失/延误,由委托人承担。

(4) 无论托收是否成功,均须承担托收的一切手续费和其他有关费用(如果付款人不肯分担这些费用的话)。这包括托收行及所有代收行的手续和一切有关费用;若银行(托收行和/或代收行)要求预支一定的托收费用的话,委托人须及时预付(若因预付费用不到位或不能及时到位而延误了代收业务,则银行无责)。

(二) 托收行

托收行(Remitting Bank)指客户委托人委托其办理托收的银行。托收行在国际贸易中通常为出口地银行。托收行主要有以下责任和义务(托收行有着跟其客户委托人之间的托收合同下受托方以及跟其代收行之间的代收合同下委托方两方面的责任和义务)。

(1) 审阅托收申请书及委托人的特别指示,若不愿受理所收到的托收申请或其中的特别指示,则应无延误地立即通知委托人,表明拒绝受理或要求其修改托收申请书。

(2) 审核单据的种类和份数表面上是否与托收申请书一完全相符。虽然托收行并无审核单据内容的义务,对于单据是否合格及是否符合贸易合同的要求不负责任,但出于为客户提供优质服务,以便快速、安全收汇的目的,托收行在道义上还是应尽一点简单的审核单据义务的。

(3) 按规定填制托收指示书。应注意确保托收指示书与托收申请书(如果有的话)严格一致,指示应当完整而又准确。

(4) 按常规处理业务。凡是客户委托人没有明确提出特别要求之处,托收行均应按业务常规处理。

（5）及时通报信息。收到来自代收行的被拒绝接单或其他意外信息时，应及时通报委托人；得到委托人的指示后，又应及时转达给代收行。

（三）代收行

代收行（Collecting Bank）指托收行以外参与办理托收业务的所有其他银行。代收行通常不止一家，因为必要时，银行（包括托收行及其指定的代收行）为执行委托方的指示，可以使用其他银行的服务。比如，托收行可以将单据及托收指示书直接或通过另一中间银行寄给指定代收行，其中接受委托向指定代收行转寄单据的银行称为寄单行，而实际上，这一寄单行也属于代收行之列。又如，指定代收行可以将单据直接或通过另一家银行向付款人提示，其中接受委托向付款人提示单据的银行称为提示行（见下文），而实际上，这一提示行也属于代收行之列。代收行在国际贸易中通常为非出口地银行，多为进口地银行，但有时也有第三国银行（如托收货币之清算中心的银行）参与代收业务的。

所有代收行都有以下责任和义务（代收行只有跟其委托行之间的代收合同下受托方的责任和义务）。

（1）若决定不受理所收到的代收委托或某特别指示，一般应无延误地以可能的最快捷方式通知委托方。

（2）审核单据的种类和份数，看其表面上是否与托收指示书完全相符。若发现有不符之处（不论是单据多了还是少了或是有别的表面不符之处），则应以尽可能最快捷的方式通知委托方（委托方无权对代收行收到单据的种类及份数进行争辩）。

（3）按委托方的指示处理单据以及代为缮制一些代收业务中必要的单据。若委托方未明确指示其要求代为缮制单据的式样及词语的具体要求，则代收行可按常规缮制而不承担责任。

（4）遇有意外情况，应无延误地及时通知托收行。若遇到意外情况，无论委托人是否事先授权，代收行并无采取行动保护货物的义务，但也可不经事先请示而采取行动保护货物，无论如何，代收行都必须及时将意外情况以及所采取的措施（如果代收行采取了保护货物行动的话）立即通知托收行。

（5）所有通知中均应载明必要的具体内容，并须注明托收行的托收指示书的业务编号。

（四）提示行

提示行（Presenting Bank）是指负责向付款人提示单据的代收行。提示行是代收行之一，依其定义，它是负有"提示"职责的代收行。在实务中，它通常兼负有提示、接受付款或承兑及付款以及交单等多重职责。人们多以付款人的账户行（当付款人想要作融资时，可能会事先要求以其账户行作为提示行，以便融资）或指定代收行在付款人所在地的分行或代理行（当指定代收行与付款人不在同一城市时）为提示行。提示行在国际贸易中通常为进口地银行。

提示行除负有上述的一般代收行的责任和义务以外,还兼有以下的责任和义务。

(1) 单据须按收到时的原样向付款人提示(但是,除非另有指示,银行可以另贴必要的印花税票以及做必要背书或加盖印章或做托收业务要求的识别标记等),且必须无延误地向付款人提示单据。

(2) 必须严格执行交单条件。若托收指示书没有明确指示交单条件,则只能凭付款交单(提示行对因此而迟交单据所产生的任何后果不负责任)。

(3) 在D/A托收项下,应查看汇票的承兑形式在表面上是否完整和正确(但对任何签字的真实性及签字人是否有权签署等不负责任),且须无延误地将承兑通知送交托收行。

(4) 当付款人以其本国货币(非托收指示书中所要求的货币)付款时,除托收指示书另有指示外,提示行只有在确认该货币能立即兑换成托收指示中要求的货币时,才可交单(否则,应按意外情况处理)。

(5) 当付款人以外汇(托收指示书中所要求的货币)付款时,除托收指示书另有指示外,提示行只有在确认该国准许立即汇出该外汇时,才可交单(否则亦应按意外情况处理)。

(6) 一般不得接受部分付款。对于光票托收,在付款地现行法律准许的条件下,也可接受部分付款,但只有在全部款项业已收妥时,方可将金融单据交付款人;对于跟单托收,在托收指示书有特别授权的情况下,也可接受部分付款,但是,除另有指示外,只有在全部款项业已收妥时,方可将单据交付款人(提示行对因此而迟交单据所产生的任何后果不负责任)。

(7) 当托收指示书特别注明手续费和/或有关费用不得放弃而付款人又拒付时,提示行不得交单(提示行对因此而迟交单据所产生的任何后果不负责任)。

(8) 遇拒付时,应尽力确定拒付原因,并无延误地通知托收行;若托收指示书中有遇拒付时做成拒绝证书的明确要求,则还有义务代为做成拒绝证书(当无此明确指示时,则无此义务)。

(9) 收妥的款项,必须按照托收指示书中指定的通信工具无延误地立即拨付(可扣除自己的手续费及其他费用支出);并且,除非另行协商同意将收妥款项拨付给托收行以外的另一方,提示行只能将收妥的款项拨付给托收行(即便托收指示书中有将收妥款项拨付给另一方的指示,提示行也可以不予执行,且无须再专门为此而通知托收行即可径自将收妥款项拨付托收行)。另外,还必须无延误地向托收行发出付款通知书(详列收妥的金额、扣减的手续费和开支或费用,以及款项的拨付方法)。

(五) 付款人/受票人

付款人/受票人(Drawee)指根据托收指示书向其提示单据的人。付款人在国际贸易中通常为进口商。

付款人与参与托收业务的银行之间并无任何合同关系,如果他拒绝赎单或付款,代收行是不能强求的。但是,货款托收的付款人(进口商)另外有着与托收客户委托人

(出口商)之间贸易合同项下买方的责任和义务,其基本责任是按贸易合同的规定付款赎单(只要提示的单据符合贸易合同的规定,就应当按期、足额、用合同规定的货币付款)。

另外,除上述的五个基本当事人以外,委托人还可以事先在托收申请书上指定一个"需要时的代理人"(a Representative to Act as Case of Need)及其代理权限,以便发生付款人拒付时,可以由其在当地代为处理货物(存仓、转售或运回等事宜);并且可授权其对托收过程进行跟踪,随时向代收行发出指示或查询。若委托人没有事先在托收申请书上指定"需要时的代理人",则代收行可以对委托方以外任何一方的指示及查询不予理会。

托收项下的所有受托方(托收行、代收行及提示行)均须承担其自己的"过失"责任:凡未能按规则或惯例履行其自身应尽责任和义务的,谓之"过失"。

《托收统一规则》(URC522)对于银行(包括托收行和所有代收行)有以下一些免责条款:(1)对其受托方的行为免责;(2)对其收到单据的缺失、缺损免责;(3)对其所收到单据的内容及有效性免责;(4)对寄送途中的延误、丢失,或电信传递中的延误、残缺及其他错误(如术语翻译、解释错误等)免责,并对需要澄清收到的指示而引起的延误免责;(5)对不可抗力造成的后果免责。

## 第二节 托收结算方式的类型与程序

托收结算方式分为光票托收(Clean Collection, or Clean Bill for Collection)、跟单托收(Documentary Collection, or Documentary Bill for Collection)和直接托收(Direct collection)。

### 一、光票托收

光票托收意指金融单据托收,而不伴随商业单据委托银行代收款项的一种托收结算方式。贸易上的光票托收,其货运单据由卖方直接寄交买方,汇票委托银行托收。

常见的光票有银行汇票、本票、支票、旅行支票和商业汇票等。有时汇票仅附非货运单据,如发票、垫款清单等也属光票托收。

贸易上的光票托收,一般用于收取货款尾数、代垫费用、佣金、样品费,或其他贸易从属费用。

光票托收的票据,由收款人作成空白背书,托收行作成记名背书,给代收行,并制作托收指示,随汇票寄代收行托收票款。光票托收的汇票可以是即期的,也可以是远期的。如果是即期汇票,代收行应于收到汇票后,立即向付款人提示要求付款。付款人如无拒付理由,应即付款赎票。如果是远期汇票,代收行应在收到汇票后,向付款人提示要求承兑,以确定到期日付款的责任。付款人如无拒绝承兑的理由,应即承兑。

已承兑的汇票被代收行收回,于到期日再作提示要求付款,若付款人拒绝承兑或拒绝付款,除在托收指示中另有规定外,应由代收行在法定期限内,作成拒绝证书,并及时把拒付情况通知托收行,转知委托人,以便委托人采取适当措施。

## 二、跟单托收

跟单托收意指金融单据伴随商业单据的托收,或者商业单据不伴随金融单据的托收。

跟单托收(Documentary Collection),是指出口人将汇票连同装运单据一并交给银行,委托其收取货款的方式。依据交单条件的不同,可分为付款交单和承兑交单两种。

(一) 付款交单

付款交单(Documents against Payment,简称 D/P),是指出口人的交单以进口人的付款为条件,即出口人将汇票连同装运单据交给银行托收时,指示银行只有在进口人付清货款时,才能交出装运单据。按支付时间的不同,付款交单又可分为即期付款交单和远期付款交单。

1. 即期付款交单

即期付款交单(Documents against Payment at Sight,简称 D/P at Sight)是指出口人装运之后,开具即期汇票,连同装运单据交给当地银行,通过银行向进口人提示,进口人见票后须立即付款,付清货款后,领取装运单据,即通常所说的"一手交钱,一手交货"。

即期付款交单(D/P at Sight)托收方式支付程序如图 4-1 所示。

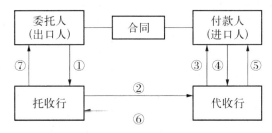

图 4-1 即期付款交单托收程序

说明:
① 出口人按合同规定装运后,填写托收委托申请书,开具即期汇票,连同装运单据交托收行,请求代收货款;
② 托收行根据托收申请书缮制托收委托书连同汇票、装运单据寄交进口地代收行委托代收货款;
③ 代收行按照委托书的指示向买方提示汇票与单据;
④ 进口人付款;
⑤ 代收行交单;
⑥ 代收行办理转账并通知托收行款已收妥;
⑦ 托收行向委托人转账付款。

2. 远期付款交单

远期付款交单(Documents against Payment after Sight,简称 D/P after Sight)是指出口人装运之后,开具远期汇票,连同装运单据交给当地银行,通过银行向进口人提示,由进口人承兑远期汇票,于汇票到期日付清货款后领取装运单据。

远期付款交单(D/P after Sight)托收方式支付程序如图 4-2 所示。

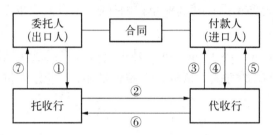

图 4-2 远期付款交单托收程序

说明:
① 出口人按合同规定装运后,填写委托申请书,开具远期汇票连同装运单据交托收行,请求代为收款;
② 托收行根据委托申请书缮制托收委托书连同汇票和装运单据寄交进口地代收行委托代收货款;
③ 代收行按照委托书的指示向进口人提示汇票与单据,进口人在汇票上承兑后交回代收行;
④ 进口人在远期汇票到期时向代收行付款;
⑤ 代收行向进口人交单;
⑥ 代收行办理转账并通知托收行款已收妥;
⑦ 托收行向委托人转账付款。

在远期付款交单条件下,进口人为了抢行应市,不失时机地转销货物,可与代收行商量在汇票到期前借单提货,待汇票到期日再付清货款,这是代收行给予资信较好的进口人的一种通融方式。代收行要求进口人出具信托收据,借取装运单据,先行提货。所谓信托收据(Trust Receipt,简称 T/R),是指进口人向代收行借取装运单据时,提供的一种书面担保的文件,用来表示愿意以代收行的受托人身份代为提货、报关、存仓、保险、出售,并承认货物所有权仍属银行,货物售出后所得货款应交银行。这是代收行向进口人提供信用便利,而与出口人无关。因此,如在代收行借出单据后,当汇票到期不能收到货款,则代收行应对出口人负全部责任,这种形式具有银行信用的性质;如果由出口人主动授权代收行向进口人凭信托收据借装运单据提货,这种做法称为"付款交单凭信托收据借单"(D/P·T/R),若汇票到期,进口人拒付,则与代收行无关,由出口人自己承担拒付风险。

(二) 承兑交单

承兑交单(Documents against Acceptance,简称 D/A)是指出口人装运之后,开具远期汇票连同装运单据交给当地银行,通过银行向进口人提示,由进口人承兑远期汇票之后,即可取得装运单据,提取货物,待汇票到期再付清货款。这种方式中,出口人通过银行向进口人交单,是以进口人承兑远期汇票为条件的,所以,对于出口人来说风险较大。

承兑交单(D/A)托收方式支付程序如图4-3所示。

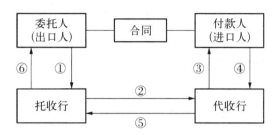

**图4-3 承兑交单托收程序**

说明：
① 出口人按合同规定装运后，填写托收申请书，开具远期汇票，连同装运单据交托收行，请求代收货款；
② 托收行根据托收申请书缮制托收委托书连同汇票、装运单据寄交进口地代收行委托代收货款；
③ 代收行按照托收委托书的指示向进口人提示汇票和单据，进口人在汇票上承兑，代收行收回汇票，同时将装运单据交给进口人；
④ 进口人到期付款；
⑤ 代收行办理转账并通知托收行款已收妥；
⑥ 托收行向委托人转账付款。

### (三) 凭其他条款和条件交出商业单据

尽管凭承兑或付款交付单据可能比其他关于交单的指示更普遍。但是，在国际结算中还存在下列三种类型的跟单托收。

1. 分批部分付款(Partial Payment)

分批部分付款是指凭一部分即期付款其余部分承兑在将来日期付款的单独汇票而交单。

托收行指示代收行凭着部分即期付款和另一部分承兑远期汇票而交出商业单据。这种方式可以减少出口商在凭承兑进口商所欠全部金额汇票而交单所冒的风险。

2. 凭本票交单(Delivery of Documents against Promissory Note)

由于汇票可能引致印花税，买方和卖方可能同意用本票代替。本票是由进口商或买方开立和签字的，且包含进口商在约定的未来日期付款的承诺。

3. 凭付款承诺书交单(Delivery of Documents against Letters of Undertaking to Pay)

有时进口商/付款人坚持使用"付款承诺书"代替汇票或本票，凭进口商的承诺书承诺在将来日期付款而交单。

除了能够节省印花税外，有人认为承诺书不被合法的法规所管辖，例如不受《英国票据法》管辖，它不像汇票那样表示从一个账户支付票款。

## 第三节　托收结算方式的特点与运用

### 一、托收结算方式的特点

（一）卖方承担了较大的风险

卖方先发货后收款，并且收款主要依靠商业信用，承担了较大的风险，但减少了货、款两空的风险；而买方则拥有较大的主动权，但在 D/P 条件下仍有遭遇单货不符或收到伪劣货物的风险。

（二）卖方的资金负担较重但买卖双方都有了一些基于交易的融资手段

卖方承担了较重的资金负担，但比相应的货到后汇款方式下的资金负担略轻，并且有了一些基于交易的融资手段；而买方不但资金负担较轻，而且还有一些基于交易的融资手段。

（三）手续比较繁，费用较高

托收方式的手续比汇款方式复杂，费用也比汇款方式高；但与信用证方式相比，托收的手续相对简单，费用较低。

### 二、托收结算方式的运用

鉴于以上特点，跟单托收方式在一般贸易结算中的应用不是很广泛，多限于前述的特定原因及条件下才予以采用。但在加工/装配贸易中，以及跨国公司的不同子公司之间常采用托收结算方式。

所谓加工/装配贸易（Processing/Assembling Trade）是"来料加工"（Processing with Customer's Materials）或"来件装配"（Assembling with Customer's Pans）两种贸易方式的统称。其中，来料加工是指交易的一方（受托方）接受另一方（委托方）提供的原材料（有时也附带提供包装物料及专用机器设备），按协议规定的品质、规格、款式和技术要求进行生产加工，收取加工费，产品交委托方使用或销售的贸易方式。来件装配是指交易的一方（受托方）接受另一方（委托方）提供的元器件和零配件（有时也附带提供专用机器设备），按协议规定的设计、工艺和技术要求进行生产装配，收取组装加工费，成品交委托方销售的贸易方式。在加工/装配贸易中，加工/装配的受托方可以要求对其来料/来件的进口采取 D/A 支付方式，而对其制成品的出口采取即期 D/P 支付方式，以前者的代收行作为后者的托收行，而以前者的托收行作为后者的代收行，并注意将前者的付款期限安排在后者的预定交单期限之后，以便利用加工/装配制成品出口的货款来偿付来料/来件进口的货款，从而大大减轻自己的资金压力。

此外，在实务中，寄售贸易项下也有采用跟单托收支付方式的，即卖方委托银行向买方交单，并负责分期或一次性代收售得货款。它与单据交易项下的远期跟单托收有所不同,后者一般必须带汇票,交单时买方必须支付汇票或承兑汇票;而前者一般不带汇票,发票也只是估计金额,交单可凭买方出具信托收据/保证书和收据。显然,对于寄售贸易的卖方来说,它是一种稍优于货到后汇款的支付方式,因为它在向买方交单后,代收行持有买方出具的信托收据/保证书,从而负有代为催收货款的义务。

### 三、托收方式中出口商的风险与应注意的事项

跟单托收方式是建立在商业信用基础上的,若进口商由于某种原因,不按合同履行付款义务,出口商就将蒙受损失。

出口商在跟单托收中,可能承担如下风险:

(1) 发货后进口地的货价下跌,进口商不愿付款赎单或承兑取单,就借口货物规格不符,或包装不良等原因而要求减价。

(2) 因政治或经济原因,进口国家改变进口政策,进口商没有领到进口许可证,或是申请不到进口所需的外汇,以致货物抵达进口地而无法进口,或不能付款。

(3) 进口商因破产或倒闭而无力支付货款等。

虽然托收对出口人有一定风险,但对扩大出口是有利的。进口人可以免交开证押金和手续费,还有预借单据提货之便利。因此,在我们出口业务中,应该根据不同货物的销售情况、不同客户、不同国家的贸易习惯,适当使用托收方式。在使用托收方式时,应着重注意以下事项,化解托收可能带来的风险:

(1) 应该在调查研究的基础上,选择资信好的和经营作风正派的国外商人作为采用托收方式的交易对象。

(2) 采用托收方式时,成交金额不易过大,特别是不能超过国外商人的支付能力。

(3) 要了解进口国家的贸易管制和外汇管理制度,以免货到目的港后,进口人未领到进口许可证或未申请到外汇等,从而给我们造成被动和损失。

(4) 要了解进口国家的贸易习惯,以免影响安全迅速收汇。如有的国外代收行只接受即期付款交单的托收委托,而把远期付款交单当作承兑交单处理,并不承担任何责任和风险;有的国家银行对 D/P 概念很陌生,常常要求将 D/P 远期改为 D/A;还有的国家商人在即期付款交单情况下,要按"当地习惯",即在货物到达目的港后,而不是代收行提示后即行"见票",这种"习惯"在欧洲和非洲都有。按此"习惯",万一货物到达不了目的港,进口商就可永不"见票",永不付款。因此,为避免进口商以"当地习惯"为借口迟付或逃避付款,除应在出口合同中加列利息条款外,尚应明确规定进口商应在汇票第一次提示时即行付款或承兑。还可以在合同中明确规定"自装船后××天交单付款"。

(5) 为避免或减轻托收方式给我们带来的风险,可以按 CIF 价格成交,装运前投保卖方利益险和海运货物运输险,防止在拒付的情况下货物又遭受损失,进口人逃之夭夭,我们可凭保险单向保险公司索赔。

(6) 采用托收方式成交,提单不应以进口人为收货人,最好采用"空白抬头、空白

背书"提单,为了维护我方出口利益,在取得代收行同意的条件下,也可以代收行作为提单抬头人。

## 第四节 托收结算方式的运输单据、利息、费用及其他

### 一、运输单据

委托人交来的运输单据多是海运提单。未经银行事先同意,货物不得直接发至银行,或托运至银行或其指定之人,因为被发至或被托运的银行没有提货的义务,货物的风险责任由发货人承担。因此,提单不得作成代收行的抬头。

正确的做法是:提单的收货人应该作成"空白抬头"空白背书,但不要作成买方抬头,以保证卖方的物权能够随着单据交出,才被转移出去,故提单能够起着控制买方必须付款、承兑的作用。

银行没有义务对于跟单托收有关货物采取任何行动,包括货物存仓和保险,除非征得代收行同意,代收行才能采取行动。如果代收行不同意采取行动,甚至遗漏通知对方,代收行也没有责任。

代收行为了保护货物,对于交给第三者运输行去做时,不论是否已被指示,它们对于货物都不承担责任或义务。但是代收行必须把采取的行动通知托收行。

委托人交来的航空运单、邮包收据都不是物权单据,起不到控制买方付款或承兑的作用。如果买方资信不佳,将会遇到买方自行提货而不付货款的风险。

对出口商来说,交易中使用的贸易条件以 CIF 较好。因为 CIF 条件下卖方投保,万一买方不能付款时,保险赔偿由卖方受益。

### 二、利息

如果托收指示中指明收取利息和付款人拒付利息时,提示行可凭付款或承兑或其他条款和条件交单,而不再收取利息。

当利息需要收取时,托收指示必须指明利率、计息时期和计算基数(1年的基本天数)。

当托收指示明确陈述利息不得放弃和付款人拒付利息时,提示行不交单据,并且对任何延迟交单造成的任何后果不负责任。当支付利息已被拒绝时,提示行必须毫不延迟地以电讯通知,或者如不可能,则以其他快捷方式通知发出托收指示的银行。

收取利息的指示应该如下注明:

Please collect interest for delay in payment calculated from the maturity to the date of actual payment at the rate of ××‰ p.a. on the basis of 360 days a year from the drawee.

Waive/(do not waive) interest if refused by the drawee.

## 三、费用

如果托收指示中指明托收费用应由付款人负担,并且付款人拒付托收费用时,提示行可凭付款或承兑或其他条款交单,而不再收取这项费用。

每当托收费用被放弃时,则此费用由发出托收的当事人负担,并可在收妥款项中扣除,当托收指示明确陈述费用不得放弃和付款时拒付这些费用时,提示行不交单据,并且对于任何延迟交单造成的任何后果不负责任。当支付托收费用已被拒绝时提示行必须毫不延迟地以电讯通知,或者如不可能,则以其他快捷方式通知发出托收指示的银行。

在一切情况下,托收指示中明确的条件,或根据本规则开支及/或花费及/或托收费用应由委托人负担。代收行有权向发出托收指示的银行迅速收回由其支付的有关开支、花费和费用,而托收行不管这笔托收的结局如何,有权向委托人收回任何金额的支出,连同它本身的开支、花费和费用。

银行保留向发出指示的当事人要求预先支付费用和花费的权利,以弥补在试图执行任何指示时的成本和收到此项支付以前还要保留不执行这项指示的权利。

向付款人收取费用/花费的指示,应注明如下:

Collection charges/expenses out side China are for account of the drawee.

Waive/(do not waive) charges if refused by the drawee.

Collection charges may not be waived and the drawee refuses to pay such charges, the presenting bank will not deliver documents.

## 四、需要时的代理人

如委托人指定一名代表,在遇到拒绝付款及/或拒绝承兑时,作为需要时的代理人,则应在托收指示中清楚、完全地表明此项代理人的权限,如无上述表明,银行将不接受需要时的代理人的任何指示。

作出需要时的代理人的指示,举例如下:

Special Instruction

In case of need refer to Smith & Jones Co., 99 Rue des Achetuer, Paris whose authority is limited to assisting in having the draft honoured.

## 五、拒绝证书

托收指示应注明是否作成拒绝证书,例如:

Do not protest in case of dishonour

Protest for Non-acceptance Non-payment

We will give instruction to you upon receipt of cable/airmail advice of Non-acceptance/Non-payment with reasons.

如须做成拒绝证书,由此的花费应由发出托收指示的当事人负担。

代收行应将托收结局通知托收行,如付款通知、承兑通知、拒绝付款或拒绝承兑通知。发出拒绝付款或拒绝承兑通知后 60 天内尚未收到托收行的进一步处理单据的指示,可将单据退回发出托收指示的银行,而提示行不再承担进一步的责任。

### 六、托收业务中的资金融通

在托收结算方式下,银行对出口商、进口商可以采取以下三种方式进行资金融通。

(一) 托收出口押汇

托收出口押汇(Collection Bills Purchased)是指托收行买入出口商开立的跟单汇票及/或装运单据,出口押汇也称议付(Negotiation)。当出口商在提示汇票及其单据委托银行办理托收时,要求托收行叙做押汇。托收行如认为这笔交易的销售情况良好,进出口商的资信都很可靠,即可叙做托收出押,买入跟单汇票,按照票面金额扣减从付款日到估计收到票款日的利息及银行手续费,将净款付给出口商。托收行成为跟单汇票的持票人。代收行收到进口商付款汇回归还托收行的垫款。

由于托收出口押汇是凭进出口商的资信,特别是进口商的商业信用好坏而确定是否给予资金融通的,银行负担的风险很大,它将原来由出口商承担的风险转移到托收行,因此托收行要考虑到货物是否畅销,进口商是否会拒付,拒付后能否向出口商追索垫款等问题,故托收行鉴于风险大、利率高,一般银行都不愿做。

(二) 贷款

托收项下贷款(Advance against Collection)相当于部分货款作押汇,但与押汇还有不同,出口商在流动资金不足的情况下可以要求托收行发放低于托收金额的贷款,等其到期日还贷。

(三) 使用融通汇票贴现融资

使用融通汇票贴现融资(Accommodation Bills for Discount)有以下两种情况。

1. 对出口商的融资

带有质押融通汇票适用于对出口商的融资。出口商可事先与托收银行或其他银行订立承兑信用额度协议(Acceptance Credit Agreement),货物运出后,出口商开出一张远期融通汇票,以订立协议的银行(即托收行)作为受票人,以出口商作为出票人和收款人,金额略低于托收汇票,期限略长于托收汇票,并以托收跟单汇票作为融通汇票的质押品,一起交给托收行,托收行在融通汇票承兑后,送交贴现公司贴现,出口商立即得到净款融资,托收跟单汇票寄代收行,收取货款汇交托收行备付融通汇票到期日应付的票款。

2. 对进口商的融资

不带质押融通汇票适用于对进口商的融资。进口商可事先与代收行或其他银行订立承兑信用额度协议,当进口商收到代收行的通知书要求他付款时,他可开出一张远期融通汇票,以订立协议的银行(即代收行)作为受票人,以进口商为出票人和收款人,要求代收行承兑后,送交贴现公司贴现,进口商立即得到净款用来支付给代收行。待融通汇票到期日,进口商将提取进口货物销售取得的货款归还融通汇票到期的票款。

## 第五节　托收统一规则

国际商会为给办理托收业务的银行与委托人提供可遵循的共同规则,以利于商业和金融业的发展,于 1958 年拟订了《商业单据托收统一规则》。此后,国际商会又于 1967 年、1978 年、1993 年多次对上述规则进行修订,并定名为《托收统一规则》(Uniform Rules for Collection)(即国际商会第 322 号出版物),现行的《托收统一规则》是 1995 年 5 月由国际商会银行委托会一致通过的国际商会第 522 号出版物,简称"URC522",于 1996 年 1 月 1 日实行。

### 一、《托收统一规则》的特点

"URC522"有以下四个特点。

(一) 明确规定"URC522"适用条件

在"URC522"第 4 条中规定:"一切寄出的托收单据均须附有托收指示书,注明该托收按照'URC522'办理,并给予完全而准确指示。"

(二) 详细规定托收指示书的内容

对托收指示书的内容作出规定,共 11 项:(1) 发出托收单据的银行的详情;(2) 委托人的详情;(3) 付款人的详情;(4) 提示行的详情;(5) 托收金额及货币;(6) 寄送单据清单及每一单据份数;(7) 据以取得付款和/或承兑的条款及条件;(8) 对应收取的费用,注明是否可以放弃;(9) 如有应有利息,也须注明是否可以放弃;(10) 付款方法及通知付款的方式;(11) 发生不付款、不承兑和/或与其他指示不符合时的指示。

(三) 详细列明银行负责条款

在"URC522"的"D.义务与责任"中,详细列明负责条款,它们是:单据与货物/服务行为;受托方行为免责;对所收单据的负责;对单据有效性的负责;对寄送途中的延误、丢失及对翻译的负责;不可抗力等。

(四) 规范用语

在"URC522"中明确指出,用语要准确,诸如"第一""迅速""立即"及类似词语,在与提示相关或涉及付款人必须接受单据或必须采取任何其他行动的时限时不应使用。如果使用了这类词语,银行将不予理会。

### 二、托收委托书

托收委托书包括由客户委托人向托收行提交的托收申请书,以及托收行向代收行发出的托收指示书。

（一）托收申请书的主要内容

（1）付款人的名称和地址，以及电报挂号、电传、电话和传真号码等。

（2）客户委托人对于该项托收的有关业务编号。

（3）指定提示行（一般是付款人的账户行）。依惯例，若客户委托人无此明确指示，或者其指定银行与托收行无代理关系或资信不高，托收行可另行指定代收行乃至另外指定提示行。

（4）所提交单据的名称和份数。

（5）托收的金额、币种和付款期限。

（6）交单条件（付款交单还是承兑交单）。

（7）遇意外情况或遭拒付时的通知手段（电讯还是航邮）及是否要作拒绝证书。依惯例，无此明确指示者，银行可任选通知手段及按不作拒绝证书处理。

（8）迟付利息的利率、计息期限算法以及是否不得放弃收息。按照惯例，如果未声明不得放弃收取迟付利息，则当付款人拒付利息时，银行可以放弃收息。

（9）托收费用（包括手续费及其他有关费用、托收行的费用与代收行的费用）中哪些由付款人负担及是否不得放弃向付款人收取这一费用。按照惯例，如果未声明不得放弃收取这一费用，则当付款人拒付这一费用时，银行可放弃收取这一费用。

（10）代收行得到付款后以何种工具（电讯还是航邮）向托收行拨付款项及作付款通知（按照惯例，无此明确指示者，银行可任意选择拨付及通知工具）。

（11）客户委托人名称、地址和签字/签章，以及银行账号、电话号码等。

其他还可以有诸如指定需要时的代理人及其代理权限，请代收行或付款人代为缮制的单据及其式样和词语要求，以及对于远期 D/P 托收是否允许提前付款及其贴息算法或是否允许分期付款交单等指示。

若因托收申请书中指示有误或指示不完全、不明确等造成托收延误/损失将由客户委托人承担。

（二）托收指示书的主要内容

托收指示书就是寄送托收单据的面函（Covering Letter），它是由托收行根据托收申请书制作的，过去称为托收委托书（Collection Advice）。这在国际商会出版物第 322 号时期被称为托收命令（Collection Order），现在国际商会出版物第 522 号时期称之为托收指示书。

要求托收的所有单据，必须伴随托收指示（Collection Instruction）注明托收受到《托收统一规则》的约束（This collection is subject to Uniform Rules for Collection (1995 Revision)，ICC Publication No.522.），并作出完全和准确的指示。银行仅被允许根据该项托收指示所作出的各项指示和按照国际商会出版物第 522 号办理相关业务。代收行遵守托收指示，将不理会除收到托收委托的当事人/银行以外的任何当事人/银行的任何指示。

托收指示必须包含 URC522 第 4 条 B 分条第 I 款至第 II 款表明正当托收业务所必需的详细资料。如果委托人/托收行没有提供所需的资料,则代收行对延迟或不符不负责任。代收行对于短少的资料应发出通知,在收到完全资料以前,代收行没有必要采取任何行动去办理托收业务。因此,委托人/托收行必须确保所有的、必要的资料和指示已经提供在托收指示中。

银行之间的托收指示书除须包含前述托收申请书的基本内容以外,还有以下一些新增内容。

(1) 托收行的名称、地址和签字/签章,以及电报挂号/电传/SWIFT 地址、电话和传真号码等。

(2) 该项托收的有关业务编号。

(3) 代收行的名称和地址,以及电报挂号/电传/SWIFT 地址、电话和传真号码等。

(4) 收妥款项的拨付方式。① 当托收行在代收行开立账户时,托收指示书中应写明:"收妥款项,请贷记我方在你行的账户,并以电报或航邮通知我行。"当代收行将收妥货款贷记托收行账户,并发出贷记报单,托收行接到贷记报单,得知货款已收妥后,可立即贷记委托人账户,完成此笔托收业务。② 当代收行在托收行开立账户时,托收指示书中应写明:"请代收款项并以电报或航邮授权我行借记你方在我行的账户。"当代收行收妥款项后,发出支付委托书(Payment Order),授权托收行借记自己的账户。托收行接到支付委托书后,立即借记代收行账户,取出款项,贷记在委托人账户。③ 当托收行与代收行之间没有设立账户,而是托收行在国外第三家×银行开立账户时,托收指示书中应写明:"请代收款项并将款项汇至×银行贷记我行在该行的账户,并请该行以电报或航邮通知我行"。当代收行收妥款项,汇交×银行贷记在托收行账户,并通知托收行后,托收行得知款项已收妥,可立即贷记委托人账户,完成此笔托收业务。

托收指示书在托收业务中的重要性表现在三个方面:

(1) 托收业务离不开托收指示,所有的托收业务必须附有一个单独的托收指示;

(2) 代收行仅被托收指示中载明的指示所引导;

(3) 代收行不从别处寻找指示,并且没有义务审核单据以获得指示。个别单据上面不载有托收指示,如果有的话,也将不予理会。

### 三、托收汇票

托收汇票(Collection Bill/Draft)的当事人:托收汇票的出票人是出口商或卖方,付款人是进口商或买方。收款人则有三种情况。

(1) 受益人是收款人。当它把跟单托收汇票提交托收行时,受益人应作成托收背书给托收行。

(2) 托收行是收款人。汇票注明托收出票条款,用以表明为了托收目的而作成汇票收款人,当它把跟单托收汇票寄给代收行之前,或受益人是收款人的跟单汇票交给托收行、托收行再寄给代收行之前,均应作成托收背书给代收行。

(3) 代收行是收款人,代收行收到跟单汇票以前,该汇票不需背书,汇票注明托收出票条款。

## 复习思考题

1. 托收的含义和特点是什么?
2. 托收分为哪几种?出口采用托收方式应注意哪些问题?
3. 托收指示应当包括哪些内容?
4. 图示并说明远期付款交单托收方式的程序。
5. 图示并说明承兑交单托收方式的程序。
6. 我方向某外商发盘,其中付款条件为即期付款交单(D/P at sight),对方答复可以接受,但付款须按以下条件:"付款交单见票后45天"(D/P at 45 days after sight)并通过A银行代收。按一般情况,货物从我国运至该国最长不超过10天。试分析该外商为何要提此项条件?

## 附录三 跟单托收面函(托收指示)式样

### The Industrial & Commercial Bank of China
### Collection Instruction

ORIGINAL

Date
Our Ref No.

To:

Dear Sirs,

We send you here with the under-mentioned item(s)/documents for collection.

| Drawer: | | Draft No.: Date: | | Due Date/Tenor | | | |
|---|---|---|---|---|---|---|---|
| Drawee(s): | | Amount: | | | | | |
| Goods: | From | To | | | | | |
| By Par | | On | | | | | |
| Docmnents | Draft | Invoice | B/L | Ins. Policy/Cert. | W/M | C/O | |
| 1st | | | | | | | |
| 2nd | | | | | | | |

Please follow instructions marked "×":

☐ Deliver documents against Payment/acceptance.

☐ Remit the proceeds by airmail/cable.

☐ Airmail/cable advice of payment/acceptance.

☐ Collect Charges outside _____ from drawer/drawee.

☐ Collect interest for delay in payment _____ days after sight at _____% P.A.

☐ Airmail/cable advice of non-payment/non-acceptance with reasons.

☐ Protest for non-payment/non-acceptance.

☐ Protest waived.

☐ When accepted, please advise us giving due date.

☐ When collected, please credit our account with _____.

☐ Please collect and remit proceeds to _____ Bank for credit of our account with them under their advice to us.

☐ Please collect proceeds and authorize us by airmail/cable to debit your account with us.

Special Instructions            For The Industrial & Commercial Bank of China

This collection is subject to

Uniform Rules for Collection                  _____

(1995 Revision) ICC Publication No.522        Authorized signature(s)

# 第五章 信用证结算方式

自19世纪开始使用信用证以来,随着国际贸易的发展,信用证方式逐渐成为国际贸易中通常使用的一种支付方式。信用证是国际贸易发展到一定程度的历史产物,是在银行与金融机构参与国际贸易结算的过程中逐步形成的,与此同时,它也促进了国际贸易的发展。信用证支付方式把由进口人履行付款责任,转为由银行来付款,保证出口人安全迅速地收到货款,买方按时收到货运单据。因此,在一定程度上解决了进口人与出口人之间互不信任的矛盾;同时,也为进出口双方提供了资金融通的便利。所以,自出现信用证以来,这种支付方式发展很快,并在国际贸易中被广泛运用。当今,信用证付款已成为国际贸易中普遍采用的一种主要支付方式。

## 第一节 信用证的基本概念

### 一、信用证的含义

信用证(Letter of Credit,L/C)又称信用状,是出证人以自身名义开立的一种信用文件,就广义而言,它是由银行或其他人应客户请求作出的一项书面保证,按此保证,出证人承诺在符合信用证所规定的条件下,兑付汇票或偿付其他付款要求。在国际贸易中使用的信用证通常都是由银行开立的,是指开证银行应申请人的请求并按其指示,向第三者开具的载有一定金额,在一定期限内凭符合规定的单据付款的书面保证文件。

国际商会2006年《跟单信用证统一惯例》(以下简称UCP600)第2条将"跟单信用证"和"备用信用证"(简称信用证)定义为:信用证意指一项约定,无论其如何命名或描述,该约定不可撤销,并因此构成开证行对于相符提示予以兑付的确定承诺。兑付意指:(1)对于即期付款信用证即期付款;(2)对于延期付款信用证发出延期付款承诺并到期付款;(3)对于承兑信用证承兑由受益人出具的汇票并到期付款。

美国《统一商法典》信用证篇第5—102条a款(10)项:"信用证指开证人应申请人之请求或为申请人之故,向受益人作出的满足第5—104条要求的确定的承诺,即以付款或交付一定价值物方式兑付单据提示。如果开证人系金融机构,则这项承诺可以是开证人向自己或为自己之故而作出的。"

简单而言,信用证是一种银行开立的有条件的承诺兑付的书面文件。

## 二、信用证的内容

信用证的内容必须完整、明确和简洁。目前信用证大多采用全电开证,各国银行使用的格式不尽相同,文字语句也有很多差别,但基本内容大致相同,主要包括以下九个方面。

1. 信用证本身的说明

(1) 信用证的类型:说明可否撤销、转让;是否经另一家银行保兑;兑付方式等。

(2) 信用证号码和开证日期、到期日和到期地点等。

2. 信用证的当事人

(1) 必须记载的当事人:申请人、开证行、受益人、通知行等。

(2) 能记载的当事人:保兑行、指定议付行、付款行、偿付行等。

3. 信用证的金额和汇票条款

(1) 信用证的金额:币别和总金额,币别通常包括货币的缩写和大写,总金额一般分别用大写文字与阿拉伯数字书写。信用证金额是开证行付款责任的最高限额,有的信用证还规定有一定的加减百分率。

(2) 汇票条款:汇票的种类、金额、出票人、付款人(受票人)及出票日期等。凡不需汇票的信用证无此内容。

4. 货物条款

这包括货物名称、规格、数量、包装、单价以及合约号码等。

5. 运输条款和保险条款

这包括运输方式、装运地和目的地、最迟装运日期、可否分批装运或转运及如何分批装运和转运的规定。以 CIF 或 CIP 贸易术语达成的交易项下的保险要求,所需投保的金额和范围等。

6. 单据条款

说明要求提交的单据种类、份数、内容要求等,基本单据包括:商业发票、运输单据和保险单;其他单据有检验证书、产地证、装箱单或重量单等。

7. 特殊条款,视具体交易的需要而异。常见的有:

(1) 对交单期的说明;

(2) 银行费用的说明;

(3) 对议付行寄单方式、议付背书和索偿方法的指示;

(4) 要求通知行加保兑;

(5) 限制某船不准在某港口停靠;

(6) 信用证生效条件,等等。

8. 开证行的责任文句

通常说明根据《跟单信用证统一惯例》开立以及开证行保证付款的承诺。

9. 开证行签字或密押

## 三、信用证的特点

根据 UCP600,信用证主要有以下三个特点。

（一）信用证是一种银行信用

根据 UCP600 第 2 条规定,开证行对于相符提示予以兑付。信用证是一种银行信用,即使开证申请人未能尽其应尽之义务或是受益人未能履行合约中的责任,只要受益人相符提示,即与信用证中的条款及条件、本惯例中所适用的规定及国际标准银行实务相一致的提示,开证行就必须履行第一性的、独立的兑付责任,除非开证申请人涉嫌欺诈等特定原因,法院下令要求银行止付。

（二）信用证是一份自足的文件

虽然信用证的开立必须以贸易合同为基础,但一经开出,信用证即构成独立于贸易合同以外的一份自足契约。信用证项下各有关当事人的权利与义务仅以本信用证的条款为依据,与原依据的贸易合同无关,不受其约束。对此,UCP600 第 4 条 a 款中明确规定:"就性质而言,信用证与可能作为其依据的销售合同或其他合同,是相互独立的交易。即使信用证中提及该合同,银行亦与该合同完全无关,且不受其约束。因此,一家银行作出兑付、议付或履行信用证项下其他义务的承诺,并不受申请人与开证行之间或与受益人之间在已有关系下产生的索偿或抗辩的制约。受益人在任何情况下,不得利用银行之间或申请人与开证行之间的契约关系。"

（三）信用证是纯粹的单据交易

根据 UCP600 第 5 条的规定,银行处理的是单据,而不是单据所涉及的货物、服务或其他行为。在信用证业务中,只要受益人提交符合信用证条款的单据,开证行就应承担付款责任,进口人也应接受单据并向开证行付款赎单。如进口人付款后发现货物有缺陷,则凭单据向有关责任方提出损害赔偿要求,而与银行无关。值得注意的是,UCP600 第 14 条 a 款规定:"按照指定行事的被指定银行、保兑行（如有）以及开证行必须对提示的单据进行审核,并仅以单据为基础,以决定单据在表面上看来是否构成相符提示。"同时,UCP600 第 14 条 d 款又规定:"单据中内容的描述不必与信用证、信用证对该项单据的描述以及国际标准银行实务完全一致,但不得与该项单据中的内容、其他规定的单据或信用证相冲突。"UCP600 第 34 条是关于"单据有效性的免责"条款,规定:"银行对任何单据的形式、充分性、准确性、内容真实性、虚假性或法律效力,或对单据中规定或添加的一般或特殊条件,概不负责;银行对任何单据所代表的货物、服务或其他履约行为的描述、数量、重量、品质、状况、包装、交付、价值或其存在与否,或对发货人、承运人、货运代理人、收货人、货物的保险人或其他任何人的诚信与否,作为或不作为、清偿能力、履约或资信状况,也概不负责。"

这里要特别注意的是,虽然银行只根据表面上符合信用证的条款的单据承担兑付责任,但这种符合的要求与 UCP500 的规定是有差别的。UCP500 规定的符合是十分严格的,必须遵循"严格符合原则",就是要做到"单、证一致"和"单、单一致"。而 UCP600 只要求适度相符。

### 四、信用证的作用

信用证支付方式是随着国际贸易的发展,在银行参与国际贸易结算的过程中逐步形成的。由于货款的支付以取得符合信用证规定的货运单据为条件,避免了预付货款的风险,因此信用证支付方式在很大程度上解决了进出口双方在付款和交货问题上的矛盾。它已成为国际贸易中的一种主要付款方式。

对出口商而言,信用证业务可保证他凭与信用证规定相符的单据取得货款,按时收汇,通过打包贷款或押汇取得资金融通。对进口商来说,可保证他取得代表货物的单据,按时、按质、按量收到货物,凭自己的资信及开证行对自己的信任,少交或免交部分押金,从而取得资金融通。对银行的好处是:可利用进口商在申请开证时交的押金或担保品为银行利用资金提供便利,在信用证业务中,银行每做一项服务均可取得各种收益,如开证费、通知费、议付费、保兑费、修改费等。

总之,信用证方式在国际结算中可以起到以下两个主要作用。

(一) 提供付款保证

信用证使用的前提,即贸易双方缺乏一种双方互相满意的信任基础,因此需借助第三者即银行信用使国际间的贸易结算行为得以实施。银行以自身的信用为贸易双方的结算奠定基础,所以商业信誉加上银行信用的信用证是国际贸易中已被广泛采用的一种支付方式。

信用证的开立即为开证银行向契约各方保证,只要单证相符,开证行必须履行其对外付款的责任。

(二) 提供融资手段

进口商在偿付全部货款前,只需交纳一定比例的保证金,银行就能为进口商开立信用证。如果开立的是远期信用证,进口商凭承兑或开立信托收据从银行借单。取得货物后先将货物卖出,当远期汇票将到期时再向银行付款,从而取得资金融通。有了开证银行的融资,进口商可扩大进口,并得到较低的货价和较长的付款期限。

出口商收到信用证后可安心组织货源和及时装运。为加速资金的周转,出口商也可于装货前凭信用证向银行要求打包贷款,货物出运后通过议付单据取得资金。

当然,信用证方式也不是完美无缺的。比如:买方不按时开证、不按合同规定条件开证或故意设陷阱使出口人遭拒付而受损失。再如,受益人编造单据,从而使进口人成为欺诈行为的受害者。此外,使用信用证方式在具体业务操作上一般手续繁琐、费用较多、业务成本较高,而且技术性较强,稍有不慎,极容易造成错漏,以致引起损失。

## 第二节　信用证业务的办理程序

由于在以信用证方式结算的情况下,结算工具与资金流向相反,因此它属于逆汇。现以最为常见的即期不可撤销跟单议付信用证为例,简要说明其办理程序,以及各环节的具体内容。

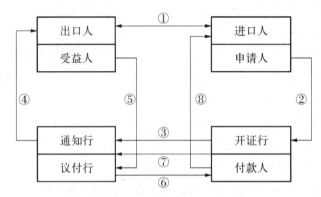

图 5-1　即期不可撤销跟单议付信用证收付程序

说明:
① 出口人在贸易合同中,规定使用信用证支付方式。
② 出口人向当地银行提交开证申请书,同时交纳押金或其他保证。
③ 开证行根据申请内容,向出口人(受益人)开出信用证,并寄交通知银行。
④ 通知行核对印鉴或密押无误后,将信用证寄交给出口人。
⑤ 出口人审核信用证与合同相符合后,按照信用证规定装运货物,并备齐各项信用证要求的货运单据,在信用证有效期内,寄交付行议付。议付行按照信用证条款审核单据无误后,按照汇票金额扣除利息,把货款垫付给出口人。
⑥ 议付行将汇票和货运单据寄开证行(或其指定的付款行)索偿。
⑦ 开证行(或其指定的付款行)核对单据无误后,付款给议付行。
⑧ 开证行通知进口人付款赎单,开证人付款并取得货运单据后,凭此向承运人提货。

根据图 5-1 可知,信用证业务程序的主要环节有六个。

### 一、申请开证

进出口双方约定用信用证方式支付货款后,开证申请人,即进口商便有责任在买卖合同规定的期限内向所在地的银行申请开立信用证。第一件事是填写开证申请书,它为开证申请人与开证行建立了法律关系,因此开证申请书是开证的最重要的文件。

开证申请书除明确提出请开证行开立信用证的要求及受益人的名称和地址、信用证的种类与到期日和地点外,主要含有两方面的内容。

(1) 要求开证行在信用证上列明的条款,其基本内容就是要求受益人提交的符合买卖合同的单据条款,是开证行凭以向受益人或其指定人比如议付行付款的依据。

(2) 开证人向开证行的保证与申明。例如：开证人承认在其付清货款前，开证行对单据及其所代表的货物拥有所有权；承认开证行有权接受"表面上合格"的单据，对伪造单据，货物与单据不符或货物中途灭失、受灾延迟到达概不负责；保证单据到达后如期付款赎单；承认电讯传递中如有错误、遗漏或单据邮递遗失，银行不负责任，等等。

信用证申请的要求在统一惯例中有明确规定，进口商必须确切地将其告之银行。信用证开立的指示必须完整和明确，不能与买卖合同的条款相矛盾。申请人必须时刻记住信用证交易是一种单据交易，而不是货物交易。银行家不是商人，因此申请人不能希望银行工作人员能充分了解每一笔交易中的技术术语。即使他将销售合同中的所有条款都写入信用证中，如果受益人真想欺骗，他也无法得到完全保护。这就需要银行与申请人共同努力，运用常识来避免开列对各方均显累赘的信用证。

银行接到开证申请人完整的指示后，必须立即按该指示开立信用证。另一方面，银行也有权要求申请人交出一定数额的资金或以其财产的其他形式作为银行执行其指示的保证。按现行规定，中国地方、部门及企业所拥有的外汇通常必须存入中国的银行。如果某些单位需要跟单信用证进口货物或技术，中国的银行将冻结其账户中相当于信用证金额的资金作为开证保证金。如果申请人在开证行没有账号，开证行在开立信用证之前很可能要求申请人在其银行存入一笔相当于全部信用证金额的资金。这种担保可以通过抵押或典押实现（如股票）。

## 二、对外开证

开证行一旦接受开证申请，就必须严格按照申请人的指示向指定的受益人开立信用证，并将其直接邮寄或用电讯通知出口地的代理行（通知行）转递或通知受益人。

信用证的开证方式有信开和电开两种。前者指开证时开立正本一份和副本若干份，航寄通知行。后者指开证行将信用证内容加注密押后用电讯工具通知受益人所在地的代理行，请其转交受益人。

随着国际电讯事业的发展，为了争取时间、加快传递速度，信用证的"信开"方式越来越多地被"电开"及环球银行金融电讯协会（SWIFT）的方式所替代。

## 三、通知、转递信用证

在大多数情况下，信用证不是由开证行直接通知受益人，而是通过其在受益人国家或地区的代理行，即通知行进行转递的。信用证可以通过空邮、电报或电传进行传递。设在布鲁塞尔的SWIFT运用出租的线路在许多个国家的银行间传递信息。大多数银行包括中国的银行加入了这一组织。

通知行在收到信用证后，应立即核对开证行的签字和密押，经核对证实无误，除留存副本或复印件备查外，必须尽快将信用证转交受益人。如收到的信用证是以通知行本身为收件人，则通知行应以自己的通知书格式照录信用证全文通知受益人。通知行通知受益人的最大优点就是安全，通知行的责任是应合理谨慎地审核它所通知信用证的表面真实性。

UCP600第9条规定：

（1）信用证及其修改可以通过通知行通知受益人。除非已对信用证加具保兑，通知行通知信用证不构成兑付或议付的承诺。通知行可以利用另一家银行的服务（"第二通知行"）向受益人通知信用证及其修改。通过通知信用证或修改，第二通知行即表明其认为所收到的通知的表面真实性得到满足，且通知准确地反映了所收到的信用证或修改的条款及条件。

（2）如果一家银行被要求通知信用证或修改，但决定不予通知，它必须毫不延误地通知向其发送信用证、修改或通知的银行。如果一家被要求通知信用证或修改，但不能确定信用证、修改或通知的表面真实性，就必须毫不延误地告知向其发出该指示的银行。如果通知行或第二通知行仍决定通知信用证或修改，则必须告知受益人或第二通知行其未能核实信用证、修改或通知的表面真实性。

### 四、审证、交单、议付

受益人在收到经通知行转来的信用证后，应即根据买卖合同和UCP600进行认真审核，审核信用证中所列的条款与买卖合同中的条款是否相符。如果发现存在不符且无法接受照办时，应通知开证人，要求修改信用证。

受益人收到信用证或修改通知书经审核无误，即可据其规定发运货物。发货完毕后，缮制并取得信用证所规定的全部单据，开立汇票连同信用证正本（如经修改的还需连同修改通知书）在信用证规定的交单期和信用证有效期内，递交议付行办理议付。

根据UCP600第2条的解释："议付意指被指定银行在其应获得偿付的银行日或在此之前，通过向受益人预付或者同意向受益人预付款项的方式购买相符提示项下的汇票（汇票付款人为被指定银行以外的银行）及/或单据。"议付实际上是议付行在受益人向议付行提交符合信用证条款的单据的前提下，对受益人的垫款。所以，议付也是银行叙做的"出口押汇"业务，在我国俗称"买单"。议付行办理议付后成为汇票的善意持有人，如遇开证行拒付，有向受益人追索的权利。

### 五、索偿与偿付

索偿就是议付行办理议付后，根据信用证规定，凭单向开证行或其指定的银行请求偿付的行为。具体做法是：由议付行按信用证要求将单据连同汇票和索偿证明分次以航邮寄给开证行或其指定的付款行。凡信用证规定有电汇索偿条款的，议付行就需以电报、电传或SWIFT网络传递的方式向银行进行索偿。

偿付是指开证行或被指定的付款行或偿付行向议付行进行付款的行为。开证行或被指定的付款行或偿付行收到议付行的汇票和单据后，经审核单据无误，与信用证规定相符，应即将票款偿付议付行。如果发现单据与信用证规定不符，可以拒付，但根据UCP600第14条b款的规定，应在收到单据的次日起5个营业日内通知议付行表示拒绝接受单据。

### 六、付款赎单

开证行履行偿付责任后,应即向开证人提示单据,开证人核验单据无误后办理付款手续。如果申请开证时曾交付押金,则付款时予以扣减。如果曾提交其他抵押品,则在付款时退还。开证人付款后,即可从开证行取得全套的单据,包括可凭此向承运人提货的运输单据。若此时货物已经到达,便可凭运输单据立即向承运人提货。

## 第三节 信用证当事人的权利和义务

信用证的基本当事人一般有开证申请人、开证行和受益人。此外,还有其他关系人,主要包括通知行、议付行、保兑行、偿付行和付款行等,他们在信用证结算业务中的权利和义务分别如下所述。

### 一、开证申请人

开证申请人(Applicant)即向开证银行申请开立信用证的人,一般是进口人。在信用证中又称开证人(Opener)。申请人对开证行承担三项主要义务。

(1) 申请人必须偿付开证行为取得单据代向受益人支付的贷款。在他付款前,作为物权凭证的单据仍属于银行。

(2) 如果单据与信用证条款相一致而申请人拒绝"赎单",则其作为担保的存款或账户上已被冻结的资金将归银行所有。

(3) 申请人有向开证行提供开证所需的全部费用的责任。

### 二、开证行

开证行(Opening Bank,Issuing Bank)指接受开证申请人的要求或指示,或根据其自身的需要,开立信用证的银行,一般是进口地的银行。开证人和开证银行的权利和义务以开证申请书为依据。在信用证规定的单据全部提交指定银行或开证行,并且这些单据又符合信用证条款的规定时,便构成开证行的确定承诺。对此UCP600第7条规定:"开证行的承诺:a. 倘若规定的单据被提交至被指定银行或开证行并构成相符提示,开证行必须按下述信用证所适用的情形予以兑付:i. 由开证行即期付款、延期付款或者承兑;ii. 由被指定银行即期付款而该被指定银行未予付款;iii. 由被指定银行延期付款而该被指定银行未承担其延期付款承诺,或者虽已承担延期付款承诺但到期未予付款;iv. 由被指定银行承兑而该被指定银行未予承兑以其为付款人的汇票,或者虽已承兑以其为付款人的汇票但到期未予付款;v. 由被指定银行议付而该被指定银行未予议付。b. 自信用证开立之时起,开证行即不可撤销地受到兑付责任的约束。c. 开证行保证向对于相符提示已经予以兑付或者议付并将单据寄往开证行的被指定银行进行偿付。无论被指定银行是否于到期日前已经对相符提示予以预付或者购买，对于承兑或延期付款信用证项下相符提示的金额的偿付于到期日进行。开证行偿付被指定银行的承诺独立于开证行对于受益人的承诺。"

### 三、通知行

通知行(Advising Bank)指受开证行的委托，将信用证通知或转交受益人的银行。通知行一般是出口人所在地的银行，而且通常是开证行的代理行。它只证明信用证的真实性，不承担其他义务。关于通知行的责任，UCP600第9条明确规定："a. 信用证及其修改可以通过通知行通知受益人。除非已对信用证加具保兑，通知行通知信用证不构成兑付或议付的承诺。b. 通过通知信用证或修改，通知行即表明其认为信用证或修改的表面真实性得到满足，且通知准确地反映了所收到的信用证或修改的条款及条件。c. 通知行可以利用另一家银行的服务（"第二通知行"）向受益人通知信用证及其修改。通过通知信用证或修改，第二通知行即表明其认为所收到的通知的表面真实性得到满足，且通知准确地反映了所收到的信用证或修改的条款及条件。d. 如一家银行利用另一家通知行或第二通知行的服务将信用证通知给受益人，它也必须利用同一家银行的服务通知修改书。e. 如果一家银行被要求通知信用证或修改但决定不予通知，它必须不延误通知向其发送信用证、修改或通知的银行。f. 如果一家银行被要求通知信用证或修改，但不能确定信用证、修改或通知的表面真实性，就必须不延误地告知向其发出该指示的银行。如果通知行或第二通知行仍决定通知信用证或修改，则必须告知受益人或第二通知行其未能核实信用证、修改或通知的表面真实性。"

### 四、受益人

受益人(Beneficiary)即信用证上所指定的有权使用该信用证的人，一般为出口人，即买卖合同的卖方。他有权决定是否接受及要求修改信用证，有权按信用证规定签发汇票向指定的付款银行索取价款，但受益人必须按合同发货并提交符合信用证的单据，也在法律上以汇票出票人的地位对其后的持票人负有担保汇票必获承兑和付款的责任。

### 五、议付行

议付行(Negotiating Bank)又称押汇银行或购票银行、贴现银行，指在其应获得偿付的银行日或在此之前，通过向受益人预付或者同意向受益人预付款项的方式购买相符提示项下的汇票（汇票付款人为被指定银行以外的银行）及/或单据的银行。开证行可以在信用证中指定议付行，也可以不具体指定。在不指定议付行的情况下，所有银行均是有权议付的银行。议付行审单无误，即可垫付汇票和/或单据的款项，在扣减垫付利息后将净款付给受益人。在信用证业务中，议付行通常又是以受益人的指定人和汇票的善意持有人的身份出现的,因此它对作为出票人的信用证受益人的付款有追索权。

## 六、付款行

付款行(Paying Bank)一般为开证行,也可以是接受开证行委托代为付款的另一家银行(即称代付行),指开证行授权进行信用证项下付款或承兑并支付受益人出具的汇票的银行。付款行通常是汇票的受票人,所以也称受票行。付款行如同一般的汇票受票人,一经付款,即使事后发现有误,对受款人也无追索权。

## 七、保兑行

保兑行(Confirming Bank)意指应开证行的授权或请求对信用证加具保兑的银行。对此,UCP600 第 8 条规定:"保兑行的承诺:a. 倘若规定的单据被提交至保兑行或者任何其他被指定银行并构成相符提示,保兑行必须:i. 兑付,如果信用证适用于:(a) 由保兑行即期付款、延期付款或者承兑;(b) 由另一家被指定银行即期付款而该被指定银行未予付款;(c) 由另一家被指定银行延期付款而该被指定银行未承担其延期付款承诺,或者虽已承担延期付款承诺但到期未予付款;(d) 由另一家被指定银行承兑而该被指定银行未予承兑以其为付款人的汇票,或者虽已承兑以其为付款人的汇票但到期未予付款;(e) 由另一家被指定银行议付而该被指定银行未予议付。ii. 若信用证由保兑行议付,无追索权的议付。b. 自为信用证加具保兑之时起,保兑行即不可撤销地受到兑付或者议付责任的约束。c. 保兑行保证向对于相符提示已经予以兑付或者议付并将单据寄往开证行的另一家被指定银行进行偿付。无论另一家被指定银行是否于到期日前已经对相符提示予以预付或者购买,对于承兑或延期付款信用证项下相符提示的金额的偿付于到期日进行。保兑行偿付另一家被指定银行的承诺独立于保兑行对于受益人的承诺。d. 如开证行授权或要求另一家银行对信用证加具保兑,而该银行不准备照办时,它必须毫不延误地告知开证行并仍可通知此份未经加具保兑的信用证。"

## 八、偿付行

偿付行(Reimbursement Bank)又称清算银行(Clearing Bank),指接受开证银行在信用证中的指示或授权,对有关代付行或议付行的索偿予以照付的银行。偿付行接受开证行的指示或授权,凭代付行或议付行的索偿电讯或航邮进行偿付,但这种偿付并不构成开证行终局性的付款,因为偿付行并不审查单据,不负单证不符的责任。如果开证行在见单后发现单证不符,应直接向寄单的议付行、代付行追回已经付讫的款项。UCP600 第 13 条关于"银行间偿付约定"明确提出:"a. 如果信用证规定被指定银行(索偿行)须通过向另一方银行(偿付行)索偿获得偿付,则信用证中必须声明是否按照信用证开立日正在生效的国际商会《银行间偿付规则》办理。b. 如果信用证中未声明是否按照国际商会《银行间偿付规则》办理,则适用于下列条款:i. 开证行必须向偿付行提供偿付授权书,该授权书须与信用证中声明的有效性一致。偿付授权书不应规定有效日期。ii. 不应要求索偿行向偿付行提供证实单据与信用证条款及条件相符的证明。iii. 如果偿付行未能按照信用证的条款及条件在首次索偿时即行偿付,则开证行应对索偿行的利息损失以及产生的费用负责。iv. 偿付行的费用应由开证行承担。然而,如果费用系由受益人承担,则开证行有责任在信用证和偿付授权书中予以注明。如偿付行的费用系由受益人承担,则该费用应在偿付时从支付索偿行的金额中扣除。如果未发生偿付,开证行仍有义务承担偿付行的费用。c. 如果偿付行未能于首次索偿时即行偿付,则开证行不能解除其自身的偿付责任。"

## 第四节　信用证的种类

信用证的种类可以从各个不同的角度划分。

### 一、光票信用证和跟单信用证

根据付款凭证的不同,信用证可分为光票信用证和跟单信用证。

(1) 光票信用证(Clean Credit),是指开证行仅凭受益人开具的汇票或简单收据而无需附带货运单据付款的信用证。

(2) 跟单信用证(Documentary Credit),是指凭跟单汇票或仅凭单据付款、承兑或议付的信用证。这里的单据是指代表货物所有权或证明货物已经装运的货运单据,即运输单据以及商业发票、保险单据、商检证书、产地证书、包装单据等。

在国际结算中主要使用跟单信用证。

### 二、不可撤销信用证

在UCP600第2条中规定:"信用证意指一项约定,无论其如何命名或描述,该约定不可撤销并因此构成开证行对于相符提示予以兑付的确定承诺。"在UCP600第3条中又规定:"信用证是不可撤销的,即使信用证中对此未作指示也是如此。"信用证应该是不可撤销的。

不可撤销信用证(Irrevocable Credit)是指一经通知受益人,在有效期内未经开证行、保兑行(如有)以及受益人同意,既不能修改也不能撤销的信用证。这种信用证对于受益人来说是比较有保障的。

### 三、保兑与不保兑信用证

根据是否有另一家银行对之加以保兑,不可撤销信用证又可分为保兑的和不保兑的信用证两种。

### (一) 保兑信用证

一份信用证上除了有开证银行确定的付款保证外,还有另一家银行确定的付款保证,这样的信用证就是保兑信用证(Confirmed L/C)。保兑行(Confirming Bank)对信用证所负担的责任与信用证开证行所负担的责任相当。当信用证规定的单据提交到保兑行或任何一家指定银行时,在完全符合信用证规定的情况下则构成保兑行在开证行之外的确定承诺。因此,保兑的信用证的特点是:(1)有开证行和保兑行双重确定的付款承诺;(2)保兑行确定的付款承诺。

保兑行对信用证加具保兑的具体做法是:(1)开证行在给通知行的信用证通知书中授权另一家银行(通知行)在信用证上加具保兑。例如:Adding your confirmation, if requested by the Beneficiary;(2)通知行用加批注等的方法,表明保证兑付或保证对符合信用证条款规定的单据履行付款并签字。例如:This credit is confirmed by us. We hereby added out confirmation to this credit.(此系由我行加保的信用证。我行因此给该信用证加具保兑。)

### (二) 不保兑信用证

不保兑信用证(Unconfirmed L/C)是未经另一家银行加保的信用证。即便开证行要求另一家银行加保,如果该银行不愿意在信用证上加具保兑,则被通知的信用证仍然只是一份未加保的不可撤销信用证。通知行在给受益人的信用证通知中一般会写上:

This is merely an advice of credit issued by the above mentioned bank which conveys no engagement on the part of this bank.(这是上述银行所开信用证的通知,我行只通知而不加保证。)

不保兑信用证的特点是:只有开证行一重确定的付款责任。

## 四、即期付款信用证、延期付款信用证、承兑信用证和议付信用证

按兑付方式的不同,信用证还可以分为即期付款信用证、延期付款信用证、承兑信用证和议付信用证。

### (一) 即期付款信用证

即期付款信用证(Sight Payment L/C)规定受益人开立即期汇票或不需即期汇票仅凭单据即可向指定银行提示请求付款。对这种信用证,开证行、保兑行(如有的话)或指定付款行承担即期付款的责任,且付款后无追索权。信用证中表现为:

× by payment at sight
☐ by deferred payment at:
☐ by acceptance of drafts at:
☐ by negotiation

### (二) 延期付款信用证

延期付款信用证(Deferred Payment L/C)又称迟期付款信用证或无承兑远期信用证,是指不需汇票,仅凭受益人提交的单据,经审核单证相符确定银行承担延期付款

责任起,延长一段时间,及至到期日付款的信用证。

在业务处理上,延期付款信用证与承兑信用证类似,所不同的是受益人不需要出具汇票,只需将符合信用证规定的单据交到指定银行;指定银行在验单无误后收入单据,待信用证到期再行付款。

延期付款信用证由于没有汇票,也就没有银行承兑,对于受益人来说明显的不利之处在于无法像承兑信用证那样去贴现汇票。如果受益人急需资金而向银行贷款,银行贷款利率比贴现率高,可见不利于企业对资金的利用。信用证中表现为:

- □ by payment at sight
- ☒ by deferred payment at:
- □ by acceptance of drafts at:
- □ by negotiation

（三）承兑信用证

承兑信用证(Acceptance L/C)指信用证规定开证行对于受益人开立以开证行自己为付款人或以其他银行为付款人的远期汇票,在审单无误后,应承担承兑汇票并于到期日付款责任的信用证。

具体做法是:受益人开出以开证行或指定银行为受票人的远期汇票,连同商业单据一起交到信用证指定银行;银行收到汇票和单据后,先验单,如单据符合信用证条款,则在汇票正面写上"承兑"字样并签章,然后将汇票交还受益人(出口商),收进单据。待信用证到期时,受益人再向银行提示汇票要求付款,这时银行才付款。银行付款后无追索权。这种信用证又称银行承兑信用证,通常使用于远期付款交易。信用证中表现为:

- □ by payment at sight
- □ by deferred payment at:
- ☒ by acceptance of drafts at:
- □ by negotiation

（四）议付信用证

议付信用证(Negotiation L/C):开证行在信用证中,邀请其他银行买入汇票及/或单据,这种信用证即为议付信用证,即允许受益人向某一指定银行或任何银行交单议付的信用证。信用证议付的具体操作方法是,受益人开具汇票,连同单据一起向信用证允许的银行进行议付,议付银行则在审单无误后扣除垫付资金的利息,将余款付给受益人。然后,议付行将汇票与单据按信用证规定的方法交与开证行索偿。

议付行是票据的买入者和后手,如果因单据有问题,遭开证行拒付,其有权向受益人追索票款。这是议付行与付款行的本质区别。

议付信用证下受益人开出的汇票有即期和远期之分。

即期汇票的情况是由受益人开立以开证行为付款人、以受益人(背书给议付行)或议付行为收款人的即期汇票,到信用证允许的银行进行交单议付;议付银行审单无误后立即付款,然后将汇票和单据交开证行索偿。

远期汇票的情况是由受益人开立远期汇票,到信用证允许的银行交单议付;议付行审单无误后,将汇票、单据寄交开证行承兑,开证行承兑后,寄出"承兑通知书"给议付行或将汇票退给议付行在进口地的代理行保存,等汇票到期时提示开证行付款,款项收妥后汇交出口商。如果出口商要求将银行承兑汇票贴现,则议付行在进口地的代理行可将开证行的承兑汇票送交贴现公司办理贴现,出口商负担贴现息。但是,议付行未买入单据,只是审单和递送单据,并不构成议付。

按信用证议付的范围不同,议付信用证又可分为限制议付信用证和自由议付信用证两种情况。

1. 限制议付信用证

这是指定议付银行的信用证。在限制信用证中有具体的议付行名称,如:

Credit available with Bank of China, Shanghai

☐ by payment at sight

☐ by deferred payment at:

☐ by acceptance of drafts at:

☒ by negotiation

against the documents detailed herein:

☒ and Beneficiary's drafts drawn at sight on The Bank of Tokyo Ltd., Tokyo, Japan

2. 自由议付信用证

这是不指定议付行的议付信用证。例如:

Credit available with Any Bank in China

☐ by payment at sight

☐ by deferred payment at:

☐ by acceptance of drafts at:

☒ by negotiation

against the documents detailed herein:

☒ and Beneficiary's drafts drawn at sight on The Bank of Tokyo Ltd., Tokyo, Japan

## 五、可转让信用证与不可转让信用证

按受益人是否有权将信用证的使用权转让给他人,信用证可分为可转让信用证和不可转让信用证。

(一) 可转让信用证

可转让信用证(Transferable L/C)是指信用证的受益人(第一受益人)有权将该信用证全部或部分金额转让给一个或数个第三者(第二受益人)使用的信用证。根据UCP600第38条的规定,可转让信用证主要有以下十个特点。

(1) 只有被明确注明"可转让"(Transferable)字样的信用证才可以被转让。转让信用证可以被全部或部分地转让给其他受益人("第二受益人")。

(2) 除非转让时另有约定,所有因办理转让而产生的费用(诸如佣金、手续费、成本或开支)必须由第一受益人支付。

(3) 倘若信用证允许分批支款或分批装运,信用证可以被部分地转让给一个以上的第二受益人。第二受益人不得要求将信用证转让给任何次序位居其后的其他受益人。第一受益人不属于此类其他受益人之列。

(4) 任何有关转让的申请必须指明是否以及在何种条件下可以将修改通知第二受益人。转让信用证必须明确指明这些条件。

(5) 如果信用证被转让给一个以上的第二受益人,其中一个或多个第二受益人拒绝接受某个信用证修改并不影响其他第二受益人接受修改。对于接受修改的第二受益人而言,信用证已做相应的修改;对于拒绝接受修改的第二受益人而言,该转让信用证仍未被修改。

(6) 转让信用证必须准确转载原证的条款及条件,包括保兑(如有),但下列项目除外:信用证金额;信用证规定的任何单价;到期日;单据提示期限;最迟装运日期或规定的装运期间。以上任何一项或全部均可减少或缩短。

必须投保的保险金额的投保比例可以增加,以满足原信用证或本惯例规定的投保金额。

可以用第一受益人的名称替换原信用证中申请人的名称。

如果原信用证特别要求开证申请人名称应在除发票以外的任何单据中出现时,则转让信用证必须反映出该项要求。

(7) 第一受益人有权以自己的发票和汇票(如有)替换第二受益人的发票和汇票(如有),其金额不得超过原信用证的金额。在如此办理单据替换时,第一受益人可在原信用证项下支取自己发票与第二受益人发票之间产生的差额(如有)。

(8) 如果第一受益人应当提交其自己的发票和汇票(如有),但却未能在收到第一次要求时照办;或第一受益人提交的发票导致了第二受益人提示的单据中本不存在的不符点,而其未能在收到第一次要求时予以修正,则转让银行有权将其从第二受益人处收到的单据向开证行提示,并不再对第一受益人负责。

(9) 第一受益人可以在其提出转让申请时,表明可在信用证被转让的地点,在原信用证的到期日之前(包括到期日)向第二受益人予以兑付或议付。本条款并不损害第一受益人在第38条(h)款下的权利。

(10) 由第二受益人或代表第二受益人提交的单据必须向转让银行提示。

(二) 不可转让信用证

不可转让信用证(Untransferable L/C)是指受益人无权转让给他人使用的信用证。凡在信用证上没有注明"可转让"字样的信用证,均为不可转让信用证,只限于受益人本人使用。

## 六、对背信用证

背对背信用证(Back-to-back L/C),也称对背信用证、转开信用证、从属信用证或桥式信用证,是指信用证的受益人以这个信用证为基础和保证,要求一家银行(通常为原证的通知行,也可以是其他银行)开立以该银行为开证行,以原证受益人为申请人的一份内容相似的新的信用证。其中的原始信用证又称为主要信用证,而背对背信用证是第二信用证,主要用于中间商转售他人货物,从中谋利,或两国不能直接进行交易需通过第三国商人以此种办法沟通贸易而开立的。

背对背信用证的开证人通常以原证项下收得的款项来偿付背对背信用证开证行已垫付的资金。所以,背对背信用证的开证行除了要以原证用作开新证的抵押外,为防止原证发生意外收不到款,一般还要求开证人缴纳一定数额的押金或担保品。由于受原证的约束,背对背信用证的受益人如要求修改内容,须征得原开证人和开证行的同意。所以,修改比较困难,耗时也多。当发现单证不符时,也还须征得原证开证行的同意。因此,背对背信用证的受益人在处理业务时必须特别谨慎,不能有疏漏。

## 七、对开信用证

对开信用证(Reciprocal L/C)是以交易双方互为开证申请人和受益人、金额大致相等的信用证。

对开信用证中,第一份信用证的开证申请人就是第二份信用证的受益人;反之,第二份信用证的开证申请人就是第一份信用证的受益人。第二份信用证也被称为回头证。第一份信用证的通知行一般就是第二份信用证的开证行。生效方法:(1)两份信用证同时生效;(2)两份信用证分别生效。

对开信用证广泛用于易货贸易、来料来件加工装配业务、补偿贸易等。由于双方顾虑对方只使用权利而不履行义务,于是采用互开信用证的方法把进口和出口联系起来。

在来料来件加工装配业务中,为避免垫付外汇,我方进口原料、配件时可争取开立远期信用证,在出口成品时可争取对方开立即期信用证,以便用收到的加工出口的货款来偿付应付的到期原料、配件的货款。

## 八、预支信用证

预支信用证(Anticipatory L/C)是指允许受益人在货物装运交单前预支货款的一种信用证。这主要用于出口商组货而资金紧张的情况,所以这种信用证的预支是凭受益人光票和按时发货交单的保证进行的,有些信用证则规定受益人要提交货物仓单作抵押。目前我国在补偿贸易中有时采用这种信用证。

预支信用证的分类:

(1) 根据预付金额,分为全部预支和部分预支信用证。

(2) 根据预付货款的条件,分为红条款信用证和绿条款信用证。受益人预支的方式有两种：① 向开证行预支，出口人在货物装运前开具以开证行为付款人的光票，由议付行买下向开证行索偿；② 向议付行预支，即由出口地的议付行垫付货款，待货物装运后交单议付时，扣除垫款本息，将余额支付给出口人。如果货未装运，由开证行负责偿还议付行的垫款和利息。如果开证人在开立大额预支信用证时担心受益人预支后不履行供货义务，可在预支条款中加列受益人须提供保函或备用信用证，以保证受益人不履约时退还已预支的款项。为引人注目，这种预支货款的条款，在以往常用红字打出，故俗称"红条款信用证"。

## 九、循环信用证

循环信用证(Revolving L/C)是指信用证被全部或部分使用后，其金额可恢复使用直至达到规定次数或累积总金额为止的信用证。这种信用证适用于分批均衡供应、分批结汇的长期合同，以使进口方减少开证的手续、费用和押金，使出口方既得到收取全部交易货款的保障，又减少了逐笔通知和审批的手续和费用。

循环信用证的循环方式可分为按时间循环和按金额循环。

循环信用证的循环条件有三种：

(1) 自动循环，即不需开证银行的通知，信用证即可按所规定的方式恢复使用。

(2) 半自动循环，即在使用后，开证行未在规定期限内提出停止循环的通知即可恢复使用。

(3) 非自动循环，即在每期使用后，必须等待开证行通知，才能恢复使用。

## 十、SWIFT 信用证

凡依据国际商会所制定的电讯信用证格式设计，利用 SWIFT 网络系统设计的特殊格式，通过 SWIFT 网络系统传递的信用证的信息，即通过 SWIFT 开立的或通知的信用证称为 SWIFT 信用证，也称"环银电协信用证"。

采用 SWIFT 信用证，必须遵守使用手册的规定，使用 SWIFT 手册规定的代号，而且信用证必须按国际商会制定的《跟单信用证统一惯例》的规定，在信用证中可省去银行的承诺条款，但不能免去银行所应承担的义务。

目前开立 SWIFT 信用证的格式代号为 MT700 和 MT701，以下是这两种格式中的代号和栏位名称对照表。

**SWIFT 信用证的格式代号 MT700**

| 代码(Tag) | 栏位名称(Field Name) |
| --- | --- |
| 27 | 合计次序(Sequence of Total) |
| 40A | 跟单信用证类别(Form of Documentary Credit) |
| 20 | 信用证编号(Documentary Credit Number) |

续表

| 代码(Tag) | 栏位名称(Field Name) |
|---|---|
| 23 | 预先通知编号(Reference to Pre-advice) |
| 31C | 开证时间(Date of Issue) |
| 31D | 有效期和到期地点(Date and Place of Expiry) |
| 50 | 申请人(Applicant) |
| 51a | 开证申请人的银行(Applicant Bank) |
| 59 | 受益人(Beneficiary) |
| 32B | 币别代号、金额(Currency Code, Amount) |
| 39A | 信用证金额加减百分率(Percentage Credit Amount) |
| 39B | 最高信用证金额(Maximum Credit Amount) |
| 39C | 可附加金额(Additional Amount Covered) |
| 41a | 向……银行押汇,押汇方式为……(Available with … by …) |
| 42C | 汇票期限(Drafts at …) |
| 42a | 付款人(Drawee) |
| 42M | 混合付款指示(Mixed Payment Details) |
| 42P | 延期付款指示(Deferred Payment Details) |
| 43P | 分运(Partial Shipments) |
| 43T | 转运(Transhipment) |
| 44A | 由……装船/发送/接管(Loading on Board/Dispatch/Taking in Charge at/from …) |
| 44B | 装运至……(For Transportation to …) |
| 44C | 最后装船日(Latest Date of Shipment) |
| 44D | 装运期(Shipment Period) |
| 45A | 货物描述与交易条件(Description Goods and/or Services) |
| 46A | 应具备单据(Documents Required) |
| 47A | 附加条件(Additional Conditions) |
| 71B | 费用(Charges) |
| 48 | 提示期间(Period for Presentation) |
| 49 | 保兑指示(Confirmation Instructions) |
| 53a | 清算银行(Reimbursement Bank) |
| 78 | 对付款/承兑/让购银行之指示(Instructions to the Paying/Accepting/Negotiation bank) |
| 57a | 收讯银行以外的通知银行("Advise Through" Bank) |
| 72 | 银行间的备注(Sender to Receiver Information) |

**SWIFT 信用证的格式代号 MT701**

| 代码(Tag) | 栏位名称(Field Name) |
|---|---|
| 27 | 合计次序(Sequence of Total) |
| 20 | 信用证编号(Documentary Credit Number) |
| 45B | 货物描述与交易条件(Description Goods and/or Services) |
| 46B | 应具备单据(Documents Required) |
| 47B | 附加条件(Additional Conditions) |

**MT700 项目说明：**

1. 27：合计次序

如果该跟单信用证条款能够全部容纳在该 MT700 报文中,那么该项目内就填入"1/1"。

如果该证由一份 MT700 报文和一份 MT701 报文组成,那么,在 MT700 报文的项目"27"中填入"1/2",在 MT701 报文的项目"27"中填入"2/2",……依次类推。

2. 40A：跟单信用证类别

该项目内容有三种填法：

(1) IRREVOCABLE：不可撤销的跟单信用证。

(2) IRREVOCABLE TRANSFERABLE：不可撤销的可转让跟单信用证。

(3) IRREVOCABLE STAND BY：不可撤销的备用信用证。

详细的转让条款应在项目"47a"中列明。

3. 信用证编号

4. 预先通知编号

如果采用此格式开立的信用证已被预先通知,此项目内应填入"PREADV/",后跟预先通知的编号或日期。

5. 31C：开证时间

该项目列明开证行开立跟单信用证的日期。

如果报文无此项目,那么,开证日期就是该报文的发送日期。

6. 31D：有效期及到期地点

该项目列明跟单信用证最迟交单日期和交单地点。

7. 51a：开证申请人的银行

如果开证行和开证申请人的银行不是同一家银行,该报文使用该项目列明开证申请人的银行。

8. 50：开证申请人

9. 59：受益人

10. 32B：币别代号、金额

11. 39A：信用证金额加减百分率

该项目列明信用证金额上下浮动最大允许范围，用百分比表示（如：10/10，即允许上下浮动各不超过10%）。

12. 39B：信用证金额最高限额

该项目"UP TO""MAXIMUM"或"NOT EXCEEDING"（后跟金额）表示跟单信用证金额最高限额。

13. 39C：附加金额

该项目列明信用证所涉及的附加金额，诸如保险费、运费、利息等。

14. 41a：指定的有关银行及信用证兑付方式

该项目列明被授权对该证付款、承兑或议付的银行及该信用证的兑付方式。

15. 42C：汇票付款期限

该项目列明跟单信用证项下汇票付款期限。

16. 42a：汇票付款人

该项目列明跟单信用证项下汇票的付款人。该项目内不能出现账号。

17. 42M：混合付款条款

该项目列明混合付款跟单信用证项下付款日期、金额及其确定的方式。

18. 42P：迟期付款条款

该项目列明只有在迟期付款跟单信用证项下的付款日期及其确定的方式。

19. 43P：分批装运条款

该项目列明跟单信用证项下分批装运是否允许。

20. 43T：转运条款

该项目列明跟单信用证项下货物是否允许转运。

21. 44A：装船、发运和接受监管的地点

22. 44B：货物发送最终目的地

23. 44C：最迟装运日期

该项目列明最迟装船、发运和接受监管的日期。

24. 44D：装运期

该项目列明装船、发运和接受监管期。

25. 45A：货物/劳务描述

价格条款，如：FoB、CIF等，列在该项目中。

26. 46A：单据要求

如果信用证规定运输单据的最迟出单日期，该条款应和有关单据的要求一起在该项目中列明。

27. 47A：附加条款

该项目列明信用证的附加条款。

当一份信用证由一份MT700报文和一至三份MT701报文组成时，项目"45a"

"46a"和"47a"的内容只能完整地出现在某一份报文中(即在 MT700 或某一份 MT701 中),不能被分割成几部分分别出现在几个报文中。

在 MT700 报文中,"45a""46a"和"47a"三个项目的代号应分别为"45A""46A"和"47A",在报文 MT701 中,这三个项目的代号应分别为"45B""46B"和"47B"。

28. 71B:费用负担

该项目的出现只表示费用由受益人负担。若报文无此项目,则表示除议付费、转让费外,其他费用均由开证申请人负担。

29. 48:交单期限

该项目列明在开立运输单据后多少天内交单。若报文未使用该项目,则表示在开立运输单据后 21 天内交单。

30. 49:保兑指示

该项目列明给收报行的保兑指示。

该项目内容可能出现下列某一代码:

CONFIRM:要求收报行保兑该信用证。

MAY ADD:收报行可以对该信用证加具保兑。

WITHOUT:不要求收报行保兑该信用证。

31. 53a:偿付行

该项目列明被开证行授权偿付跟单信用证金额的银行。该偿付行可以是发报行的分行或收报行的分行,也可以是完全不同的另一家银行。

只有下列情况是例外,即当该信用证是议付信用证,发报行与收报行之间设有单向直接账户(该账户币别与信用证金额相同)时,如果报文不使用该项目,则表示将此账户用来偿付。

32. 78:给付款行、承兑行或议付行的指示

33. 57a:通知行

如果该信用证需通过收报行以外的另一家银行转递、通知或加具保兑后给受益人,该项目内填写该银行。

34. 72:附言

该项目可能出现的代码:

/PHONBEN/:请用电话通知受益人(后跟电话号码)。

/TELEBEN/:请用快捷有效的电讯通知受益人,包括 SWIFT、传真、电报和电传。

**MT701 项目说明:**

1. 27:报文页次

2. 20:跟单信用证

3. 45B:货物/劳务

4. 46B:单据要求

5. 47B:附加条款

如果对已经开出的 SWIFT 信用证进行修改，则需采用 MT707 标准格式传递信息。以下是 SWIFT MT707 格式中的代号和栏位名称对照表。

**SWIFT MT707 格式**

| 代号(Tag) | 栏位名称(Field Name) |
|---|---|
| 20 | 送讯银行的编号(Sender's Reference) |
| 21 | 收讯银行的编号(Receiver's Reference) |
| 23 | 开证银行的编号(Issuing Bank's Reference) |
| 52a | 开证银行(Issuing Bank) |
| 31c | 开证日期(Date of Issue) |
| 30 | 修改日期(Date of Amendment) |
| 26E | 修改序号(Number of Amendment) |
| 59 | 受益人(修改以前的)〔Beneficiary(before this amendment)〕 |
| 31E | 新的到期日(New Date of Expiry) |
| 32B | 信用证金额的增加(Increase of Documentary Credit Amount) |
| 33B | 信用证金额的减少(Decrease of Documentary Credit Amount) |
| 34B | 修改后新的信用证金额(New Documentary Credit Amount After) |
| 39A | 信用证金额加减百分率(Percentage Credit Amount Tolerance) |
| 39B | 最高信用证金额(Maximum Credit Amount) |
| 39C | 可附加金额(Additional Amount Covered) |
| 44A | 由……装船/发送/接管(Loading on Board/Dispatch/Taking in Charge at/from …) |
| 44B | 装运至……(For Transportation to …) |
| 44C | 最后装船日(Latest Date of Shipment) |
| 44D | 装船期间(Shipment Period) |
| 79 | 叙述(Narrative) |
| 72 | 银行间备注(Sender to Receiver Information) |

**MT707 项目说明：**

1. 20：发报行的编号

2. 21：收报行的编号

如果发报行不知道收报行的业务编号，可在该项目内填入"NONREF"。

3. 23：开证行的编号

如果该报文系由开证行以外的银行(即通知行)发送，报文使用该项目列明开证行的跟单信用证号码。

4. 52a：开证行

如果发报行不是开证行，报文使用该项目列明开证行。

5. 31C：开证日期

该项目列明原跟单信用证开立的日期(即开证行开立信用证的日期)。

6. 30：修改日期

该项目列明开证行修改信用证的日期。如果报文未使用该项目，该修改日期即为该MT707报文的发送日期。

7. 26E：修改次数

该项目列明该修改的次数。不论前几次修改是以何种形式发送，该数字是依次排列的最后数字。

8. 59：受益人

该项目列明在该修改之前跟单信用证的受益人。

该项目的出现并不意味着修改受益人。如果该报文修改受益人，其修改内容(即新的受益人名称)将在项目"79"中列明。

9. 31E：修改后的到期日

该项目列明该跟单信用证修改后的最后交单日期。

10. 32B：跟单信用证的增额

11. 33B：跟单信用证的减额

12. 34B：修改后的跟单信用证金额

该项目列明修改后的跟单信用证金额(不考虑对修改前的信用证项下金额的任何支出)。

13. 39A：修改后的信用证金额浮动上下限

如果信用证金额浮动上下限被修改，该项目列明新的跟单信用证金额新的浮动上下限，其形式为百分比(如10/10，即允许上下浮动各不超过10%)。

14. 39B：修改后的信用证金额最高限额

该项目用"UP TO""MAXIMUM"或"NOT EXCEEDING"(后跟金额)表示新的跟单信用证金额最高限额。

15. 39C：附加金额

该项目列明对信用证所涉及的附加金额如保险费、运费、利息等的修改。

16. 44A：对装船、发运和接受监管的地点的修改

17. 44B：对货物发运最终目的地的修改

18. 44C：对最迟装运期的修改

该项目列明对最迟装船、发运和接受监管的期限的修改。

19. 44D：对装运期的修改

该项目列明对装船、发运和接受监管期限的修改。

20. 79：修改详述

21. 72：附言

该项目可能出现的代码：

/BENCON/：要求收报行通知发报行受益人是否接受该信用证的修改。
/PHONBEN/：请电话通知受益人(代码后跟受益人的电话号码)。
/TELEBEN/：请用快捷的有效电讯通知受益人(包括 SWIFT、传真、电传)。

## 第五节 跟单信用证统一惯例

### 一、跟单信用证统一惯例的发展过程

国际商会(International Chamber of Commerce，ICC)自1928年发布了《跟单信用证统一惯例》(Uniform Customs and Practice for Commercial Documentary Credits，简称 UCP)第74号出版物，迄今已90年。为适应贸易、金融、运输、保险等方面的变化，有利于各国银行在解释信用证条款和单证操作方面进一步达成共识，《跟单信用证统一惯例》历经数次修改，即1933年版82号、1952年版151号、1962年版222号、1974年版290号、1984年版400号、1993年版500号、2006年版600号，修订后的版本文字更严谨，操作更明确，从而保证了信用证在世界贸易中作为可靠的支付手段之一，促进了国际结算的标准化与统一化。

### 二、跟单信用证统一惯例的适用范围

《跟单信用证统一惯例》的现行版本为 UCP600，即跟单信用证统一惯例国际商会第600号出版物，适用于正文中明确声明或标注采用本统一惯例开立的一切跟单信用证(包括在其适用范围内的备用信用证)，除非在信用证上另有明确规定，其条文对有关的各方均有约束力。

通过 SWIFT 系统开立的信用证未提及统一惯例，因 SWIFT 手册已明确说明，通过 SWIFT 开立信用证自出具之日即自动受跟单统一惯例的约束，但通知行在信用证通知书中应明确表明所通知的信用证适用于统一惯例。

### 三、《跟单信用证统一惯例》现行版本的重要变化

《跟单信用证统一惯例》第600号出版物与第500号出版物相比，其重要变化主要体现在以下六个方面。

(一) 结构上的变化

(1) 条款数量上的变化，将 UCP500 的49条精简为 UCP600 的39条。

(2) 第二、三两个条款第一次系统地对有关信用证的14个概念(Advising bank、Applicant、Banking day、Beneficiary、Complying presentation、Confirmation、Confirming bank、Credit、Honour、Issuing bank、Negotiation、Nominated bank、Presentation 和 Presenter)进行了定义和释义。

(3) 按照业务环节对条款进行了归结,把通知、修改、审单、偿付、拒付等环节涉及的条款在原来 UCP500 的基础上分别集中,使得对某一问题的规定更加明确和系统化;条款排序遵从 ISP98(《国际备用证惯例》)模式,UCP600 在结构上的变化借鉴了 ISP98 的模式,改变了原 UCP500 在次序排列上的不足,极大方便了使用者。

(二) 重要概念的新界定

1. HONOUR:"兑付"

这一概念取代了 UCP500 中的 payment 一词,概括了开证行、保兑行、指定行在信用证下除议付以外的一切与支付相关的行为,即对即期和远期信用证的付款承诺,及对承兑信用证项下受益人出具商业汇票的承兑和到期支付。这强调了付款人的终局性付款责任,没有追索权。

2. COMPLYING PRESENTATION:"相符交单"

这意为受益人所提交的单据须与信用证条款、适用的惯例条款以及国际银行标准实务(ISBP)相符合。这一对"相符"的界定,隐含了符合信用证条款的优先性,不再仅局限于人们熟知的"单证相符,单单一致"的相对机械和表面的信用证付款条件,可能会减少实务中对于单据不符点的争议,但对于出口商来说,却需要注意了解有关惯例和国际银行标准实务的规定。事实上,这已在实际业务中有所体现。

3. Negotiation:"议付"

UCP500 中规定不付出对价并不构成议付,UCP600 定义的"议付"则是:"指定银行在相符交单下,在其应获偿付的银行工作日当天或之前向受益人预付或者同意预付款项,从而购买汇票(付款人为指定银行外的其他银行)及/或单据的行为。"强调的是对单据(汇票)的买入行为,明确银行可以垫付或者同意垫付给受益人,将指定银行在信用证下对受益人进行融资的行为纳入了受惯例保护的范围。

(三) 对出口企业利益的保护

1. 开证行付款责任的进一步明确

在 UCP600 第 35 条中增加了开证行的付款责任条款如下:如果指定银行认为单据相符并寄交开证行或保兑行,不管指定银行是否已付款或议付,即使单据在由指定银行到开证行、保兑行或保兑行和开证行之间的寄送过程中遗失,开证行、保兑行也必须付款。

2. 严格相符原则的适当放松

UCP600 第 3 条规定在适用的条款中词汇的单复数同义,使得在实际应用中对于一些比较模糊的规则有了比较明确的理解,也就避免了出口商交单时由于用词单复数不符而被拒绝的案例发生。UCP600 第 14 条规定,出口商所交单据不一定要完全与信用证相同,只需不相抵触即可;除发票以外,其余单据上对货物名称的表达只要求使用与信用证不相矛盾的统称;受益人和开证申请人的名称和地址,只要求与信用证规定的地址同属一个国家,而不要求单据与信用证相符、单据与单据一致,相关的联系方式银行也不关心,只是当开证申请人作为运输单据中的收货人和通知方时需要与信用证一致。

3. 对出口商的融资许可

除了在议付的定义中明确了其预付性质以外，UCP600 还明确了开证行对于指定行进行承兑、做出延期付款承诺的授权，同时包含允许指定行进行提前买入的授权，即通过指定一家银行承兑汇票或承担延期付款承诺，开证行即授权该被指定银行预付或购买经其承兑的汇票或由其承担延期付款的承诺。这项规定旨在保护指定行在信用证下对受益人进行融资的行为。为受益人提供融资，即给受益人的资金运转提供便利，出口商在信用证项下能提前得到银行的资金周转，同时银行也能得到国际惯例的保护。

4. 通知行费用问题

信用证中不可规定通知行或第二通知行需在收到相关费用后才通知信用证。这在目前的信用证业务操作过程中很常见，通知行常常收到手续费后方加以通知，但 UCP600 明确规定对此不许可。

(四) 实际操作中的更好体现

1. 第二通知行的出现

在实际业务中，当开证行所指定的通知行不能直接通知受益人时，通知行便会联系另一家银行进行通知，即第二通知行，当此银行决定成为第二通知行时，它的责任便和原通知行一样，通知信用证的同时审核信用证的真实性。UCP500 中没有出现这一概念，而在 UCP600 第 9 条中却做了明确规定。

2. 出单人的不加限制性

UCP500 中，提单的出单人明确规定为船长和/或船东，而将运输行签发的单据单独加以描述。UCP600 取消了"FREIGHT FORWARDERS"(运输行)这一用语，改为以承运人、船东、船长或租船人以外人士取代，运输单据也需由这些人签发，解决了过去海运业在签发提单和银行押汇过程中所面临的困扰。这实际上可以认为是"FREIGHT FORWARDERS"地位抬高，也说明 UCP600 的修改顺应了海运业务实际发展的情况；取消多式联运经营人的身份，意为将此归纳为承运人，也有类似考虑；与此类似的还有承认出保险代理人签发的保险单的效力；其他单据不限制出单人。

(五) 关于单据的操作

1. 交单期的规定

与 UCP500 一样，UCP600 第 14 条规定了"受益人须于不迟于装运日后 21 天内向银行交单，但无论如何不得迟于信用证的有效期"，所不同的是取消了原有"除规定一个交单到期日外，信用证尚需规定一个在装运日后按信用证规定必须交单的特定期限"条款，即日后的信用证中无须规定特定交单期，受益人的交单期均不能迟于装运日后 21 天，且不超过信用证有效期。

2. 银行的审单日期

关于开证行、保兑行、指定行在收到单据后的处理时间，在 UCP500 中规定为"合理时间，不超过收单翌日起第 7 个工作日"，而在 UCP600 中改为了"最多为收单翌日起第 5 个工作日"，也即取消了"合理时间"，对以前银行模糊的工作时间概念明确化，同时将各银行 7 个银行工作日审核时间明确缩短为至多 5 个银行工作日，这就意味着出口商收汇将比以前更快一些。总体来说，对受益人更为有利，能够尽快完成整个交易的运作过程。

3. 不符单据的处理

对于不符单据的处理，UCP600 做出了较大的修改，具体的不同点有四个。

第一，"当开证行、保兑行、指定行认为是不符交单时，可以拒付或拒绝议付"，此条款中除规定开证行、保兑行的拒付不符单据的权利外，增加了议付行拒绝议付的权利。

第二，如开证行、保兑行、指定行决定拒付或拒绝议付，则必须向交单人发出单独的拒付通知，而银行对不符点的处理有如下选择：持单听候交单人的处理；持单直到开证申请人接受不符单据；径直退单；依据事先得到交单人的指示行事。

第三，该拒付通知须于收到单据翌日起算第五个银行工作日内以电讯方式，如不可能，以其他快捷方式发出。

第四，如果银行根据规定发出拒付通知，对不符单据的退单时间则不加以限制。

4. 关于提单日期与装运日期

在实际业务中，提单上常出现"装船日期"和"提单签发日期"不同的情况（一般提单签发日期晚于装船日期），UCP500 中并未规定将哪一天视作装运期，因此在出口商计算收款时间、进口商计算交单时间时常发生不一致的理解而引发纠纷，而 UCP600 中增加了对装运日期的明确规定："提单签发日期视为装运日期，除非提单上有已装船批注。"此时，该批注中的日期视为装运日期，以解决相关问题。

(六) 其他内容的变更

1. 可转让信用证

转让信用证最大的变化在于 UCP600 中明确了第二受益人的交单必须经过转让行。此条款主要是为了避免第二受益人绕过第一受益人直接交单给开证行，损害第一受益人的利益，这是因为信用证一经转让就存在第二受益人直接向开证行交单的风险，转让行应在通知中要求单据交由转让行，这时开证行为了保护第一受益人的利益，必须要和转让行进行联系。

2. 措辞更简洁、更明确

UCP600 中关于装运日期起讫范围的规定中，加上了"between"一词，当该词用于决定装运日期时，应理解为包括起讫日期在内；还值得注意的是"from"一词的应用，当用于装运日期时，理解为包括起讫日期在内，而用于表示汇票到期日时，则理解为不包括起讫日期；UCP600 第 30 条规定：只有用"about"或"approximately"两个词语表示信用证数量、金额和单价时，才有 10% 增加，而 UCP500 中的"circa or similar expressions"将不再使用。

## 四、《〈跟单信用证统一惯例〉电子交单补充规则》

近年来,电子商务发展迅猛,国际商会为了适应电子商务在国际贸易领域的广泛应用,于 2000 年 5 月 24 日提出在现行《跟单信用证统一惯例》(国际商会第 500 号出版物,1993 年修订本,UCP500)的基础上对电子交单等制订一个补充规则,并为此成立工作组。2002 年 4 月 1 日,《〈跟单信用证统一惯例〉电子交单补充规则》(*Supplement to Uniform Customs and Practice for Documentary Credits for Electronic Presentation*)(国际商会 eUCP1.0 版)生效。《〈跟单信用证统一惯例〉电子交单补充规则》(以下简称 eUCP)全文共 12 条,主要条款包括适用范围、eUCP 与 UCP 的关系、定义、格式、交单、审核、拒绝通知、正本与副本、出单日期、运输、交单后电子记录的损坏、eUCP 电子交单的额外免责。

(一) eUCP 的适用范围

《〈跟单信用证统一惯例〉电子交单补充规则》补充了《跟单信用证统一惯例》只提交纸制单据的规定,从而既可以用电子记录单独提交,也可以与纸制单据联合提交。因此,当信用证表明受 eUCP 约束时,eUCP 作为 UCP 的补充适用,但应注明适用的版本。

(二) eUCP 和 UCP 的关系

该规则明确规定,受 eUCP 约束的信用证(即 eUCP 信用证)也应受 UCP 的约束,而无需明确订入信用证中。但是,如果适用 eUCP 和 UCP 而产生不同的结果时,则优先适用 eUCP。

此外,如果 eUCP 信用证允许受益人在交单时选择纸制单据或电子记录,受益人选择仅提交纸制单据的,则该交单只适用 UCP。同样,如果 eUCP 信用证只允许提交纸制单据,则该交单只适用 UCP。

(三) 定义

该规则对在 UCP 中使用的"表面内容""单据""交单地点""签名""附加的""批注"或"签章的"等术语在适用于 eUCP 时扩充了含义;对仅在 eUCP 中使用的"电子记录""电子签名""格式""纸制单据""收到"等特定术语做了定义。

(四) 格式

该规则规定,eUCP 信用证必须指定所提交的电子记录的格式,如未指定,则可提交任何格式的电子记录。

(五) 交单

该规则规定,eUCP 信用证允许提交电子记录,也可以提交纸制单据,但后者必须注明纸制单据的交单地点;电子交单必须注明有关 eUCP 信用证,电子记录可以分别提交,但要通知银行。未注明的 eUCP 信用证或未通知的,将被视为未曾交单。此外,还规定了银行的系统不能接收电子记录情况的处理办法。

(六) 审核

该规则规定了银行审核电子记录的内容、职责及范围。

### (七) 拒绝通知

该规则规定,如果银行对包括电子记录的交单提出拒绝,在发出拒绝通知 30 天内未收到被拒绝方关于电子记录的处理指示,该银行应退还交单人以前尚未退还的任何纸制单据,但可以任何认为合适的方式自行处理该电子记录,而不承担任何责任。

### (八) 正本和副本

该规则规定,提交一份电子记录即满足了 UCP 和 eUCP 信用证对一份或多份正本或副本电子记录的要求。

### (九) 出单日期

该规则明确,出单人发送电子记录的日期即为电子记录的出单日期,收到日期将被视为发出日期,除非电子记录中另有明显规定。

### (十) 运输

该规则还规定,电子记录的出具日期即为装运或发运日期,但如果电子记录注明装运或发运日期时,则该注明的日期视为装运或发运日期。

### (十一) 交单后电子记录的损坏

根据该规则规定,如果银行收到损坏的电子记录,该银行可通知交单人 30 天内重新交单,但任何期限不得延展。如果交单者未能在规定的时间内重新提交,被视为没有交单。

### (十二) eUCP 电子交单的额外免责

该规则规定,银行在审核电子记录表面一致性时,对于发送者的身份、信息来源不承担责任,并且除了使用商业上可接受的用于接收、核实和识别电子记录的数据过程即可发现的外,银行对电子记录是否完整及未经更改也不承担责任。

《〈跟单信用证统一惯例〉电子交单补充规则》的生效在信用证与电子商务之间架起了一座桥梁,把信用证带进了电子时代,适应了当代国际贸易发展的要求,填补了国际贸易规则的空白。与 UCP 一样,eUCP 也不是法律,而是习惯规则的成文法典化;但不同于 UCP 的是,eUCP 涉及商法中多个方面的问题,它包括信用证法和电子商务法。因此,在 eUCP 中会碰到许多 UCP 中没有的潜在法律分支问题。电子信用证的诞生解决了电子商务中结算支付的电子化问题,eUCP 和电子商务法在立法目的、立法精神以及主要内容上有着紧密的联系。

但是,eUCP 在实施过程中,有三个对交单人和开证申请人不利的问题引起争议。

第一,将任何单据都称为"电子记录",不再提"正本"单据,因为在电子交单中,每份单据都可以被无数次复制,而分不出"正本"或"副本",加大了交单人的责任。

第二,万一电子数据因病毒、技术等原因而损坏,交单者很可能无法按期履行其他各项义务。

第三,减轻了银行审证的责任,而由开证申请人承担电子记录来源不明的风险。eUCP 把电子交单过程中的风险完全划给交单人和开证申请人,而银行几乎一点都不承担的规定,似乎有失公平,值得探讨,也应引起外贸企业在使用电子交单及适用《〈跟单信用证统一惯例〉电子交单补充规则》时注意。相信 eUCP 将会在国际贸易实际中不断修改完善,以利于电子交单在国际贸易中的推广。

## 复习思考题

1. 什么是信用证?试述其一般收付程序,并画出示意图。
2. 试简述信用证的主要内容。
3. 试述信用证各当事人的权利与义务。
4. 在信用证业务中,开证申请书的基本内容有哪些?
5. 试述信用证方式的主要特点及作用。
6. 信用证可从哪些不同角度进行分类?请根据 UCP600 的有关规定说明其基本含义。
7. 在信用证业务中,根据 UCP600,构成"议付"需具备哪些条件?它与"付款"有何不同?
8. UCP600 对可转让信用证作了哪些规定?
9. 试述 UCP600 和 eUCP1.0 的内在联系。

## 附录四 SWIFT 信用证式样

HONGKONG & SHANGHAI BANKING CORP.
Incorporated in Honk Kong with limited liability
P.O.Box 085-151,
185 Yuan Ming Yuan Road, Shanghai

CHINA ARTEX SHANGHAI IMPORT AND  Our ref: 6431124 Nov 2004
EXPORT CORPORATION
18 XIZANG NORTH ROAD
SHANGHAI, CHINA

Dear Sirs,

IRREVOCABLE DOCUMENTARY CREDIT NO.A53915
In accordance with the terms of Article 7a of UCP 500 we advise, without any engagement on our part, having received the following Teletransmission
Dated 24 Nov 2004
From ISRAEL DISCOUNT BANK OF NEW YORK
NEW YORK BRANCH

40A  FORM OF DC:·············IRREVOCABLE
20   DC NO:·····················A53915
31C  DATE OF ISSUE···········23NOV04
31D  EXPRIRY DATE AND PLACE: 30JAN05 CHINA
50   APPLICANT··············THE ABCDE GROUP, INC,
                            445 KENNEDY DRIVE
                            SAYREWLLE, NEW JERSEY
59   BENEFICIARY···········CHINA ARTEX SHANGHAI IMPORT AND
                            EXPORT CORPORATION
                            18 XIZANG NORTH ROAD
                            SHANGHAI, CHINA
32B  DC AMT····················USD44,202.4
41D  AVAILABLE WITH/BY······ANY BANK IN CHINA
                            BY NEGOTIATION
42C  DRAFTS AT·················SIGHT
42D  DRAWEE····················OURSELVES
                            FOR 100.00PCT INVOICE VALUE
43P  PARTIAL SHIPMENTS········ALLOWED
43T  TRANSHIPMENT·············ALLOWED
44A  LOADING/DISPATCH AT/FROM······CHINA
44B  FOR TRANSPORTATION TO······NEWYORK
44C  LATEST DATE OF SHIPMENT······10JAN05
45A  GOODS:
ALL COTTON CUSHIONS WITH MACHNE EMBROIDERY, FULLY STLTFED FACE——100 PERCENT COTTON, BACK—100 PERCENT COTTON, FILLING 100 PERCENT POLYESTER FIBER UNDER SALES CONTRACT 04/MC205 PART.
TERM CIF
46B  DOCUMENTS REQUIRED:
    1. COMMERCIAL INVOICE IN QUINTUPLICATE
    2. PACKING LIST IN TRIPLICATE
    3. CERTIFICATE OF ORIGIN IN TRIPLICATE
    4. WEIGHT LIST IN TRIPLICATE
    5. TEXTILE EXPORT LICENSE
    6. INSURANCE POLICY AND/OR CERTIFICATE IN NEGOTIABLE FORM
    7. FULL SET OF ON BOARD MARINE BILLS OF LADING YO ORDER OF ISRAEL DISCOUNT BANK OF NEW YORK N.Y.L/C A-53915
    MARKED NOTIFY APPLICANT
49   CONFIRMATION INSTRUCTION WITHOUT

78 INFO TO PRESENTING BK

ALL DOCUMENTS ARE TO BE DESPATCHED TO US AT 511 FIFTH AVENUE NEW YORK, NY 10017 IN ONE LOT BY AIRMALL.

47B ADDITIONAL CONDITIONS:

COMMERCIAL INVOICE ALSO INCLUDES 5 PERCENT BUYNG COMMISSION

EACH SET OF DISCREPANT DOCUMENTS WILL BE ASSESSED USD 70.00

REPRESENTING OUR FEES FOR HANDLING DISCREPANCIES THESE

FEES ARE FOR THE BENEFICIARYS ACCOUNT AND WILL BE AUTOMATICALLY DEDUCTED FROM THE PROCEEDS OF THE PAYMENT WHEN EFFECTED

ALL DRAFTS MUST BE MARKED DRAWN UNDER ISRAEL DISCOUNT BANK OF NEW YORK, NEW YORK STATING THE DOCUMENTARY CREDIT NUMBER AND THE DATE OF THIS CREDIT

THIS DOCUMENTARY CREDITIS SUBJECT TO THE UCP (2006 REVISION), ICC PUBLICATION NO.600.

Here ends the forgoing teletransmission. This advice constitutes a documentary credit issued by the above and must be presented with documents/drafts for negotiation/payment. The amount of each drawing must be endorsed by the negotiating bank on the reverse hereof.

**James C M Wong**　　**Rapheal　Z F Yin**
**(0678)**　　　　　　**(4431)**

Except so far as otherwise expressly stated, this documentary credit is subject to Uniform Customs and Practice for Documentary Credits (2006 Revision), International Chamber of Commerce Publication No.600.

## 附录五　开证申请书式样

### IRREVOCABLE DOCUMENTARY CREDIT APPLICATION

| TO: | Date: |
|---|---|
| ☐Issue by airmail　　☐With brief advice by teletransmission<br>☐Issue by express delivery<br>☐Issue by teletransmission (which shall be the operative instrument) | Credit No.<br><br>Date and place of expiry |
| Applicant | Beneficiary (Full name and address) |
| Advising Bank | Amount |

续表

| Partial shipments<br>☐allowed  ☐not allowed | Transhipment<br>☐allowed  ☐not allowed | Credit available with<br><br>By |
|---|---|---|
| Loading on board/dispatch/taking in charge at/from<br><br><br>not later than<br>For transportation to: | | ☐sight payment   ☐acceptance<br>☐negotiation<br>☐deferred payment at<br>against the documents detailed herein<br>☐and beneficiary's draft(s) for ___ %<br>of invoice value |
| ☐FOB   ☐CFR   ☐CIF<br>☐or other terms | | at _____ sight<br>drawn on |

Documents required: (marked with X)
1. (　) Signed commercial invoice in ____ copies indicating L/C No. and Contract No.
2. (　) Full set of clean on board Bills of Lading made out to order and blank endorsed, marked "freight [　]
    to collect / [　]
    prepaid [　] showing freight amount" notifying _____.
   (　) Airway bills/cargo receipt/copy of railway bills issued by _____ showing
    "freight [　] to collect/[　] prepaid [　] indicating freight amount" and consigned to _____.
3. (　) Insurance Policy/Certificate in _____ copies for _____ % of the invoice value showing claims payable
    in _____ in currency of the draft, blank endorsed, covering All Risks, War Risks and _____
    _____.
4. (　) Packing List/Weight Memo in ____ copies indicating quantity, gross and weights of each package.
5. (　) Certificate of Quantity/Weight in _____ copies issued by _____.
6. (　) Certificate of Quality in _____ copies issued by [　] manufacturer/[　] public recognized surveyor
    _____.
7. (　) Certificate of Origin in ____ copies.
8. (　) Beneficiary's certified copy of fax/telex dispatched to the applicant within _____ days after shipment
    advising L/C No., name of vessel, date of shipment, name, quantity, weight and value of goods.

Other documents, if any

Description of goods:

Additional instructions:
1. (　) All banking charges outside the opening bank are for beneficiary's account.
2. (　) Documents must be presented within ____ days after date of issuance of the transport documents but
    within the validity of this credit.
3. (　) Third party as shipper is not acceptable, Short Form/Blank back B/L is not acceptable.
4. (　) Both quantity and credit amount _____ % more or less are allowed.
5. (　) All documents must be sent to issuing bank by courier/speed post in one lot.
   (　) Other terms, if any

# 第六章　银行保函结算方式

## 第一节　银行保函概述

### 一、银行保函的含义

银行保函(Bank Letter of Guarantee，L/G)是商业银行根据申请人的要求，向受益人开立的、担保申请人正常履行合同义务的书面保证，是银行有条件承担一定经济责任的契约文件。当申请人未能履行其所承诺的义务时，银行负有向受益人赔偿经济损失的责任。

在国际经济贸易交往中，交易的双方都非常关心对方的信用和履约能力。如果一方存在信用风险或履约能力不足，就可能给交易的对方造成经济损失。为防止此类风险，保证交易顺利实现，人们在长期的国际贸易实践中，创造了多种制度和工具，银行保函就是其中一种。银行保函实际上是由银行——贸易双方以外的第三方，作为担保人，向一方提供另一方一定履约的保证，由担保人以自己的资信向受益人保证对委托人履行交易合同项下的责任义务。与一般的工商企业相比，银行拥有雄厚的资金实力和较好的信用，银行应客户的要求担当这种担保人，在国际贸易中较为普遍，因此银行保函也就成为现代银行的一项基本的中间业务。

### 二、银行保函的特点

银行保函与信用证虽然都是银行应申请人的要求向受益人开出的书面文件，都属于银行信用，但还是与信用证存在明显区别。

(一) 开立的目的是担保申请人履行合同

银行开出保函是以自身的信用向受益人担保申请人履行合同，主要目的在于担保而不是付款。只有当申请人违约或具备索偿条件的情况下，受益人才能依据保函要求开立保函的银行支付。信用证则是一种国际支付工具，其主要目的是以自己的信用保证由开证行支付货款，它在交易正常进行时发生支付。

(二) 从属性保函与独立性保函

根据保函与基础业务合同的关系不同，可以分为从属性保函与独立性保函。

从属性保函是指保函属于基础合同的一个附属性契约，其法律效力随基础合同的存在而存在,随基础合同的改变而发生相应变化。从历史角度看,保函产生初期,主要是从属性保函。现在许多国家的国内保函也基本上是从属性的。

独立性保函是指根据基础合同开立后,不依附于基础合同而存在的保函,是具有独立法律效力的文件。当今国际结算业务中使用的大多是此种保函。独立性保函的优点在于:受益人不至于因基础合同的纠纷而陷入获得付款的风险,开立保函的银行也不至于卷入复杂的商业合同纠纷中去。

信用证的性质类似于独立性保函,它是独立的自足性文件,基础合同发生变化并不影响信用证的内容和效力。

(三)银行付款责任因保函性质不同而不同

在从属性保函中,银行的付款责任是第二性的,即当申请人违约后,担保银行才负责赔付。也就是说,在从属性保函中,申请人履行基础合同(如支付货款或偿还借款等)是第一性的责任,只有在申请人未能履行其责任时,担保行才负赔偿责任。

在独立性保函中,银行的付款责任是第一性的。也就是说,只要受益人提出的索赔要求符合保函规定的条件,担保行就必须付款,而不管申请人是否同意支付,也不必纠缠到基础合同是否真的履行中去。

独立性保函中的担保行的付款责任与信用证中的开证行的付款责任类似。后者的付款责任也是第一性的,只要受益人或出口银行寄来的单据与信用证规定相符,它就必须凭单付款,而不管申请人(进口商)的付款意愿如何,也不管受益人(出口商)交货是否与合同相符。

(四)银行付款的依据是单据及其他证明文件

在银行保函业务中,担保行付款的依据是受益人提出的符合保函规定的索偿条件,包括受益人证明、申请人违约的声明和有关单据的副本及其他证明文件。

信用证项下付款的依据主要是代表货权的单据。

此外,保函的适用范围比信用证范围广泛得多。除了贸易结算外,银行保函还可应用于投标、预付款、维修、补偿贸易、来料加工、工程承包等多种国际经济活动中的履约担保。信用证一般只适用于货物贸易的结算。

## 第二节 银行保函的开立

### 一、银行保函的开立方式

银行保险业务中,主要有以下三种开立方式。

(一)直接开给受益人的方式

这是银行保函开立方式中最简单最直接的一种,是银行应申请人的要求直接将保函开给受益人,中间不经过其他当事人的开立方式。其流程的一般形式见图6-1。

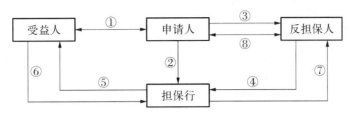

图 6-1　直接开给受益人的银行保函流程图

说明：
① 申请人与受益人之间签订合同，此为银行保函的基础合同；
② 申请人向担保行提出开立保函的申请；
③ 申请人向反担保人提出申请开立反担保函；
④ 反担保人向担保行开立不可撤销反担保函；
⑤ 担保行向受益人直接开出保函；
⑥ 受益人在发现申请人违约后，向担保行提出索赔，担保行赔付；
⑦ 担保行在赔付后向申请人或反担保人索偿，申请人或反担保人向担保人支付；
⑧ 担保行向反担保人索偿，反担保人赔付后，反担保人向申请人索赔，申请人赔付。

这种开立保函的方式现在已很少被采用，受益人与担保行不在同一国家，难以识别保函的真伪，索偿起来也不够方便。

(二) 通过通知行通知的方式

这种方式是担保行应申请人要求开出保函后，将保函交给受益人所在地的通知行，由后者将保函通知或转递给受益人。其业务流程的一般形式见图 6-2。

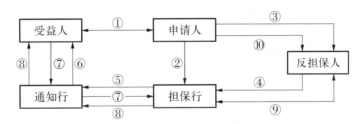

图 6-2　通过通知行开立保函的流程图

说明：
① 申请人与受益人之间签订合同，此为银行保函的基础合同；
② 申请人向担保行提出开立保函的申请；
③ 申请人向反担保人提出申请开立反担保函；
④ 反担保人向担保行开立不可撤销反担保函；
⑤ 担保行开出保函后，将保函交给通知行通知受益人；
⑥ 通知行将保函通知给受益人；
⑦ 受益人在申请人违约后通过通知行向担保行索偿；
⑧ 担保行赔付；
⑨ 担保行赔付后向申请人或反担保人索偿，申请人或反担保人向担保行支付；
⑩ 担保行向反担保人索赔，反担保人赔付后，反担保人向申请人索赔，申请人赔付。

这种开立方式，较前一种，对受益人更有利，因为保函要经过通知行或转递行验明真伪，但仍存在索赔不便问题，因为通知行或转递行只负责通知或转递。如果发生索赔,还得由受益人向国外担保行联系、索要。

(三)通过转开行转开方式

这是由与受益人同在一地的银行作为转开行和担保行的保函开立方式,其业务流程的一般形式如图6-3所示。

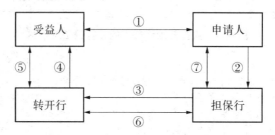

图6-3 通过转开行转开的保函业务流程图

说明:
① 申请人与受益人之间签订合同,此为银行保函的基础合同;
② 申请人向担保行提出开立保函的申请;
③ 担保行开立反担保函并要求转开行转开,这样原担保行就变成了发担保行;
④ 转开行转开保函给受益人;
⑤ 受益人在申请人违约后向转开行(实际上是新担保行)索偿,转开行赔付;
⑥ 转开行根据反担保函向指示行(实际上是反担保行)索赔,指示行赔付;
⑦ 担保行向申请人索赔,申请人赔付。

这种开立方式,转开行为与受益人为同地的银行,且转开行担当了担保行的角色,索赔起来也方便,较好地克服了前两种方式的不足,因此,在实践中较为常用。

## 二、银行保函当事人及其责任

银行保函业务的基本当事人有三个:申请人、受益人和担保人。此外,还涉及其他一些当事人,主要有通知行、保兑行、转开行、反担保人。

申请人(Applicant),是指向开出保函的银行申请开立保函的合同当事人。申请书就是申请人与开出保函的银行之间的合同。申请人的责任是在相符索赔(满足"相符交单"要求的索赔)的情况下,担保行按照保函的规定向受益人作出赔偿后,向担保人偿付已赔款项。

担保人(Guarantor),就是接受申请人的委托开出保函的银行,其通过保函向受益人承诺在相符索赔的情况下付款,然后向申请人提出索偿。

受益人(Beneficiary),是指有权依据保函条款向开出保函的银行提出索赔的当事人。只要受益人按保函要求提交相符单据,便可要求担保人支付相应款项。受益人在对方不履行或不完全履行交易合同中规定的义务时,才根据保函中规定的条款提出索偿。

通知行(Advising Bank),是指受担保行的委托将保函通知给受益人的当事人。在实务中,通知行通常由受益人所在地的银行承担,其与担保人建有印鉴密押关系,通知行的责任是核实保函表面的真实性,并不承担任何其他责任或支付。

保兑行(Confirming Bank),是指对保函加具保兑的银行,保证担保人按规定履行赔偿义务。只有在担保行不按规定履行义务时才向受益人偿付,使受益人得到双重担保。

转开行(Reissuing Guarantor),是指在担保人的保证下,按担保人的要求,向受益人开立保函的银行。转开行开立保函后,当发生符合保函规定条件的事件时,受益人只能向转开行要求赔付。转开行对受益人赔付后,有权向担保人索取赔偿款项。

反担保人(Counter Guarantor),是指为申请人向担保人开具书面反担保函的人。反担保人的责任是保证申请人履行合同义务,同时向担保人作出承诺,即当担保人在保函项下作出付款承诺以后,担保人可以从申请人处得到及时、足够的补偿,并在申请人不能向担保人作出赔偿时,负责向担保人赔偿损失。

### 三、银行保函业务的办理程序

银行保函业务分对外开出保函和外来保函的处理两类。其手续复杂、内容繁多,现以我国银行办理保函业务为基础,介绍对外开出保函的业务办理的一般程序。外来保函的处理较对外开出保函业务简单,有关环节与对外开出保函原则上是一致的。

对外开出银行保函一般办理程序如下。

(一) 申请人向银行申请开立保函

申请人与受益人签订合同或协议之后,申请人应根据合同或协议规定的条件和期限向银行申请开立保函。

1. 递交保函申请书

保函申请书是申请人表示请求银行为其开立保函的意愿的文件,是银行(担保行)对外开出保函的法律依据。其内容一般包括以下 14 项:

(1) 担保行名称;
(2) 申请人名称、地址;
(3) 受益人名称、地址;
(4) 合同、标书或协议的名称、号码和日期;
(5) 合同或协议项下的商品或项目名称、数量;
(6) 保函的金额及币种;
(7) 保函的种类;
(8) 保函的有效期,包括生效日期和失效日期;
(9) 保函的开立方式及有关事项(比如,是否自行选择通知行,是否加具保兑等);
(10) 保函的发送方式,即是电开还是信开;
(11) 申请人的保证,即保证偿付担保人履行担保责任而对受益人所做出的任何支付,且付款后无追索权;
(12) 担保行免责事项的声明,即担保行对保函所涉及的合同标的不负责任,对保函所涉及的单据、文件或证明的真伪及其在邮递过程中可能出现的遗失和延误不负责任，对所发出的要求通知或转开或保兑的指示未被执行而造成的损失不负责任；

（13）申请人的开户银行名称、账号及联系电话；

（14）申请人的法人代表签字并盖章，申请日期等。

2. 提交交易合同、标书或协议的副本

虽然担保行不必牵涉到基础合同的交易中，但为了稳妥开出保险，还是要尽可能了解合同的有关内容。如果合同或协议规定了保函的格式，则申请人就提供该保函的格式。

3. 提供担保行要求的其他材料

如出口许可证、项目可行性研究报告、财务报表等。

4. 提交反担保文件，落实反担保，或缴存保证金，提供抵押物

（二）担保银行审查有关情况

1. 对担保范围的审查

银行保函业务是银行的一项自主业务，同时也要符合国家的有关法律和政策规定。我国的《担保法》和中国人民银行 1996 年颁布的《境内机构对外担保管理办法》对担保范围有明确规定，担保人必须遵照执行。例如，根据《境内机构对外担保管理办法》，担保人不得为经营亏损企业提供对外担保，不得为外商投资企业注册资本提供担保，除外商投资企业外，担保人不得为外商投资企业中的外方投资部分的对外债务提供担保，被担保人的对外借款投向须符合国家产业政策。

根据《境内机构对外担保管理办法》第四条和第五条的规定，经批准有权经营对外担保业务的金融机构（不含外资经营机构）和具有代为清偿能力的非金融企业法人，包括内资企业和外商投资企业，可以对外担保。金融机构的对外担保余额、境内外汇担保余额及外汇债务余额之和不得超过其自有外汇的资金的 20 倍。

2. 对申请手续的审查

首先，应审查提交的申请书内容是否填写清楚、准确、完整，必要的签章是否齐全、正确；审查提交的其他文件，如合同副本、反担保文件等是否真实、齐全。对于外资企业的申请人，在第一次申请开函时，还需要提交全套的审批文件、合资合同、验资报告、营业执照等资料。

3. 对交易项目的审查

担保行应对保函所涉及的交易项目的合法性、可行性和可能的收益率进行审核判断。如果交易项目不合法，或项目的市场前景不佳，或项目的经济效益低下，可拒绝提供担保。

4. 审查反担保及抵押情况

（1）审查反担保人的资格。按照我国有关法律规定，允许提供反担保的机构仅限于经批准有权经营外汇担保业务的金融机构和有外汇收入来源的非金融性企业法人，政府部门和事业单位不得对外提供外汇担保。对人民币保函进行反担保的单位必须

是资信好、有清偿能力的金融机构和企业法人。

（2）审查反担保文件。反担保必须是不可撤销的，受益人必须是开出保函的银行，其责任条款应与银行对外出具的保函责任一致，金额、币种应与保函的金额、币种一致，有效期应略长于保函的有效期。反担保中应明确规定反担保人在收到担保行在书面索偿通知后若干天内应立即无条件支付所有的款项，否则担保行有权凭反担保从反担保人账户自动划款。

（3）审查保证金或抵押物情况。对于外汇保函，如果申请人缴存了100％的现汇保证金，或只提交由合法的担保人出具的人民币反担保，视同保证金到位。对于人民币保函，申请人缴存100％的人民币保证金或提交合法的担保人出具的人民币反担保，同样视为保证金到位。审查抵押物时，首先要审查抵押物是否合法，还要了解抵押物的质量、价格和变现能力等市场情况。

（三）开立保函

担保行对申请人提供的上述资料审查无误后，可以开立保函。

银行保函的主要内容包括以下14项。

（1）申请人、受益人、担保行（完整名称和地址）。

（2）通知行。

（3）有关交易合同、协议，标书的编号、日期，供应货物的名称、数量，工程项目名称等。

（4）保函的货币名称、金额。

（5）有效日期。如果保函未规定效期，则保函一直有效，直到保函被撤销、赔偿完款项或减额至零为止。另外，根据URDG758第25条C款的规定，如果保函未规定效期，那么保函将自开立之日起3年之后终止。

（6）索赔条件，指赔偿时对提交单据的要求，如索赔书、支付声明以及其他单据。

（7）索赔办法，是指受益人向担保行提出的索赔方式（如信索或电索）和路线（是否通过通知行）等。

（8）赔付金额或最高赔付金额、支付货币和金额递减条款。

（9）索赔书或其他单据是否应以纸质或电子形式提交。

（10）担保行的责任（第一性付款责任或第二性付款责任）。

（11）费用的承担方。

（12）生效条款一般是开出后立即生效，也有的是在一定日期后或某一事件发生后才生效。

（13）保函中规定的单据所使用的语言。

（14）适用法律或仲裁条款与规则。

（四）保函的修改

银行保函可以在有效期内修改。导致修改的原因有多种，例如交易货物或工程项目所需机器设备价格变动，引起保函金额的变动，从而要求修改保函。

不可撤销保函的修改必须经有关当事人一致同意后方可进行，任何一方单独对保函条款进行修改都视为无效。通常情况是,在申请人与受益人就修改内容取得一致意见后,由申请人向担保行提出修改的书面申请并加盖公章。申请书中应注明拟修改的保函的编号、开立日期、金额等内容以及要求修改的详细条款和由此而产生的责任条款,同时应出具受益人要求修改或同意修改的书面材料。担保行根据申请人的修改内容判别给银行带来的风险情况,经审查认为修改申请可以接受后,方可向受益人发出修改函或修改电。修改函仍须经有权签字人签字,修改电应加密押或简电加寄证实书。

保函展期或增额时,担保行应按费率加收费用,保函减额时,担保责任和担保费也相应递减;保函条款修改时,银行可就修改项目单独收费。

（五）保函的索偿与赔付

如果申请人违约,只要受益人提交符合保函要求的全套单据或文件时,担保人即可认定索偿有限,应立即予以赔付,不得以任何理由拖延付款。

（六）保函的撤销

保函在到期后或在担保人赔付保函项下全部款项后失效。如果保函中列有归还保函条款,则在保函到期后,可向受益人发出函电,要求退还保函正本,并将保函留底从档案卷中调出,用红笔注明"注销"字样,连同退回的保函正本一同归于清讫卷备查。如果保函中没有归还保函条款,或者没有明确的到期日,而是制定了一些类似申请人付完最后一笔合同款之日即失效或业主出具验收证明一年后即失效等条款,则可按照这些规定来推定到期日,在推定到期日到期之时,应及时向受益人发出撤销保函、要求退还保函正本的通知。如果是以电文形式开出的保函,应联系受益人,委托当地银行或其转开行,用加密押电文证实并通知担保行办理撤销手续。

## 第三节 银行保函的种类

在实际业务中,银行保函的种类繁多,现就常见的几种类型作一介绍。

### 一、工程承包业务中的银行保函

国际工程承包是目前国际上广泛使用的国际经济合作方式,它在承包工程项目建设时,往往伴随着技术、设备、劳务的输出。国际工程承包通常涉及不同国家的当事人,项目持续时间长、金额大、环节多,在交易期内存在信用风险。为确保工程项目顺利进行,国际工程承包的当事人通常在不同的交易环节采用相应的保函。

国际工程承包业务中的银行保函有多种,常见的有以下七种。

（一）投标保函

投标保函(Tender Guarantee),是指担保银行应投标人(申请人)的委托向招标人(受益人)开出的书面保证文件,保证投标人在开标前不中途撤标、不片面修改投标条件,中标后不拒绝交付履约保证金、不拒绝签约,并承诺当投标人出现上述违约行为时，由担保人赔偿招标人的全部损失。投票保函用于国际工程承包的招标阶段。

投标保函金一般为投标报价的2%—5%，不同报价有着不同的比例。投标保函的有效期从其开立之日起至开标日起3—6个月。若投标人中标，投标保函的有效期自动延至招标人与投标人签订合同、由投标人提交履约保函的日期。

### （二）履约保函

履约保函（Performance Guarantee）是担保银行应申请人的要求向受益人开出的保证申请人按合同条款履行各项义务，否则由担保人赔偿受益人一定金额损失的保证文件。在国际承包业务中的银行保函，中标人为申请人，招标人为受益人。保函金额一般为合同金额的5%—10%，有效期通常至合同执行完毕日期，保函的有效期自动终止，有时再加3—15天的索偿期。若合同规定了质量保证期或工程维修期，保函的有效期可延至工程质量保证期或工程维修期期满为止，有时再加3—15天索偿期。

事实上，履约保函不仅仅限于工程承包业务，在进出口、来料加工、补偿贸易、融资租赁以及质量维修等方面都被广泛使用。

### （三）预付款保函

预付款保函（Advanced Payment Guarantee），又称还款保函（Repayment Guarantee），是担保银行应申请人（预付款收取者）要求向受益人（预付款支付者）开出的保证文件，保证如果申请人不按合同规定履行义务，也未将受益人预付给申请人的资金偿还时，由担保银行向受益人赔付一定金额的款项。

金额较大的工程项目的承包商，通常要求业主预付部分款项，用于工程筹备、材料和设备的购置等项开支。业主为防范承包商收取预付款而不履行合同义务，在支付预付款以前，要求承包商提交由银行开立的预付款保函，以担保承包商按期履约。预付款保函的金额一般不超过业主支付的预付款总额，保函的有效期截止到合同执行完毕，再加3—15天索偿期，或至业主从支付给承包商的工程款中全部扣完该项预付款时为止。

预付款保函除了用于国际工程承包领域外，还广泛用于一般性商品及资本货物的进出口贸易中的一切预付款和带有预付款性质的分期付款业务。

### （四）透支保函

透支保函（Overdraft Guarantee）实际上是一种借款保函的特殊形式。它是担保银行应申请人的要求向被透支行开出的，保证借款人到期如数偿还透支金额及相应利息，否则由担保行赔付的保证文件。保函金额一般为透支协议规定的金额和利息，期限由双方约定或至透支额还清时为止。

在工程承包业务中，为便于资金周转与结算，承包商通常向工程所在地银行申请开立透支账户。银行在同意为其开立透支账户前，一般要求承包商提交银行出具的透支保函，凭以允许承包商在规定的期限和额度内支取透支款项。如果承包商不能按期偿还透支金额，担保行将代其偿付并补足透支账户中所欠金额及利息。

透支保函不仅适用于工程承包业务，还适用于透支银行给予申请人的其他融资便利，如信用证项下的授信额度便利、信托提货便利等。

#### (五) 维修保函

维修保函(Maintenance Guarantee)是保证工程或设备在保修期内或保用期出现质量问题，由承包商或出口商负责维修并承担维修费用，否则，将由担保行对其进行赔偿。维修保函一般为合同金额的5%，它自工程完工或设备启用之日起生效，至保修期或保用期期满时失效。

维修保函与质量保函是同一性质的保函，后者多用于货物贸易，主要是大型机电产品、成套设备、船舶、飞机等贸易，前者则多用于对工程项目的质量担保。

#### (六) 关税保函

关税保函(Customs Guarantee)适用于国际承包工程入境机械设备的关税免征中。在国际承包工程业务中，工程所在国海关通常要对应施工、安装需要而入关的机械设备征收关税作为押金，待工程竣工、设备出关时退还。承包人为了加速资金周转，往往请担保银行开立关税保函，保证在施工结束后，将机械设备运回本国，否则由担保行支付这笔税金，借以免缴押金。关税保函以海关规定的税额为担保金额，有效期一般自机械设备入关之日生效，至出关时失效。

关税保函还可用于展品出国参展等业务，担保行保证在展出结束后，参展人将展品尽快撤出展出国；若参展人将展品在展出国变卖、销售，将保证参展人补缴关税，否则由担保行代其履行纳税义务。

#### (七) 留置金保函

留置金保函(Retention Money Guarantee)多用于国际承包工程、大型成套设备进出口业务中，业主或进口商为了确保工程质量和保证设备安装调试后能正常运转，达到设计生产能力，在支付工程价款或设备贷款时，往往留置一定比例款项作保留金不付给承包商或出口商，待工程或设备验收合格后再付。留置金额通常为合同金额的5%—10%。

由于留置金额一般都较大，承包商或出口商为避免款项的留置，可向工程业主或进口商提交留置金保函，以保证若发现承包工程或设备达不到合同规定的质量要求，承包商或出口商将把提前收回的留置金退还工程业主或进口商，否则由担保行进行赔偿。

留置金保函的金额一般与留置金相等，一般于支付工程进度款或支付货款时生效，至工程或设备的保修期或保用期期满结束。

### 二、其他保函

#### (一) 付款保函

付款保函(Payment Guarantee)是担保银行应申请人(进口商)要求向受益人(出口商)开出的保证进口商在收到符合合同规定的货物后向出口商支付全部货款，否则由担保行赔偿出口商损失的书面保证文件。

付款保函适用于进出口贸易，其担保金额一般为货物价款及相应利息。有效期从保函开立之日起至出口商收到货款或双方约定的具体时间为止。

根据付款时间不同,付款保函可分为即期付款保函和远期付款保函两种。前者的担保银行的责任是保证进口商对主要货款凭出口商交来的货运单据立即付款,后者的担保行的责任是保证进口商对自己开立的远期汇票加以承兑。

(二) 加工贸易保函

加工贸易包括来料加工、来样加工及来件装配。在加工贸易业务中,由委托方提供一定的原材料、零部件、元器件等,由承接方(加工方)按委托方的要求进行加工装配,成品的全部或大部都交由委托方或其指定处进行销售,承接方按合同约定向委托方收取加工费等。委托方为防止承接方收到原料、样品及元器件后,不能按时加工装配成品偿还设备及零部件价款等,通常要求承接方提交加工贸易保函(Processing Guarantee)。如果承接方出现上述违约行为,委托方有权向担保行索赔。

加工贸易保函又可具体分为来料加工保函、来件装配保函等。

(三) 补偿贸易保函

补偿贸易是指贸易双方就某个项目达成协议后,由出口方提供该项目生产所需设备和技术,由进口方提供厂房、劳动力进行生产,产成品以返销的形式来补偿出口方的设备款、技术转让费及相应的利息。

在补偿贸易中,出口方为了防止因进口方违约而不能按时补偿设备价款、技术费用而使自己遭受损失的风险,通常要求进口方提交补偿贸易保函(Guarantee under Compensation Trade),保证在合同规定的期限内补偿设备款及相应利息,否则,由担保银行负责赔付。

保函金额通常是设备价款加利息,有效期从进口方收到设备,并安装调试完毕,进行生产时开始,至保函项下全部价款清偿完毕或双方约定的具体日期止。保函通常规定担保银行的付款责任随着申请人或担保人向受益人所作的任何补偿而递减,以避免不必要的纠纷。

(四) 租赁保函

租赁是指某人(公司)将自己的资本设备在一定时期内出租给承租人使用,由承租人支付一定租金的业务。租赁保函(Leasing Guarantee)是担保银行应承租人的要求向出租人开立的保证承租人按照合同的规定支付租金,否则将由担保行进行赔付的保证文件。

租赁保函的金额一般与租金及其相应利息相等,有效期一般自承租人收到租赁设备并验收合格后生效,至承租人支付全部租金完毕或双方约定的时间失效。担保行的保证责任随租金的逐笔支付而递减。

(五) 质量保函

在进出口贸易中,进口商为了确保收到的货物的品质符合合同规定,往往要求出口商提交质量保函(Quality Guarantee),即保证按照合同规定的品质标准交货,若发现货物品质不符合规定,由出口商负责退换或补偿损失,否则,由担保行进行赔付。

质量保函的金额一般为合同金额的5%—10%,其有效期一般至合同规定的质量保证期满再加3—15天索偿期,或由双方根据交易需要协商确定。

### (六) 提货保函

在货物进出口贸易中,当货物先于提单到达目的港时,进口商为了防止货物因压仓、变质或遭遇市场价格波动而受到损失,在提单到来之前可要求担保银行出具提货保函(Shipping Guarantee),凭以向运输公司提前提货、报关并销售或使用。提货保函保证进口商在收到提单后立即交还运输公司,并承担因提前提货而可能给运输公司造成的损失。提货保函,又称承运货物收据保证书。保函金额由双方协商确定,自开立之日起生效,至交还提单或保函项下付款责任结算之日失效。

### (七) 借款保函

借款保函(Loan Guarantee)是担保银行应借款人的要求向放款人开立的保证借款人到期归还借款本息,否则由担保行进行赔付的书面保证文件。

随着国际经济金融业的发展,国际借贷频繁发生,贷款人出于安全方面的考虑,往往要求借款人提交借款保函。借款保函的担保金额一般为借款总额及其利息之和,保函自开立之日起生效,至借款人还清全部本息之和之日失效。保函的担保责任随借款人的偿还而相应递减。

### (八) 保释金保函

保释金保函(Bail Guarantee)是银行为保释由于某种海事纠纷,或运输合同纠纷以及贸易合同纠纷,或因牵涉到某一其他案件而被法院或港务当局扣留或留置船只或其他财产,而向法院、原告或港务当局以及其他有关的债权人或利益受损方开立的保函。由于保释金保函多用于保释因海上事故而被扣留的本国舰只,因而也称海事保函。保函保证船方或运输公司将按法院的裁决支付赔偿金,否则由担保银行付款赔偿损失。它是以保函代替保释金,凭以向法院或港务当局作抵押,请求放行被扣船只。保函金额视可能赔偿金额大小,由当地法院或港务当局确定,自开立之日起生效,至船方按照判决赔偿时失效。

### (九) 票据保函

在国际贸易等经济交往中,经常使用商业票据作为清偿债权债务的支付工具。为避免商业票据的信用风险,债权人可要求债务人提交由银行开立的票据保函(Commercial Paper Guarantee)。它是指担保银行在商业票据上加签银行担保,保证债务人按期足额偿债,否则由担保行进行赔付。它是银行保函的一种特殊形式。票据保函又称票据保付保函,类似于银行承兑汇票。

## 第四节　银行保函与备用信用证的关系

### 一、备用信用证的含义

备用信用证(Standby Letter of Credit,SL/C),又称商业票据信用证、担保信用证,是一种特殊形式的光票信用证。

根据美国联储监理官的解释,备用信用证是代表开证行对受益人承担一项义务的凭证。在此凭证中,开证行承诺偿还开证申请人的借款或对开证申请人的放款,或在开证申请人未能履约时保证为其支付。由此看来,备用信用证只在申请人违约时,其有关条款才付诸实施,所以具有"备用"性质,如果申请人恪守信用正常履约,信用证备而不同。其实质是一种银行保函。

与跟单信用证一样,备用信用证的基本当事人也有三方:开证申请人、受益人和开证行。所不同的是,备用信用证的开证申请人并不局限于进口商,受益人也不限于出口商,而是视不同的交易而定。例如,投标保证的开证申请人是投标人,则受益人就是招标人;借款担保的申请人是借入资金的人,受益人则是提供资金的人。开证行一般就是开证申请人所在地的银行。

备用信用证起源于19世纪中叶的美国。根据当时的《美国联邦银行法》规定,在美国的商业银行不得开立保函。出于银行竞争和满足客户需要的目的,美国的商业银行便创立了具有保函性质的备用信用证,以代替保函,逃避法规管制。所以,这在当时也是一种金融创新。现在,备用信用证已被商业银行广泛采用。

## 二、备用信用证与银行保函的比较

备用信用证与银行保函同属银行信用,都是银行应申请人的要求向受益人开出的书面保证文件,备用信用证与独立保函一样,都是独立文件,不依赖于合同而存在,但两者之间也存在明显不同。

(一) 遵循的规则不同

备用信用证适用于《跟单信用证统一惯例》(UCP600),而银行保函则参照《合约保函统一规则》或《见索即付保函统一规则》等惯例。由于适用的规则不同,导致两者在业务处理和对有关权利、责任、条款和术语的解释方面,都存在一定差异。例如,根据信用证的规则,信用证必须明确规定到期日,备用信用证亦然,而按照《合约保函统一规则》,保函可不必规定具有的到期日。而且,《合约保函统一规则》至今还没有被世界各国所普遍认可而成为通行的国际惯例。

(二) 所要求的单据有所不同

备用信用证一般要求受益人在索赔时提交即期汇票和证明申请人违约的书面文件。保函一般不要求受益人提交汇票,但对于表明申请人违约的证明材料的要求要复杂一点,受益人除了证明申请人违约的文件外,还要提交证明自己履约的文件,否则担保行有权拒付。

(三) 付款依据不同

备用信用证与单据相联系,只要受益人能够提供符合信用证规定的文件或单据,开证行即验单付款,不用理会合同的履行情况。银行保函则与履约相联系,其付款依据是有关合同或某项承诺是否被履行,因此保函赔付的审查较为复杂严格。

### 三、备用信用证与跟单信用证的比较

备用信用证与跟单信用证都属于银行信用,在业务处理上都遵循国际商会《跟单信用证统一惯例》,都是凭有关单据而不是货物进行付款且银行付款责任基本相同。但是,两者还是存在区别。

(一)要求的单据有所不同

跟单信用证一般都要凭符合信用证规定的代表货物所有权的单据(通常是货运单据正本)付款,而备用信用证则要凭受益人证明申请人违约的声明或单据(可以是货运单据副本或单据影印件)付款。

(二)适用范围不同

跟单信用证一般只适用于货物贸易结算,而备用信用证适用范围则比跟单信用证大得多,在多种经济活动(如招标、履约、赊销、借款等)都可使用,用途与银行保函几乎相同。

## 第五节 有关银行保函业务的国际惯例

### 一、有关银行保函业务的国际惯例的制订情况

为规范国际间银行保函业务,促进国际经济金融业的发展,国际商会和联合国国际贸易法委员会等积极致力于关于保函的国际惯例的研究制订。1978年国际商会制订并公布了《合约保函统一规则》,即国际商会325号出版物(以下简称"325")。"325"主要针对国际大型项目的招标、投标、承包、签约、履约等环节,制订了相关的保函种类及业务规则,其所倡导的基本原则为"在保函的各有关当事人之间谋求利益均衡"。为了保证"325"的有效实施,国际商会又于1982年制订并公布了《合约保函示范格式》,即国际商会第406号出版物,对"325"所规范的几种保函提出了标准示范格式。然而,从"235"的实施情况看,其所倡导的"利益均衡"原则往往难以完全贯彻。例如,"325"强调受益人只有在对方违约情况下除提交委托人违约声明外,还须提供法院判决书或仲裁的仲裁决定或委托人同意赔偿的书面文件,才能得到赔付。如此规定,受益人往往认为并不合理,而且,一方面易导致担保行被迫卷入委托人与受益人之间的合同纠纷中去,另一方面合同纠纷要取得司法机关的判决或仲裁机构的仲裁,常常是旷日持久且不胜其烦。"325"并未得到国际银行界、商贸界的广泛认同。因此,国际商会又经过不懈努力,于1988年1月重新制订了保函业务的规范化文件——《担保统一规则》。但是,由于种种原因该规则并未能公布实施。1991年国际商会所属的惯例委员会和银行技术管理委员会所组成的联合工作组,在《担保统一规则》修改稿所拟定原则的基础上,起草、制订了新的国际担保业务统一章程:《见索即付保函统一规则》(*Uniform*

*Rule for Demand Guarantee*），即国际商会第 458 号出版物（以下简称《URDG458》），于 1992 年公布。为了适应见索即付保函发展的需要，国际商会银行技术与惯例委员会在 URDG458 的基础上经过两年多的修改，于 2010 年完成了 URDG758。它在形式和内容上都做了重大改进，相比 URDG458 更加精确、更加清晰、更加全面，而且进行了大量的创新，弥补了 URDG458 的空白和缺陷。详细比较两者，会发现两者在制定背景、编排体例，尤其是条款的具体内容方面都有明显的不同。

## 二、URDG758 与 URDG458 规则内容的比较

（一）URDG758 规则将反担保函的适用明确化、明细化

URDG458 中仅在第 2 条（c）款对反担保函做了一个定义性的解释，没有明确 URDG458 对反担保函的适用效力，导致在反担保函的适用问题一直存在争议。

URDG758 在第 1 条适用范围中就明确规定："见索即付保函统一规则，适用于任何明确表明适用本规则的见索即付保函或反担保函。"并且，在（b）款强化了 URDG758 对反担保函的适用效力，"如果应反担保人的请求，开立的见索即付保函适用 URDG，则反担保函也应适用 URDG"。

（二）URDG758 明确了保函的失效机制

URDG458 没有对无具体失效日期和失效事件保函的失效时间做出规定。如果保函本身没有规定失效期限和失效事件，保函的有效期将无限延展。这对于申请人和担保人都会因保函的开立承担无限期的风险。担保人更会因此而被长期占用资本金。

URDG758 为了弥补 URDG458 的上述缺陷，在第 25 条 c 款规定："如果保函或反担保函既没有规定失效日，也没有规定失效事件，则保函应自开立之日起三年后终止，反担保函应自保函终止后 30 个日历日之后终止。"该条款解决了保函撤销的难题，有利于申请人规避无限期被索赔的潜在风险，同时避免了担保人的担保资金被长期占用，影响资本的有效利用。

该条规定也在一定程度上平衡了保函和反担保函各方的权利义务，强化了各方对于保函和反担保函的认可度，有利于扩大 URDG758 和见索即付保函的使用。

（三）URDG758 增加了保函和反担保函的标准模板

URDG458 中没有对保函的格式和具体内容提供模板参考，仅在第 3 条规定了保函必要的内容："……照此要求，所有的保函都应当规定：a）被担保人；b）受益人；c）担保人；d）要求出具保函的基础交易；e）可支付的最高金额和支付的币种；f）保函的到期日及/或到期事由；g）要求付款的条件；h）减少担保金额的任何规定。"

在 URDG758 之前，担保人在不违反 URDG458 的前提下，根据自己的需要使用格式不一的保函。国内各家银行也都有自己的保函格式。虽然这些保函在内容上并不违反 URDG458 的规定，但担保人出于各自利益的需要，在保函中增加对自己有利的条款，一定程度上导致保函格式的混乱。

URDG758 第 8 条在坚持 URDG458 要求保函本身应清晰、准确，避免加列过多细

节的基础上，对内容要求做了必要的调整。增加了格式上的要求，如要求"指明基础关系的编号或者其他信息"，以及"指明所开立的保函或者反担保函情况下所开立的反担保函的编号或其他信息"。除了上述保函格式上的要求外，对保函实体内容也做了增加，新增索赔文件提交的形式要求(i. 索赔书或其他单据是否应以纸质和/或电子形式进行提交)，索赔单据的语言要求(j. 保函中规定的单据所使用的语言)，及费用的承担问题(k. 费用承担方)。这些均为URDG458未要求纳入保函的内容。URDG758对保函内容要求的调整使保函各方的权责更加清晰，形式更加统一，减少了因保函自身原因而产生的争议。

URDG758对保函内容的规定除了上述变化外，还在附录中专设了"适用URDG758的见索即付保函格式"，提供了保函的标准模板，来规范保函格式及内容。在保函格式中，列明了保函必要内容的排列顺序，并增加了"交单地点"这一重要内容。URDG758保函格式模板除了规则规定的必备内容外，还提供了可加入保函格式中的选择性条款，包括提交索赔的时间要求、金额变动条款、受益人提交的支持声明等示范条款。

（四）URDG758将不可抗力条款明确化

因外来因素导致保函或反担保无法履行或中止履行常常是保函各当事方发生争议的重要原因。因此，重要的条约、公约及规则中都设有不可抗力条款，明确不可抗力的定义、范围及因不可抗力造成无法履行的补救措施和责任分配。不可抗力条款的规定可以减少当事方因外来因素导致不能履行义务而产生的纠纷，而且有利于争议的解决。

URDG458没有设专章规定不可抗力及因不可抗力导致保函无法履行的补救措施。仅在第13条规定："对因自然灾害、暴乱、骚乱、叛乱、战争或者担保人和指示方不可控制的任何其他原因，或者由于罢工或者停工或者任何性质的行业行为所导致的担保人和指示方营业中断而产生的后果，担保人和指示方不承担责任。"该条对不可抗力及其所导致的后果规定不是很严谨。首先，没能具体的定义和规范"不可抗力"，容易使当事方因导致不能履约外来因素的认定产生争议，即导致不能履约的外来因素是不是属于不可抗力。其次，仔细分析该条，实为担保方和指示方的免责条款，没有规定发生不可抗力后的救济措施，不利于问题的解决。最后，该条仅是对保函的规定，没有规定当反担保函遭遇不可抗力，是否适用该条，更没有规定反担保函各方的责任承担及救济措施。

针对URDG458的这一缺陷，URDG758在第26条专章规定了"不可抗力"及因不可抗力导致保函和反担保函无法履行的救济措施。URDG 758明确了"不可抗力"的范围，将"罢工或者停工或者任何性质的行业行为"排除在不可抗力之外。根据社会发展的需要将"恐怖主义行为"纳入不可抗力范围，即"不可抗力"包括"天灾、暴动、骚乱、叛乱、战争、恐怖主义或者担保人和指示方不可控制的任何其他原因"。

在URDG758中，该条不再仅仅是担保人或反担保人的免责条款，而是作为当保函或反担保函遭遇不可抗力后的救济条款。该条细化了发生不可抗力后导致保函或反担保函无法履行,并在此期间失效的补救措施。如失效后展期 30 个日历日的规定,已交单但未审核的审核中止规定,已交单但未付款的应予付款规定等。

URDG758 不可抗力条款还明确规定适用反担保人(第 26 条 a)和指示方(b),并在 c 款中专门规定了反担保函因不可抗力无法履行而失效所做出的补救措施。

从上述 URDG758 第 26 条不可抗力条款的规定来看,它包括不可抗力范围的界定,保函及反担保函失效的救济措施,担保人和反担保人的免责,并以保函和反担保函在不可抗力发生期间失效的救济规定为重点。这种改进不仅有利于对不可抗力的共同认定,更有利于在不可抗力发生后,对保函和反担保函可能出现问题的解决。这在实践中对保函和反担保函各方有着积极的意义。

**(五) URDG758 区分保函转让和款项让渡两种模式**

相比 URDG458 关于保函转让和保函款项的让渡问题,URDG758 进一步细化了相关内容。URDG458 中 B 章第 4 条规定:"除非保函或者其修改中有明确规定,保函项下受益人要求付款的权利不得转让。但是本条规定并不影响受益人将保函项下其有权获得之款项转让给他人的权利。"本条确认了保函如没有明确规定"可转让",受益人不得将要求担保人付款的权利转让,即受益人要求付款的请求权不得转让。但可以将行使付款请求权后所获得款项转让给他人。作为规定保函可以转让与否的条款,仅对不能转让的条件做了规定,并没有对可转让保函转让后的履行做出规定。在实践中这就给可转让保函转让后的履行问题留下了空白。另外,URDG458 也没有对反担保函是否可以转让做出规定,也为反担保函的转让问题留下空白。

URDG758 在吸收了 URDG458 关于保函转让与款项让渡规定的前提下,进一步将保函转让具体化、丰富化,并分项区别保函转让与款项让渡。URDG758 第 33 条专门对保函转让与款项让渡做了详细地规定。

对于保函转让,第 33 条规定了保函可转让的形式要件,即只有特别声明"可转让"方可转让,并明确"反担保函不可转让"(第 33 条(a))。为了细化可转让保函的规定,URDG758 规定了可转让保函担保人的权利:除非按担保人明确同意的范围和方式进行转让,保函开立后,担保人没有义务必须执行转让保函的要求(b);保函转让费用的承担(e);保函转让后索赔的文件要求(f);并且看重强调可转让保函转让的两个重要前提条件(d):第一,被转让保函应包括截至转让之日,转让人与担保人已经达成一致的所有保函修改书;第二,受让人已获得转让人在基础关系项下的权利和义务,才能被转让。这两个条件是保函可被转让的必要条件。

至于款项让渡,URDG758 在 URDG458 的基础上对受益人的款项让渡做了必要的限制,即"除非担保人同意,否则担保人没有义务向被让渡人支付款项"。这是对担保人权利的平衡,防止受益任意让渡款项给担保人增加不必要的责任。

从 URDG458 和 URDG758 对于保函转让的规定来看,两规则都倾向于限制保函的转让,对反担保函的转让更是采取否定态度。见索即付保函本身系在信誉和信任基础上形成的担保业务,保函各方的权利义务是相对平衡性的。从国际商会制定

URDG458 和 URDG758 的初衷来看就是为了方便贸易往来,平衡保函各方的权利义务,保持保函各方关系的稳定性。因此,频繁的保函转让对于受益人是有利的,但这会增加担保人和申请人的负担,无疑这是不公平的。因此,规则更倾向于保函的不可转让性。

URDG758 虽然对保函转让和保函的转让条件做了翔实的规定,但没有明确规定可转让保函是否再次转让的问题。依 URDG758 第 33 条的字面含义,笔者认为可转让保函是可再次转让的。

(六) 其他细节比较

相比 URDG458,URDG758 将保函或修改书的通知要求具体化,对索赔程序、付款程序及费用的承担做了更加精确和清晰的规定,致力于达到 Georges Affaki 博士提出的更加清晰、更加精确、更加全面的目标。

URDG758 已于 2010 年 7 月 1 日正式生效,作为 URDG458 的修订版,相比 URDG458 做了很大的调整,新增了部分内容,更加适应今天国际经济及贸易往来发展的需要。

# 复习思考题

1. 什么是独立性保函和从属性？两者有何区别？
2. 银行保函开立的方式有哪几种？试简要予以说明。
3. 银行保函的基本当事人有哪几方？其主要的权利和义务分别有哪些？
4. 简述银行对外开立保函的一般业务流程。
5. 简述银行保函的主要内容。
6. 试述银行保函的主要种类。
7. 什么是备用信用证？它与银行保函有何不同？与跟单信用证有何不同？

## 附录六  投标保函式样

To: _____ (Beneficiary)             Date _____

Dear Sirs,

    Know all men by these presents that we _____ (name of the bank) (hereinafter called the surety), at the request of the _____ (Applicant) (hereinafter called the Bidder) are held firmly bound unto the _____ (name of the beneficiary) hereinafter called the employer, for which payment to be duly made, We firmly bind ourselves and our respective successors by these presents.

Whereas the employer has invited the bidder for the_____ (name of the bid and its number) (hereinafter called the project), and whereas the bidder is submitting a bid (hereinafter called the project), and whereas the bidder is submitting a bid (hereinafter called the bid) in accordance with the "instructions to bidders and conditions of bid" (hereinafter called the conditions for bid), and whereas it is necessary that the bid should be accompanied by a bid bond in favour of the employer in the sum of _____ only as security, for the due and faithful fulfillment by the bidder of the conditions for bid, now, therefore, the conditions of the above mentioned bond are such that:

a. if before expiration of the _____ days from the date fixed for the closing of bid, the bidder shall have received notice from the employer of its acceptance of the bid and if within _____ days of having received such notice the bidder shall, in accordance with the conditions for bid, furnish the employer with a performance bond for the due and proper performance of the project, and

b. if upon expiration of _____ days from the date fixed for the closing of bid, the bidder shall not have received notice from the employer of its acceptance of the bid, then, the bidder shall be released form the obligation under the conditions for bid, and

c. if, on default by the bidder to furnish the employer with a performance bond as aforesaid, the surety shall pay to the employer the said amount of the above mentioned bond for such default, then this obligation shall be null and void, but otherwise shall be and remain in full force and effect until _____.

Upon expiration this bond should be returned to us for cancellation.

For××Bank

(Signature)

# 附录七　备用信用证式样

**Commercial Standby L/C**

Date: _____
To: (Beneficiary=Seller)
Irrevocable Standby L/C No. _____　　For _____ (currency and amount) _____.

　　We hereby issue our Irrevocable Standby Letter of credit No. In your favor for account of the _____ (buyer) for the aggregate amount of _____ (Maximum currency and amount in words) _____ expiring on _____.

　　This standby credit is available to you against receipt at our counter in (place in issuing bank) of your sight draft(s) drawn on us, mentioning thereon our this credit No. _____ accompanied with the following written drawing certification in form as follows:

　　To: _____ (name and address of opening bank).
　　Re: Irrevocable standby letter of credit No. _____.
　　Please be advised that we are hereby drawing under the above referenced letter of of credit on you for (the claimed amount) that

(1) _____ (the name of the buyer) owes us as of the date hereof (currency/amount) _____ in connection with _____.

(2) We have requested payment from _____ (name of the buyer) in the amount of (currency/amount) _____ and as of the date hereof they have failed to pay or reimburse us for such amount.

续表

(3) This drawing is in the amount of (currency/amount) which is not in excess of the amount for which payment has been requested as set forth in paragraph (2) hereof.

_____ (name of beneficiary)
_____ (Signature)

For the purpose of identification, your request for payment and your certification have to be presented through the intermediary of a first rate bank confirming that the signatures are legally binding upon your firm.

All banking charges outside issuing bank's country are for account of beneficiary.

The amount which may be drawn by you under this letter of credit shall be automatically reduced by the amount of any drawing hereunder. Partial drawings are permitted.

We hereby engage with you that all drafts drawn and presented under and in accordance with the terms of this letter of credit will be duly honored by us.

Except so far as expressly stated herein this standby letter of credit is subject to the Uniform Customs and Practice for Documentary Credit (2006 Version) International Chamber of Commerce Publication No. 600.

Issuing Bank
Place and Date

# 第七章 国际保理结算方式

## 第一节 国际保理概述

### 一、国际保理的含义

国际保理(International Factoring),又称国际付款保理或保付代理、承购出口应收账款业务等,是商业银行或其附属机构通过收购货物出口债权而向出口商提供坏账担保、应收账款管理、贸易融资等服务的综合性金融业务。

提供保理服务的公司即保理商或保理公司,通常是国际上一些信誉卓著、实力雄厚的跨国银行或其全资附属公司。

### 二、国际保理服务的主要内容

#### (一) 贸易融资

保理业务的最大特点是可以提供无追索权或有追索权的贸易融资,而且手续简便,既不像贷款需要办理复杂的审批手续,也不像抵押贷款那样需要办理抵押品的移交和过户手续。当出口商在发货或提供技术服务后,将代表应收账款的销售发票交给保理商,就可以立即获得80%左右发票净额的有追索权的付款融资,余下的20%左右的收购价款于货款收妥后再进行清算,这样就基本解决了在途和信用销售的资金占用问题。出口商可以将从保理商处获得了预付款作为正常的销售收入,而不用像银行那样必须显示在平衡表的负债方,因此改善了代表出口商清偿能力的资产负债比例,有助于提高出口商的资信等级。

贸易融资可以通过有追索权购买提供,也可能通过无追索权购买提供。有追索权购买的主要功能是提供融资,而无追索权购买具有风险担保和贸易融资的双重功能。

#### (二) 风险担保

风险担保,即保理商通过无追索权地购买出口商所拥有的出口债权而进行风险担保。保理商可以购买出口债权的全部,也可以购买部分。如果保理商认为购买全部债权风险太大,它可以只在所核准的信用额度内购买。出口商在保理商核准的可使用信用额度范围内的销售,称为已核准应收账款(Approved Receivables),超过额度部分的销售,称为未核准应收账款(Unapproved Receivables)。保理商对已核准应收账款提供100%的坏账担保。如果进口商因财务上无偿付能力或企业破产等原因而无力履行合同规定的付款义务，保理商承担偿付责任。已经预付的款项不能要求出口商退款，尚未结清的余额也必须按约定照常支付，其损失只能由保理商自己承担。所以，只要出口商将对客户的销售控制在已核准额度内，就能有效地消除由进口商信用不佳造成的坏账风险。但是，出口商必须保证其应收账款是正当的、毫无争议的债务求偿权。对于由贸易纠纷引起的坏账，保理商不承担信用风险，对于超过核准额度的货款金额，保理商不承担责任。

（三）进口商额度的核定

上已述及，保理商对出口商的风险担保只限于核准的信用额度以内，因此，保理商开展业务时须核准进口商的信用额度，此外，还可以为出口商提供该项服务，使出口商通过控制出口金额而控制收款风险。保理商可以通过保理商联合会广泛的网络和官方、民间的商情咨询机构以及保理商自己的分支机构和代理网络等，通过多种手段获得有关进口商资信变化的最新信息，了解进口商所在国的外汇管制、外贸体制、金融制度、国家政局等方面的变化，核定并随时修改出口商的每个客户的信用销售额度，从而尽可能将坏账降到最低水平。

（四）销售账户管理

出口商将应收账款转让给保理商后，有关的账目管理工作也移交给了保理商。由于保理商一般是商业银行或商业银行的附属机构，它们一般都拥有完善的财务管理制度、先进的技术、丰富的经验和优秀的人才，因此保理商一般都有能力向客户提供高效率的账务管理服务。出口商只需管理与保理商往来的总账，不必管理具体的各类销售分户账目。保理商收到出口商交来的销售发票等单据后，在电脑中设立有关分户账目，并输入必要的信息，如债务人名称、金额、支付方式、付款期限等，实行电脑化管理。专用电脑可自动进行诸如记账、催收、清算、计息、收费、统计报表打印等工作，并可根据客户的要求，随时或定期提供产品、客户、时间的销售分户统计资料，供出口商做市场预测分析。保理商这方面的专业化高效率服务，大大减少了出口商这方面的劳动，使出口商更好地致力于出口产品的生产、销售和市场开发等出口方面的工作。

（五）债款催收

放账销售和提供买方信用已成为国际市场竞争的重要手段。在这种情况下，出口商发货后最关心的问题莫过于应收账款的回收。一旦正常途径无法收回货款，出口商就面临与外商打官司追讨货款的问题，这样做费时费力，甚至有可能得不偿失。然而，保理商拥有债款回收和追讨方面的优势。其在这方面的优势表现在：第一，专业优势，包括专门的收债技术和丰富的收债经验等；第二，全球网络优势，利用保理商联合会广泛的代理网络，在全世界许多国家和地区都有自己的合作伙伴；第三，资信优势，保理商大多在大银行或其附属机构，有良好的资信；第四，法律方面的优势，保理商能利用自己的广泛网络，与世界国家的律师机构和仲裁机构取得联系，能及时提供一流的法律服务。

## 三、国际保理的产生和发展

(一) 保理业务的产生

据有关资料,保理业务产生于18世纪的欧洲和美国。18世纪工业革命时期,英国纺织工业迅速崛起蓬勃发展。纺织品及其他工业品的供给的增加受到了英国国内市场需求的限制,于是向海外销售便势在必行。由于出口商对国外进口商的资信和国外市场的情况不十分了解,因而出口纺织品多采用寄售方式,由进口商所在地的商务代理负责货物的仓储、销售和收账,并在某些情况下提供坏账担保和融资服务。为了解决出口商的货款回收与扩大再生产之间的矛盾,这种寄售方式的商务代理制逐渐演变成为由某一机构提供短期贸易融资的保理业务。出口商在商品出运后,可将有关单据售给经营保理业务的机构,以便及时收回大部分货款,以利于扩大再生产。随着出口商出口规模的扩大和贸易融资需求的增加,保理业务也得到了发展。

(二) 国际保理在全球的发展

20世纪60年代,国际保理业务有了迅速发展,目前在许多国家已成为金融业的重要组成部分。世界最大的保理商组织——国际保理商联合会(Factors Chain International,简称FCI)一直在为推动全球保理业务的发展而努力。该组织于1968年制定了《国际保理惯例规则》,1990年修订,使国际保理业务有了共同的游戏规则。

据FCI统计,2001年,全球保理业务的总量达到7 202亿欧元,其中国内保理为6 719亿欧元,国际保理为483亿欧元。据估算,目前全球有近60个国家大约20万个企业使用保理和发票贴现服务。全球保理商的总数约1 000家,其中既有专业的保理公司,也有包括开展保理业务的银行。目前保理业务最发达的地区是欧洲和美洲,它们有400家左右保险公司,业务量分别约占全球总量的60%和20%;亚太地区近10年来保理业务发展也十分迅速,其业务总量已占全球总量约10%。2001年全球保理业务量超过10亿欧元的国家有36个,其中业务量最大的是英国和美国,分别达到1 398亿欧元和1 290亿欧元。

1992年我国的中国银行率先开办保理业务,并与国外保理公司和保理商国家组织建立起联系。1993年,中国银行加入国际保理商联合会,成为正式会员。目前,国内已有多家银行公开宣称开办保理业务。据FCI的统计,2001年我国国际保理业务总量为9 100万欧元,国内保理业务为11.5亿欧元,折合人民币约100亿元。由于FCI只统计其成员的保理商的业务量,上述业务量只包含我国4家银行的保理业务量,如果加上其他尚未成为其会员的银行的业务量,则我国保理业务在2001年大大超过100亿元人民币。至今,业务量肯定在此基础上有大的增长。

## 第二节　国际保理的类型

按不同的标准,国际保理可分为多种类型,常见的有以下四类。

### 一、到期保理与融资保理

根据是否提供融资,保理可分为到期保理(Maturity Factoring)和融资保理(Financed Factoring)。

#### (一) 到期保理

到期保理是指出口商将出口单据卖给保理商,后者承诺并同意于发票到期日将应收账款即单据的票面金额的收购价款无追索权地付给出口商。至于保理商能否按时收回债款,则是保理商自己的事情。这是一种早期的保理业务。

#### (二) 融资保理

融资保理,也叫预支保理,是指应出口商的要求,保理商在购入应收账款后立即预付出口商约发票金额80%的款项,其余部分待从进口商处收回全部货款后再行支付。保理商对预付的款项可以是无追索权的,也可以是有追索权的。出口商可以获得保理商的贸易融资,故融资保理在保理业务中被广泛使用。

### 二、双保理与单保理

根据运作机制的不同,保理可分为双保理(Double Factoring)和单保理(Single Factoring)。

#### (一) 双保理

双保理业务涉及两个保理商,即出口保理商和进口保理商。出口保理商受出口商的委托向出口商提供包括预付款融资在内的全部保理服务,进口保理商受出口保理商的委托,直接向债务人(进口商)收款,并在核准的信用额度内提供坏账担保,进口保理商不直接接受出口商的委托。进口保理商在提供服务时,应被认为是按照签订的代理协议代表出口保理商行事,并不对出口商承担任何责任。在双保理业务中,出口商收款方便安全,融资便利,故在保理业务中多采用这一方式,但相对于单保理,其费用较高,资金划转的速度较慢。

#### (二) 单保理

单保理业务一般只涉及一个保理商,即进口保理商。在单保理业务中,货物出运后,出口商将所有单据直接寄交进口商,而将发票副本寄送进口保理商,委托其向进口商收取货款。进口保理商将承担信用额度以内的收账风险。进口商须于发票到期日向进口保理商支付货款,后者将全部款项转付出口商。进口保理商也可应出口商的要求,于收到出口商的发票副本后对其预付80%的销售货款,其余部分于收回全部货款后结清。

尽管单保理业务中收费较低,划款速度较快,但收款难度相对较大,实践中应用较少。它主要适用于进、出口方有经常性业务往来,收款不复杂,进口方资信较好的结算业务。

### 三、出口保理与进口保理

根据保理商对不同客户提供的服务,国际保理可分为出口保理(Export Factoring)与进口保理(Import Factoring)。

(一) 出口保理

出口保理是指出口国的保理商为出口商提供的保理服务。服务的主要项目包括对进口商进行资信调查和信用评估、出口信用风险保障、销售账户管理及催收账款、贸易融资等。

(二) 进口保理

进口保理是指进口国的保理商为进口商提供的保理服务。服务的主要项目包括:根据进口商的财务及资信状况,为其提供对外付款保证或代其垫付款项,以使进口商以赊付方式达成进口交易,加速资金周转,节约成本开支。

### 四、无追索权的保理与有追索权的保理

根据保理商对已付款项是否有追索权,可分为无追索权保理(Without Recourse Factoring)和有追索权保理(Recourse Factoring)。

(一) 无追索权保理

无追索权保理是指保理商在收到出口商交来的发票等单据后,在已核准应收账款内提供80%的预付款,若进口商到期无理拒付或无力付款,保理商对出口商所预付款项无追索权,此外,保理商对其余部分款项也要承担付款责任。无追索权保理更受出口商欢迎,是典型的保理服务形式。

(二) 有追索权保理

有追索权保理是指保理商向出口商支付款项后,若遇进口商无理拒付或无力付款,有权要求出口商偿还所付款项。这一方式实际上不具备信用风险保证功能,不属于标准意义上的保理业务。

保理业务发展到今天,已成为一项多功能的金融服务,保理商可以根据客户需要灵活调整服务内容。所以,保理虽有不同业务类型,但在实务中出现若干种业务形式并用的情况是十分常见的。例如,进、出口双方多采用双保理方式进行贸易结算,而又以无追索权保理居多,出口商亦通常要求保理商提供融资保理服务。

## 第三节 双保理业务的办理程序

在国际保理业务中,双保理方式是最重要,也是运用最为广泛的一种。

## 一、有关当事人

双保理业务中,主要当事人有四方:出口商、出口保理商、进口商、进口保理商。

### (一)出口商

出口商即供应商,其应与出口保理商签订保理业务协议,并委托其办理协议约定的保理事项。

### (二)出口保理商

出口保理商根据与出口商签订的保理业务协议,通过进口保理商的协作,为出口商提供进口商资信调查、购入应收账款、款项催收、销售分户账管理、贸易融资、风险担保等服务。

### (三)进口商

进口商应通过进口保理商办理款项结算,对出口商提供的货物或服务所产生的应收账款承担付款的义务。

### (四)进口保理商

进口保理商同意向进口商代收以出口发票表示的、并已转让给出口保理商的应收账款。进口保理商负责核准进口商的信用额度、提供信用风险担保、向进口商催收货款。进口保理商应对其核准的信用额度内的坏账损失承担付款责任。

## 二、办理程序

国际双保理业务办理的主要环节可概括如下。

### (一)出口商与出口保理商洽商保理结算事宜

出口商在与进口商达成买卖合同前,应先与当地保理商联系,经保理商同意接纳保理业务后,则填写由出口保理商提供的《信用额度申请表》。申请表的内容包括进口商名称、详细地址及邮编、联系人、往来银行及账号、进口商以往的付款情况;出口商名称、详细地址及邮编、联系人、开户银行及账号、出口商品名称和类别、合同号或订单号、预计未来某月与该进口商的交易总额、付款条件、发票使用货币、发票平均数值、申请信用额度、信用额度的使用时间等。

信用额度分单笔信用额度和循环信用额度两种。前者只能使用一次,而后者可以多次重复使用,即当进口商支付了一笔应收账款后,该笔应收账款所代表的额度可以再次使用若干期。一般来说,如果买卖合同中有分批装运条款,则可申请循环额度;如果是一次性装运,则可申请单笔信用额度。

### (二)出口保理商与进口保理商联系

出口保理商对出口商的经营状况和已填好的《信用额度申请表》进行正常审查后,根据进口地情况选择进口保理商,并通过电子数据交换系统向进口保理商发送《出口商信息表》和《初步额度申请表》,请其据以报价。同时,请其对进口商资信及进口地市场状况进行调查。

### (三) 进口保理商核定进口商的信用额度并报价

进口保理商收到有关交易资料后,立即着手对进口商的资信进行调查,核定进口商的信用额度。随后,根据出口保理商所提供的确定自己的条件和报价(费率),并将核定和报价的情况通知出口保理商。根据有关惯例,进口保理商须在14个工作日内答复出口保理商。

### (四) 出口保理商报价并与出口商签订出口保理协议

在收到进口保理商批准信用额度及报价的通知后,出口保理商在此基础上决定自己的条件和报价。出口商如果同意接受报价,则与出口保理商签订出口保理协议,然后在协议规定的信用额度内与进口商正式订立买卖合同。

### (五) 出口保理商与进口保理商签订保理协议

出口保理可通过与进口保理商签订保理协议,将债权转让给进口保理商,由后者向进口商收款并承担相应责任。

### (六) 出口商转让应收账款

在签订保理协议后,出口商与进口商签订贸易合同,并根据合同发货。出口商发货后,将代表应收账款的单据提交给出口保理商,以转让债权。

如果合同中规定的付款条件是O/A(赊销)方式,出口商可以直接将汇票或发票及装运单据正本上加注经保理商认可的过户通知文句,通知债务人(也可不通知)有关债权已出售或转让给了进口保理商,有关应收账款应于到期日直接付给进口保理商,然后将有关票据正本寄给进口商,向出口保理商只需提交发票副本。但是,当出口商向出口保理商申请融资时,则出口商须将全套正本单据交给出口保理商。后者对全套单据经审核无误后,将给予出口商预付80%左右的发票金额,在收到单据后的1—2个工作日内将款项划到出口商账户上。在D/P和D/A条件下,出口商应将全套正本单据提交给出口保理商,再由出口保理商将单据转给进口保理商办理托收。

### (七) 保理商承购应收账款

出口保理商按发票金额扣除利息和承购费用后,立即或在双方约定的日期将货款支付给出口商,并将单据寄给进口保理商。

### (八) 进口保理商收款

进口保理商收到出口保理商寄来的票据后,记入应收账款,然后开始负责向进口商催收货款。

### (九) 进口商付款

进口商到期向进口保理商付款。

### (十) 进口保理商划款

进口商付款后,进口保理商应立即将扣除保理佣金后的余额向出口保理商划付。

### (十一) 出口保理商向出口商付款

出口保理商收到进口保理商划来的款项后,应立即付给出口商。如果出口保理商事先已预付部分款项,则应扣除预付本息,将余款付给出口商。

国际双保理业务的一般流程图见图 7-1。

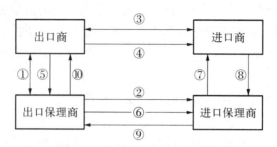

图 7-1　国际双保理业务一般流程图

说明：
① 出口商与出口保理商签订保理业务协议；
② 出口商通过出口保理商向进口保理商申请信用额度；
③ 出口商与进口商签订贸易合同；
④ 出口商按合同规定发运货物；
⑤ 出口商向出口保理商递交转让应收货款所有权的通知书和全套单据；
⑥ 出口保理商接受应收账款单据并兑现部分或全部款项后，将承购的应收账款单据寄给进口保理商；
⑦ 进口保理商向进口商提示单据；
⑧ 进口商向进口保理商付款；
⑨ 进口保理商将款项转付给出口保理商；
⑩ 出口保理商收款后向出口商结算。

以上是进口商（债务人）正常付款的业务程序。若进口商到期未能履约付款，则要考虑以下情况。

（1）如果应收账款的逾期原因是贸易纠纷或是债务人提出反索，或是由于出口商的违约行为，进口保理商不承担付款责任，但在出口保理商要求协助的情况下协助处理纠纷。

（2）若债款逾期是由于债务人信用危机引起的，那么可按下列方式处理。
① 如果进口保理商提供的是无追索权保理服务，则必须于账款逾期一定期限内（一般为到期后 90 天）支付已核准的应收账款。
② 如果进口保理商提供的是有追索权保理服务，则可向出口保理商及出口商行使追索权。在这种业务中，进口保理商不负责为进口商核定信用额度和提供坏账担保，而是仅提供包括融资在内的其他服务，因此进口保理商主要是对出口商的融资行使追索权。

### 三、出口保理协议的主要条款

**（一）收购应收账款条款**

出口商承诺协议生效时已存在的和协议有效期内发生的、通过向国外进口商出售商品或提供服务而产生的所有合格应收账款出售给保理商，并使其不受留置权和抵押权的影响。

## (二) 核准应收账款和未核准应收账款条款

在保理协议有效期内,出口商可以随时向保理商申请核准因出售商品或提供服务而产生的应收账款,保理商则以书面通知该应收账款核准与否。出口商也可以随时要求保理商为自己的客户核定一个信用销售额度,但必须如实提供所掌握的有关该客户的资信情况。保理商以书面通知核准的应收账款和信用额度内的应收账款均为已核准的应收账款。对于已核准的应收账,保理商可以提供无追索权的融资和坏账担保。对于未核准的应收账款或超过核准额度的应收账款,保理商只提供有追索权的融资,不提供坏账担保。

## (三) 收购价款

协议应写明保理商收购应收账款的价格及相关规定。一般来说,收购价格应是发票金额扣除下列款项后的净额:(1)出口商按合同规定给予进口商的回扣、佣金和折让;(2)根据贴现率计算的贴现金额;(3)保理佣金。保理商根据进口国别、信用期限、货物种类和交易金额的不同收取保理佣金,包括保理商对信贷风险的评估费用、会计处理费用、承担信贷、汇率风险的费用等。一般根据应收账款总额计算,费率通常不超过2%。

对于收购价格,保理商有权按照协议规定行使冲账权和抵消权,即将因贸易纠纷而产生的,或因客户信用危机而使未核准应收账款部分产生的呆账和坏账从收购价款中扣减或冲销。协议还应规定收购价款的支付时间和方式。

## (四) 权益转让条款

出口商将应收账款的债权转让给保理商后,必须亲自或委托保理商将转让以书面形式通知债务人(进口商),要求债务人向保理商付款,并在协议中写明。出口商所拥有的其他相关权益也被认为随之转移,如所有权、留置权、停运权、再出售权等。

但是,根据《国际保理服务公约》,出口商向保理商转让债权时,不必通知债务人。

## (五) 出口商履约保证

通常,出口商必须在协议中作出如下保证:
(1) 所有出售的应收账款的债权为合法债权;
(2) 出口商已全部履行了合同项下的责任和义务;
(3) 按照合同规定向客户(债务人)提供了商品和服务,不会发生争议及贸易纠纷;
(4) 进口商不是出口商的附属机构、控股公司或集团成员等。

## (六) 限制条款

协议中应对出口商的某些行为加以限制,通常有:
(1) 出口商不得将已抵押的应收账款转让给保理商;
(2) 债权转让后,出口商不得以任何方式将其抵押给第三者;
(3) 签订协议后,未经保理商同意,出口商及其附属机构不得再与任何第三者签订类似协议;
(4) 未经保理商书面同意,保理协议不得转让。

若出口商违反上述条款,保理商有权终止协议。

(七) 有效期条款

保理协议自签字之日起有效期通常为1年,期满后可以续签。否则,协议逾期后将自动失效,但在有效期内的业务尚未结清的,可继续执行协议,直至全部结清为止。

(八) 协议终止条款

在协议有效期内,若出口商清盘破产或发生违约情况,保理商有权立即终止协议,并可保留或行使对应收账款的追索权或以借记方式将未付应收账款再转让给出口商。

## 四、保理服务对出口商和进口商的作用

(一) 对出口商的作用

1. 有利于出口商尽快收回资金,提高资金的使用效率

通过保理服务,出口商发货后,即可以获得80%左右的发票金额的贸易融资,缩短了资金回收周期,提高了资金使用效率。尤其对于那些从银行和证券市场融资困难的中小企业的出口商,保理是它们解决融资难的一条极好途径。

2. 有利于出口商转移风险

只要出口商按照合同交货,在保理商无追索权地购买其出口债权后,出口商就可以将信用风险和汇率风险转移给保理商,起到了风险规避的作用。

3. 有利于维护和提高出口商的资信

由于出售应收账款计入出口商正常的销售收入,就提高了企业的资产/负债比率,改善了其资产负债结构,这显然有助于出口商资信的提高。

4. 有利于出口竞争

在国际贸易中,结算方式的选择往往是决定交易能否达成的重要因素之一。毫无疑问,进口商乐于选择手续简便、费用低廉、不占用资金的结算方式。如汇款和跟单托收,但这两种结算方式是建立在商业信用基础上,有时难以保障出口商的权益。信用证结算能有效地保障出口商的权益,但在申请办理信用证业务时,进口商又往往因银行严格的资信审核及受信额度的限制而无法获得开证,而且信用证业务程序繁琐、费用较高。保理业务可以在相当程度上调和进出口商双方在结算关系上的矛盾:使进口商免除了办理信用证的繁琐的申请手续,免受开证额度限制及开证资金的占压;使出口商易于出口成交,增强了出口竞争力。此外,由于保理商熟悉海外市场和进口商的有关情况,在很大程度上保障了对进口商资信调查的真实性,使出口商向进口商提供商业信用有了可靠的依据。然而,保理商向出口商特别是中小出口商提供的进口商及国外市场的有关情况,往往成为出口商开拓国际市场、增强竞争力的有用信息。

5. 增大出口成本

对出口商的不利影响是会提高出口成本,并因此导致出口价格上升或出口利润下降,因为出口商要承担较高的保理业务费用。

(二) 对进口商的作用

1. 避免占用资金

保理服务适用于以赊销方式购买商品，进口商不需要向银行申请开立信用证，免去了交付开证押金和有关费用，从而减少了资金占用，降低了进口成本。

2. 简化进口手续

通过保理服务，进口商可迅速购得急需的进口物资，不必像信用证结算那样开证、催证、审证、修改信用证等，大大节省了时间，简化了进口手续，提高了交易效率。

当然，采用保理服务，出口商会将办理该项业务的有关费用（或其中的一部分）转移到出口货价中去，增加了进口商的进口成本，但一般来说，与信用证的开证押金的利息损失及其他费用相比，因保理费用转移而带来货价提高给进口商造成的损失要低一些。

## 第四节　有关保理的国际惯例

### 一、《国际保理服务公约》

(一)《国际保理服务公约》的产生

在 20 世纪 70 年代以前，国际保理服务尚未形成统一的国际法律制度和权威的国际规则，各国保理当事人都以本国法律来解释和运用保理服务，这就难免产生争议和矛盾。为了克服这些问题，促进国际保理服务的发展及其在国际结算中的运用，国际统一私法协会于 1974 年决定将普通债权转让及保理合同列入工作计划并成立研究小组。该小组起草了《国际保理服务公约》，之后经多次讨论修改，于 1988 年 5 月提交在加拿大渥太华召开的由 55 国代表参加的外交会议审议，该会议对公约草案作了进一步修改后通过。我国也派代表参加了审议，并签署了最后文件。

(二)《国际保理服务公约》的主要内容

《国际保理服务公约》（以下简称《公约》）共四章 23 条，主要内容简介如下。

1. 适用范围

《公约》规定：适用国际保理服务合同和应收账款的转让。保理服务合同是指一方当事人（供应商）与另一方当事人（保理商）之间达成的合同。

2. 保理商的职责

保理商至少须履行下述职责中的两项：

A. 向供应商融资，包括贷款和预付货款；

B. 保存与应收账款有关账户（分类账），即提供售后服务；

C. 代收应收账款，即收取债款；

D. 防止债务人拖欠付款，即提供坏账担保。

3. 应收账款的转让

根据规定,"供应商应将其与客户(债务人)订阅的货物销售合同的应收账款转让给保理商"。只要在销售合同中订明采用 D/A 或 O/A 方式,并规定"发票日期后××天付款",供应商在发货后即可转让债权,而不必通知客户,也不必征得其同意。但是,保理商应向债务人以书面形式通知其应收账款的转让。

4. 债务人的权利和义务

《公约》规定:"债务人有义务向保理商付款",但是,如果供应商不履行或不完全履行,或延期履行合同,债务人有权从保理商那里收回已付货款。

(三)《公约》的管辖

只有符合下列两项条件,保理业务才受《公约》的管辖:(1) 供应商和保理商的国家均为公约签字国;(2) 销售合同和保理合同均受《公约》签字国法律管辖。但是,《公约》不是强制性的法律文件,即使是《公约》签字国的供应商和保理商,只要双方同意,就可以用书面协议的形式排除《公约》管辖。不过,《公约》已成为国际保理业务中有广泛代表性和权威性的法律文件,为国际保理业务提供了统一的法律依据和业务标准。

## 二、《国际保理惯例规则》

《国际保理惯例规则》是国际保理商联合会(FCI)制定并颁布的为世界各国保理商所接受的有关保理业务的统一惯例(以下简称《规则》),现简要介绍其 1990 年修订本的主要内容。

(一) 适用范围

(1) 适用的当事人。进出口保理商均为 FCI 会员,或一方为会员,另一方虽不是会员但同意采用此规则。

(2) 业务范围。仅限于与出口保理商签有协议的供应商以信用方式向债务人销售货物或提供服务所产生的应收账款,且该债务人所在国有进口保理商提供保理服务;不包括任何以信用证(备用信用证除外)、D/P 或现金交易为基础的销售。

(二) 进口保理商的主要责任

(1) 进口保理商必须在收到信用额度申请后的 14 天内将其是否接受保理申请的决定通知出口保理商。

(2) 进口保理商在核准限额内对转让给他的应收账款的信用风险承担责任。但是,如果进口保理商在发货前获得不利的资信报告,他有权撤销已核准的限额。

(3) 进口保理商在收妥债务人的应收账款后,不迟于下一个银行工作日将等值货款付给出口保理商。

(4) 如果已核准的应收账款于到期日后第 90 天仍未由债务人偿付,进口保理商应于第 90 天向出口保理商付款。

(5) 进口保理商在提供服务时,应被认为是代表出口保理商行事,并不对出口保理商的销售商承担任何责任。

（6）对于核准限额以外的应收账款仅应采取托收方式，但进口保理商应尽最大努力收款。

（7）进口保理商应就所有的交易至少每月一次向出口保理商报告账务。

进口保理商受让应收账款后，将有权以自己的名义采取诉讼或其他方式强行收款，此外，还享有留置权、停运权等权利。

(三) 出口保理商的主要责任

（1）出口保理商应将供应商出售给自己的所有应收账款提供给进口保理商。

（2）当进口保理商不准备对单笔交易核准信用风险或取消信用限额时，出口保理商的有关责任继续存在，直到收回全部已核准应收账款。

（3）出口保理商应代表自己和其供应商保证每笔应收账款均代表一笔在正常业务过程中产生的并符合供应商经营范围和付款条件，实际正当的销售和发货，或提供服务。

（4）出口保理商应尽其所能协助进口保理商收款，并提供进口保理商要求的单据。

（5）向进口保理商支付有关费用。

(四) 关于争端的解决

（1）如果在申请仲裁时双方均为 FCI 成员，出口保理商和进口保理商之间发生的关于国际保理业务的一切争端应按照 FCI《仲裁规则》解决。

（2）如果在申请仲裁时仅一方为 FCI 成员，而另一方亦接受上述仲裁规则，一切争端也可如此解决。

（3）仲裁裁决是终局性和有约束力的。

## 复习思考题

1. 什么是国际保理？其主要服务内容有哪些？
2. 国际保理可进行哪些分类？
3. 什么是双保理？试述双保理业务的主要流程。
4. 经营日用纺织品的英国 Tex UK 公司主要从中国、土耳其等国进口商品。几年前从我国进口商品采用的都是信用证，但随着业务量的扩大，该公司开始谋求至少 60 天的 O/A 付款方式，我公司考虑到收款风险没有同意，之后该公司转向国内保理商 Ales Lawrit 寻求解决方案。英国的保理商为该公司核定了一定的信用额度，并通过中国银行通知了我国出口商。通过保理机制，进口商得到了 O/A 的优惠付款条件，而出口商也得到了 100% 的风险保障以及 80% 的贸易融资。试分析上述现象。

# 第八章 包买票据结算方式

## 第一节 包买票据概述

### 一、包买票据的定义

包买票据又称"福费廷",是一种特殊的中长期票据融资方式,即包买商(Forfaiter,银行或其他金融机构)从本国出口商那里无追索权地买断经过外国进口商银行承兑或担保的中长期汇票、本票或其他应收账款债权凭证的金融交易。

包买票据业务通常都具有正当的融资背景,大多是具有一定贸易背景的所谓"贸易融资型包买票据"(Trade-backed Forfaiting),但在实务中有些包买商有时也做一些所谓"单纯融资型包买票据"(Financial Forfaiting)业务,本节则将着重介绍前者。

包买票据业务中所涉及票据的付款期限一般较长,大多在半年到七年(甚至更长)。叙做包买票据业务后,原持票人(出口商)就将所出售债权凭证的一切权益都转让给了包买商,而包买商则放弃对出口商的追索权,出口商在背书转让其作为债权凭证的票据时会加注"无追索权"(Without Recourse)字样,从而将收取债款的全部风险和责任都转嫁给了包买商。

### 二、包买票据债权的转让形式和转让性

包买票据债权的转让有记名转让和匿名转让两种不同的转让形式。通常(尤其在一级市场上)是做记名转让,但在二级市场上(包买票据业务也有二级市场)有时也做匿名转让(具体来说就是采取"匿名转让——信托代管"的转让方式)。汇票或本票的记名转让属于流通转让,发票等其他债权凭证的记名转让本质上属于过户转让,而所有的匿名转让则均属于衡平转让。

### 三、包买票据债权凭证的基本种类

(一)经过承兑的远期汇票

这主要包括银行承兑汇票、有银行签保(Aval)的商业承兑汇票或有银行独立性保函/备用信用证担保的商业承兑汇票。

### (二) 商业远期本票

这主要包括有银行签保的本票或有银行独立性保函/备用信用证担保的商业本票。

### (三) 发票或其他远期应收账款债权凭证

这些债权凭证一般须有银行独立性保函/备用信用证先予提供担保,必要时还须投保出口信用险。

## 第二节 包买票据业务的办理程序

### 一、询价

一般来说,出口商在与进口商签订商务合同之前就应作好融资的准备。有时,为了争取订单,出口商往往主动或被动同意向进口商提供远期信用融资,并将延付利率打入货价。为了确保出口商能按时得到融资,并且不承担利率损失,出口商应早与银行联系询价,得到银行的正式答复及报价后再核算成本,与进口商谈判并签约。有些出口商因缺乏对福费廷业务的了解,签约以后才找银行做福费廷,结果发现延付利率低于银行贴现率,只好蒙受损失。

出口商在向银行询价时,须提供下列有关情况:

(1) 合同金额、期限、币种;
(2) 出口商简介、注册资本、资信材料、签字印鉴及其他有关情况;
(3) 进口商详细情况,包括注册地点、财务状况、支付能力等;
(4) 货款支付方式、结算票据种类;
(5) 开证行/担保行名称、所在国家及其资信情况;
(6) 出口商品名称、数量及发运情况;
(7) 分期付款票据的面额和不同到期日;
(8) 有关进口国的进口许可和支付许可;
(9) 有关出口项目的批准和许可;
(10) 票据付款地点。

### 二、报价

银行接到出口商的询价后,首先要分析进口商所在国的政治风险、商业风险和外汇汇出风险,核定对该国的信用额度,然后审核担保人的资信情况、偿付能力,以及出口货物是否属正常的国际贸易,合同金额期限是否能够接受等。

如以上几方面均达到满意,银行便根据国际福费廷市场情况作出报价,报价的内容包括以下三点:

## (一) 贴现率

贴现率(Discount Rate)一般有两种报价方式,即固定利率和浮动利率,由出口商自己选择。通常出口商喜欢固定利率,因为他们可在交易的开始就知道总的贴现成本。

贴现率的高低是根据进口国的综合风险系数、融资期限的长短、融资货币的筹资成本等决定的。贴现率通常以 LIBOR 加一个利差表示,LIBOR 反映银行的筹资成本,利差反映银行所承担的风险和收益。

## (二) 承担费

承担费(Commitment Fee)是银行在承诺期内根据贴现的面值及向出口商承诺的融资天数计算出来的费用。承诺期是指从银行与出口商签订福费廷协议起至银行实际贴现付款日止的一段时间,承诺期不是事先固定的,但一般不超过 6 个月。银行一旦承诺为出口商贴现票据,从签订福费廷协议起的任何一天,都有可能成为实际贴现付款日,所以银行要事先筹好资金,随时准备支付票款,如中途出口商因某种原因未能履约,银行要蒙受一定的资金损失,因此收取相应的承担费是合理的。

承担费率一般为年率 0.5%—2%。计算公式为:票面值×承担费率×承诺天数/360。

例如:贴现票据面值:US$1 000 000

承担费率:年利率 1.5%

承诺期:90 天

承诺费=1 000 000×0.015×90/360
    =US$3 750

## (三) 多收期

多收期(Grace days)又称宽限期,是指从票据到期日至实际收款日的估计延期天数。由于任何延期都会使银行增加成本,所以,银行为补偿其在到期日向进口方银行索偿时可能遇到的拖延或其他麻烦,一般在报价时都在实际贴现天数的基础上多加 3—7 天的宽限期。

## 三、签约

若出口商接受了银行的报价,便须与银行正式签订福费廷协议,协议的内容:(1)项目概况及债务凭证;(2)贴现金额、货币、期限;(3)贴现率及承担费率;(4)有关当事人的责任义务;(5)违约事件及其处理;(6)其他。

## 四、交单

根据福费廷协议的有关规定,出口商在发货之后应立即将全套的装船单据交银行议付,议付行将远期票据寄开证行/担保行承兑后退给出口商。出口商在银行承兑的远期汇票或本票上背书并注明"无追索权"字样后,正式连同其他的单据在承诺期内交贴现银行审核。一般须提交的单据有以下七种:

(1) 本票或银行承兑汇票等；
(2) 提单副本；
(3) 发票副本；
(4) 合同副本；
(5) 信用证或保函副本；
(6) 出口商对其签字及文件真实性的证明；
(7) 出口商债权转让函。

### 五、审单及付款

银行在收到出口商提交的单据后须认真审核，尤其对出口商签字的真伪要核实。若该贴现银行是投资性贴现（即自留票据，到期后向进口方银行索偿），应事先得到进口方银行的付款承诺及进口国有关政府和法律的许可文件。然后，经审核单据无误后向出口商付款。

若该贴现银行是代理性贴现（即同时转贴给二级市场），则须事先与二级市场的有关银行达成默契。在收到出口商的全套单据后，再背书给下一手银行，并提供其他有关资料和证明，收到付款后再支付给出口商。

银行在贴现付款时，须按出口商的指示，将贴现款项汇到其指定的银行账户上。同时，向出口商提供一份贴现清单，列明贴现票据面值、贴现率、期限、承担费，以及贴现后的净额，同时抄送进口方银行作为一份存档文件，以便在到期日索偿时参考。

### 六、到期索偿

贴现银行对出口商付款后，将远期票据妥善保存，在到期日之前，将票据寄付款银行索偿。付款银行按照贴现银行的指示将款项汇到贴现行指定的账户，这样，一笔福费廷业务就完成了。

如果付款银行未能在到期日正常付款，贴现银行可委托律师对付款银行起诉，同时向出口商通报拒付事实，以便取得出口商的协助。若真是由于进口国的政治风险和外汇短缺造成无力支付，贴现银行也只能承担一切损失。

## 第三节　包买票据业务的特点、融资成本和影响

### 一、包买票据业务的特点

这种远期票据应产生于销售资本货物或提供技术服务的正当贸易。在大多数情况下，票据的开立是以国际贸易分期付款交易为背景，有时还有少数国内贸易分期付

款交易也开立远期票据。

叙做包买票据业务后,出口商必须放弃对所出售债权凭证的一切权益,而包买商也必须放弃对出口商的追索权。

出口商在背书转让作为债权凭证的票据时,均加注"无追索权"(Without Recourse)字样,从而将收取债款的权利、风险和责任转嫁给包买商。

与其他国际贸易融资方式相比,包买票据业务的优点表现为:(1)包买票据仅使用本票或汇票,办理简便、灵活、高效;(2)适应西欧国家的资本货物出口、金额很大、期限较长、风险较多的交易,特别是当某些国家的贸易商,得不到政府的资助,商业银行提供出口信贷资金不够充足,或贴现商人不愿贴进期限太长的票据时,出口商可以与包买商洽谈包买融资;(3)包买商买入票据支付净款后,自行承担可能收不进票款的风险,而对出口商即收款人放弃追索权;(4)按固定贴现率包买票据,可以避免以后由于市场利率上涨而使融资费用增加;(5)包买方式可以结合银行予以保证的做法,由出口商开立以进口商收票付款该银行保证的分期付款商业汇票,给予包买融资,还可使用在卖方信贷的远期票据贴现融资业务方面。

包买票据融资也有其缺点:出口商负担包买票据的费用要比远期汇票贴现费用高得多,因为出口商负担的贴现率要把包买商承担收不进票款的风险包括在内。此外,出口商还要负担选择费和承担费,因此费用增多了。

## 二、包买票据业务的融资成本

从表面上来看,包买票据业务所涉及的费用只有一小部分由进口商直接承担,大部分是由出口商直接承担的。

(一)进口商直接承担的费用

从表面上看,进口商所直接承担的费用只有一项,银行承兑费或担保费。实际上,出口商在贸易报价中早已间接地将其承担的融资费用全部或部分转嫁给了进口商。

(二)出口商直接承担的费用

1. 贴现息

这是指包买付款日至票据到期日之间的贴息费。其贴现率的构成通常分为两部分:第一部分是基本利率(Basic Rate),按整套票据的平均寿命所相应的同业拆借市场利率来计算;第二部分是增幅(Margin),它包含包买票据业务蕴含的特别风险费(进口国的外汇短缺风险、利率风险及汇率风险等)和手续费(包买商的资产管理费用和利润)。

另外,包买票据的贴现率还与下述承担期的长短有关,一般是承担期越长,贴现率越高。虽然客户对于承担期也需要支付承担费,但由于承担费率远低于贴现率,所以包买商常用适当降低贴现率的办法来鼓励客户尽早贴现,以缩短资金的承担期(闲置期),提高资金的营运效率。

2. 承担费

这是从包买协议生效可以提款至实际提款期间客户须承担的费用,通常依约定费率(其年利率一般为 0.75‰—1.5‰)按月收取。

3. 选期费

出口商在商务谈判的初期,可以先期得到包买商给予的报价以及决定是否叙做该项业务的一个选择权限(通常不超过一个月),为此要付选期费,一般按票据面额 1‰—1.5‰ 的费率一次性支付。

4. 宽限期贴息

由于不同国家或地区外汇管制程度、银行办事效率等各不相同,以及时差因素的影响等原因,包买商实际收妥票款的时间往往会不同程度地稍晚于票据的到期日,为避免因此而给自己造成利息损失,包买商往往会事先计收宽限期贴息,通常按 2—3 天计算此项贴息(但对于个别国家或地区也可能长达 10—20 天)。

### 三、包买票据业务的影响

贸易融资型包买票据这种融资方式对于进出口商以及包买商各有利弊。

**(一) 在贸易中采用包买票据融资方式对于出口商的利与弊**

1. 利

(1) 资金周转快;

(2) 省去了债款回收的管理工作和费用;

(3) 可得到固定利率和无追索权的贸易融资,免除了自己对于进口商提供商业信贷的利率风险、汇率风险、信用风险和国家风险;

(4) 可有选择地根据需要叙做包买业务,而不必像做保理业务那样不得不将所有应收账款全部转让;

(5) 跟包买商达成包买协议的程序及其协议文件均很简单(主要取决于担保人的资信),与其他融资方式相比,办理方便、快捷;

(6) 交易手续十分简便(没有过多的单据要求);

(7) 包买业务具有保密性,不像银团贷款业务那样具有公开性;

(8) 在商务谈判初期即可先期得到包买商的报价,并在一定时期内拥有是否叙做该项业务的选择权,从而可在后期的贸易谈判中设法提高货价以转嫁融资费用,或在不利时放弃该项交易。

2. 弊

(1) 须进口商同意并能找到高资信担保人时,才能叙做包买融资;

(2) 出口商必须确保债权凭证的有效性和银行担保的有效性,才能真正免除包买商的追索权。

**(二) 在贸易中采用包买票据融资方式对于进口商的利与弊**

1. 利

(1) 可得到利率固定的商业信贷;

(2) 须提交的债权单据办理简便。

2. 弊

(1) 需要的银行承兑或担保将长期占用其信用额度；

(2) 融资成本高，不但须直接负担银行的承兑费或担保费，而且还须承担出口商转嫁的融资成本；

(3) 由于本国银行的票据担保，使得进口商不再能因为有关货物或服务的贸易纠纷而拖延或拒绝有关票据的到期付款。为此，在实务中，进口商常采用保留尾款（即"留置金"，一般为合同价款的5%—10%）不在包买业务范围之内的办法来保障自身权益。

(三) 银行开展包买票据业务的利与弊

1. 利

(1) 收益率高；

(2) 包买债权必要时可以在二级市场上转让；

(3) 包买交易协议的程序及其文件均很简单，办理方便、快捷。

2. 弊

(1) 无追索权；

(2) 须承担审核票据有效性和担保有效性的责任（这要求包买商熟知进口国的有关法规）；

(3) 须负责审查担保人的资信；

(4) 不能采用"加速还款"（Acceleration Payment）方式来减轻损失（在分期偿还的普通贷款业务中，如有任何一期未能按期偿还，银行可以采用"加速还款"方式要求借款人立即偿还全部欠款；而在包买票据业务中，包买商无此权利）；

(5) 包买商（银行）承担了全部的利率、汇率、信用和国家风险。

包买票据业务在第二次世界大战后起源于欧洲，20世纪80年代后开始向亚洲及全世界发展，而在我国长期没有开展起来，直到1994年中国进出口银行成立以后，它作为支持我国机电产品出口的政策性银行，于1995年开始办理此项业务，首次将包买票据业务引入我国，将其作为出口贸易中长期融资的一种补充方式。

# 复习思考题

1. 什么是包买票据业务？其有何特点？
2. 包买票据业务的流程包括哪些？
3. 包买票据业务的融资成本有哪些？
4. 包买票据业务对有关当事人有何影响？
5. 包买票据业务与国际保理有何共同点和不同点？

# 第九章　国际贸易融资

当初,商人们的融资需求就是促使银行加入国际结算业务中来的重要原因,所以,自从银行加入国际结算业务领域之后,结算与融资信贷相结合就成为一大发展趋势。传统的贸易融资方式以短期贸易融资为主,短期贸易融资的品种十分繁多,并且随着国际贸易和金融业的发展不断涌现出新品种,最为常见的几种融资方式为打包贷款、进出口押汇、贴现、信托收据等。第二次世界大战以后,卖方信贷、买方信贷、混合信贷和福费廷等新式融资方式先后出现,并得到了长足的发展,至今,结算与融资信贷相结合也已成为当代国际贸易结算业务的一大特征。

## 第一节　国际贸易融资概述

### 一、国际贸易融资的含义和作用

所谓国际贸易融资,从总体上来看是泛指一切为开展或支持国际贸易而进行的各种信贷活动、信用担保或融通活动及出口信用保险活动,包括进、出口商相互间为达成贸易而进行的资金或商品信贷活动,银行及其他金融机构、政府机构或国际金融机构为支持国际贸易而进行的资金信贷活动,银行及其他金融机构为支持贸易信贷而进行的信用担保或融通活动,以及各国政府机构或银行等为支持本国出口而进行的出口信用保险活动等。

国际贸易融资具有以下三方面的作用。

(一) 资金或商品信贷

可由进、出口商相互之间提供资金或商品信贷,银行及其他金融机构、政府机构或国际金融机构等向进出口商提供资金信贷,为促进国际贸易提供支持。这是国际贸易融资的基础功能。

(二) 融通或信用担保

可由银行或其他金融机构通过为客户提供各种融通、票据保证或信用担保等服务,为贸易中的各种信贷业务以及保付代理和包买票据等新型的贸易结算服务业务等提供支持。

### (三) 出口信用保险

可由政府的专门机构通过对战争、动乱、没收、货币不可兑换等各种国家风险,以及有关商业风险提供特别保险,为贸易中的信贷、融通或信用担保业务,以及保付代理和包买票据等新型的贸易结算服务业务等提供全面支持。

本章所介绍的国际贸易融资主要是由商业银行提供的各种融资活动。

## 二、国际贸易融资的特点

国际贸易融资是外汇银行围绕着国际结算的各个环节为进出口商提供的资金便利的总和。与其他业务不同的是,国际贸易融资业务集中间业务与资产业务于一身,无论对银行还是对进出口企业均有着积极的影响,已成为许多国际性银行的主要业务之一。有的银行设在国外的分支机构,主要的业务就是开展国际贸易结算与融资,其业务收入可占到银行总收入的八成。此项业务的发达程度与否,已被视为银行国际化、现代化的重要标志。国际贸易融资的特点可从银行和企业两个角度来分析。

对银行来说,国际贸易融资首先是有效运用资金的一种较为理想的方式,因为国际贸易融资风险小、收效快,符合银行资产盈利性、安全性和流动性的原则;国际贸易融资与一般贷款不同的是,它是一种自偿性贷款,以该贸易的现金流作为还款的来源,银行贷出的资金并不进入企业的产生过程。对出口商来说,此时出口商不仅已将货物运出,销售实际上也已基本上实现了。

其次,收益率高,利润丰厚。建立在国际结算基础上、作为国际结算业务延伸的国际贸易融资,由于其业务的前期属中间业务,业务过程中后期属资产业务,所以银行可以获得两方面的收入,即手续费和利差。其中,手续费除纯粹的结算费用外,有时还可获得1‰—5‰的汇兑收益及外汇交易费用等。

再次,由于国际贸易融资业务的技术性较强,需要有相应的现代、科学的内部组织体系运行系统加以支持,这就促使银行对内部营运机制进行不断改善和调整,使整个业务在相互衔接、相互制衡的情况下高效运转。

最后,可以密切银企关系。银行和进出口商都是以追求利润为目标的企业,有着各自的利益。银行需要稳定的、信誉良好的客户群;进出口商也绝不可缺少能为其提供优质服务的银行。提供国际贸易融资,是有一定技术、资金实力的银行才能从事的后续或额外服务,通过这种服务,银行一方面可以证明自己的实力和资力,提高银行的可信度,另一方面也可以获得更多的业务。在得到满意的服务的前提下,进出口商也会更愿意与这样的银行打交道,使双方的联系紧密起来,为双方今后开展其他方面的合作奠定基础。

对企业来说,从事国际贸易促成了国际贸易的实现和增加了融资的新途径。现在从事国际贸易的企业比过去愈发关注商业银行或其他机构提供的服务能否更加便利其整个交易过程、扩大信息来源、减少相关风险,使得出口商更快地得到付款,进口商更好地管理存货。企业对贸易结算和贸易融资服务的要求已经从最初的交易支付和现金流量控制的需求,发展到对资金利用率及财务管理增值功能的需求。这种变化意味着对现金流、贸易流、物流、信息流的趋同管理要求。合适的国际结算方式和相应的贸易融资方式往往成为达成一项国际贸易的重要条件。

对于一些因资产规模等基本面难以获得融资贷款的中小企业来说,贸易融资业务的推出意味着它们可以通过真实交投的单笔业务来获得贷款,通过不断的滚动循环获取企业发展所需要的资金,融资难的问题在一定程度上自然就解决了。

## 第二节 短期国际贸易融资

人们通常把借贷期限不超过一年的国际贸易融资称作国际贸易短期融资。根据提供信贷主体的不同可将国际贸易短期信贷分为商业信贷和银行信贷两大类:前者是指进、出口商之间相互提供的贸易信贷;后者是指银行或其他金融机构向进、出口商提供的贸易信贷。另外,根据信贷标的物的不同又可将国际贸易短期信贷分为商品信贷和货币信贷两大类:前者是指国际贸易中出口商向进口商提供的各种延期付款赊账信贷;后者是指国际贸易中的各种资金信贷。本节主要介绍由银行提供给出口商、进口商的国际贸易短期融资。

### 一、信用证打包贷款

打包贷款(Packing Loan)是出口商收到国外开来的信用证,以"致受益人的信用证"正本和"销售合同"作为抵押品,申请此项贷款,用于该信用证项下出口商品的进货、备料、生产和装运。可见,打包贷款是银行对出口商装运前的融资。

贷款银行通过审查销售合同,了解出口商资信,要求其经营良好,履约能力较好,能够按期、按质、按量完成交货任务。另外,还要通过审查信用证,了解信用证的使用方式,最好是自由议付信用证,如是指定议付行的信用证时,被指定的议付行应是贷款银行。查阅信用证没有不易办到的条款。

打包放款的货币,一般是以人民币为主。在特殊情况下,如需支付外汇运费,也可通融发放少量外汇打包放款,贷放金额是信用证总金额的40%—80%,贷款期限3个月,最长不超过信用证有效期后21天。

申请打包放款的出口商必须将信用证项下单据交给贷款银行叙做出口押汇或收妥结汇,贷款银行即从出口押汇或收妥结汇金额中扣还打包放款本息和其他费用,如有还款不足部分,由贷款银行从出口商的存款账户划付归还贷款。

下列不正常情况将会妨碍打包放款的归还:

(1) 出口商获得打包放款后,不装运货物,不交来单据,不使用信用证,致使打包放款长期得不到还款。

(2) 出口商获得打包放款后,如系自由议付信用证时,出口商有可能将单据和副本信用证提交其他银行请求议付,而其他银行迁就出口商,不正当地凭副本信用证予以议付,致使打包放款长期得不到归还。

(3) 提交单据与信用证条款不符遭到开证行拒付,而使打包放款不能归还。

为了防止上述情况发生,在贷款合同订明逾期不还时,贷款人有权从借款人的其他信用证项下出口押汇或收妥结汇货款或其存款账户中扣收贷款本息、逾期利息和其他费用。

## 二、出口押汇

(一) 议付与出口押汇的概念

议付指被授权议付的银行对汇票及/或单据付给对价,从而受让汇票及单据,以便议付行寄至开证行收取货款,补回付出对价,同时出口商(汇票原持票人)获得对价的垫款融资(按票面金额扣减利息的净款支付)。若从票据观点来看,"议付"就是票据的流通转让。议付行为如下图所示。

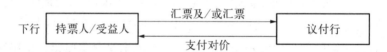

出口押汇(Outward Documentary Bills Purchased)是以出口商的汇票及/或单据作为押汇行的抵押品,由押汇行垫款(按票面金额扣减利息的净款),付给出口商,然后将抵押品的汇票及/或单据寄至开证行向其收取货款归垫。

议付与出口押汇都是银行对出口商垫款或融资的授信行为。汇票的背书转让,则是为了便于议付行/押汇行向开证行收取货款,以归还垫款。

议付或出口押汇的垫款、融资同远期承兑汇票的贴现相仿,因为贴现行为也是持票人将已承兑汇票背书转让给贴现人,而贴现人将票面金额扣减贴现息的净款作为对价付给持票人,把资金融通于持票人。

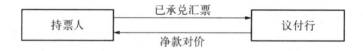

叙做议付的面比较窄,仅限于议付信用证,而叙做出口押汇的面比较宽,除议付信用证外还包括D/P跟单托收。

有些国家的做法是,受益人的账户行不是指定银行,受益人把单据交其账户行作为第一押汇行,请它办理出口押汇,然后由第一押汇银行将押汇单据送指定银行作为第二押汇银行,由它向开证行寄单索偿。

(二) 叙做出口押汇条件

经押汇行审单相符,审查开证行资信可靠,索偿路线合理的情况下,可以叙做出口押汇,但有下列情况之一者,不予叙做:

(1) 单据不符；
(2) 信用证有限制他行议付条款；
(3) 开证行付款行所在地政局动荡或发生战争；
(4) 开证行或付款行所在国家或地区外汇短缺或发生金融危机；
(5) 开证行资信不佳、作风不良、挑剔频繁。

(三) 出口押汇责任范围

(1) 银行承做出口押汇保留追索权，如因开证行倒闭、邮寄单据遗失延误、电讯失误等非押汇行本身过失而导致的拒付、迟付、少付，押汇行有权主动向受益人追回全部垫款及其利息。

(2) 遇到开证行无理挑剔、拒付、迟付或少付时，押汇行负责对外交涉，以维护出口方权益，如交涉无效造成损失，押汇行仍可向受益人追索。有关纠纷由买卖双方直接交涉。

(四) 出口押汇利息的计算

(1) 出口押汇原则上收取外币利息，也可应受益人的要求，对于即期信用证的出口押汇收取人民币利息。

(2) 押汇利率按伦敦 LIBOR、香港 HIBOR 一个月期（远期应按相应期限）利率加 0.5%—1%，或按外汇流动资金贷款利率计收。

(3) 计息天数，按照不同的出口地区，不同货币的出口单据平均收汇天数作为正常的垫款天数。

(4) 正常押汇单据，如实际收汇时间超过正常的垫款天数，一般不补收利息。

(五) 出口押汇的申请与审批

(1) 凡拟向押汇行申请叙做出口押汇的单位，须先与押汇行签订"出口押汇总质权书"(General Letter of Hypothecation)以明确双方责任范围和义务。

(2) 具体申请承办时，须填制"出口押汇申请书"，连同信用证正本、全套单据一并交来。

(3) 经押汇行同意即予办理。

(六) 托收出口押汇

托收出口押汇(Loan Secured by Documentary Bills)是托收行以物权——运输单据及汇票为质押品给出口商提供信贷，为出口商融通资金的一种方式。它又可分为"净额押汇"(Collection Bill Purchased)和"部分押汇"(Advance against Collection)两种形式。前者是托收行以净额议付跟单汇票，即按汇票或发票金额扣除预计利息和托收费用后的净额受让及垫付跟单汇票（此时，托收行成为汇票的受让人）；后者是托收行以部分金额垫付跟单汇票，即按汇票或发票金额的 50%—80% 向出口商提供质押信贷（此时，托收行成为汇票的质押人）。无论何种形式，如不能按期收回货款，则银行均有权追索垫款或处理货物。

银行在托收项下叙做出口押汇当十分谨慎，应仅限于 D/P 交单条件，并尽量不做

"净额押汇",而采取"部分押汇";应了解出口商的资信情况和财务情况是否良好(以防托收失败时难以追索);应了解这笔贸易的销售情况、进口商资信和进口地政局等是否良好。

### 三、票据贴现

银行有追索权地买进已承兑的远期票据,这种融资方式就叫票据贴现(Discount)。远期票据通常为银行票据或有银行信用担保的商业票据。由于这类票据可靠性和流通性较强,所以容易被银行接受。短期贸易融资项下的贴现业务通常限于远期信用证项下的已承兑汇票和跟单托收项下已加具保付签字的远期汇票,即在付款人承兑远期商业汇票的同时,由其往来银行在汇票上加具保付签字(Per Aval),对已承兑汇票的到期付款负担保责任。这种采用保付承兑方式的托收汇票实质上等同于信用证项下的远期汇票,同样带有银行的信用保证。如果出口商能够提交出口信用险保单作为抵押,银行也可以对承兑交单托收(D/A)项下的已承兑远期汇票叙做贴现,但出口商也必须作出与出口托收押汇情况相同的履约保证,以免发生呆账、坏账时索赔落空。由于银行对托收项下远期票据叙做贴现的业务风险较大,所以贴现率稍高于信用证项下远期票据的贴现率。

出口商要求叙做贴现时,应向银行提出书面申请。银行审查同意后,按规定的贴现率和融资期限对已承兑远期票据叙做贴现,将扣除贴现息后的票款付给出口商。银行待汇票到期时,用收回的货款冲销垫款。如发生付款人迟付现象,贴现银行有权向出口商追收迟付利息;如发生拒付,贴现银行有权向出口商追索垫款及迟付利息。

### 四、银行承兑

(一)为出口商承兑信用额度

这是出口商事先与托收银行订立承兑信用额度协议,从而在托收货款时利用融资汇票来做资金融通的一种方式。这里的所谓"融资汇票",是指出口商在托收货款时,用在途货物提单及商业汇票作抵押,专为融资而开立的一张以托收行为付款人的远期汇票(其金额须低于托收金额,付款期限则须迟于托收款的预计收妥期限),此汇票经托收行承兑后即可向贴现市场贴现以得到资金融通。托收行作为融资汇票的承兑人,将来以收到的托收款项来偿还融资汇票的票款,在汇票到期时付款给持票人收回该融资汇票。

(二)为进口商承兑信用额度

这是进口商事先与银行订立承兑信用额度协议,从而在托收赎单时利用融资汇票来做资金融通的一种方式。这里的所谓"融资汇票",是指进口商在托收提示时,用货物作抵押,专为融资而开立的一张以协议银行为付款人的远期汇票(其金额与付款期限须依"协议"要求),此汇票经协议银行承兑后即可向贴现市场贴现以便付款赎单。进口商待融资汇票到期时再把票款偿付给承兑银行,由后者付款给持票人收回该融资汇票。

### 五、开证授信额度

跟单信用证是国际贸易中一种普遍使用的结算方式。它的主要作用是通过银行作为信用中介人,来调解和消除买卖双方之间的互不信任心理。由于开证银行代进口商承担了有条件的付款责任,只要出口商满足了信用证的规定和要求,提交了严格相符的全套单据,便可保证收回货款。因此,银行均把开立信用证视为一种授信业务。进口商(即开证申请人)必须向银行提供保证金、抵押品或担保书后,银行才会考虑为该进口商开出信用证。为方便业务,对一些资信较好、有一定清偿能力的客户,银行通常根据客户所提供抵押品的数量和质量及其资信状况,核定一个相应的开证额度,供客户循环使用,客户在额度内申请开立信用证时,可免收或减收保证金。

银行根据自己的实际业务需要,对开证额度进行分类。其基本类型主要有以下两种。

(一) 普通信用证额度(General L/C Limit)

在订立额度后,客户可无限次的在额度内委托银行对外开出信用证,额度可循环使用。银行根据客户的资信变化和业务需求变化随时对额度作必要的调整。有时客户向银行交来以自己为受益人的信用证即主证,要求银行以此证作为抵押对外开出背对背信用证,也即子证。在这种情况下,尽管客户提交了主证作为押品,对其履行付款责任有一定的保证,但银行仍应将开出子证视为一种授信。在背对背信用证业务中,主证和子证是两份相互独立的信用文件,各自的开证行必须承担独立的付款责任,只要子证受益人提交的单据与信用证条款严格相符,背对背信用证的开证行必须履行对外付款责任。如果此时主证开证行倒闭,或主证受益人不能提供与主证条款相符的单据,银行的信用保证将自动丧失。因此,在为客户开出背对背信用证之前,必须同样做好客户的资信审查工作,并扣减相应的开证额度。

(二) 一次性开证额度(One Time L/C Limit)

这种额度是为客户的一个或几个贸易合同核定的一次性开证额度,不得循环使用。例如客户成交了一笔大额生意,普通开证额度不敷使用或普通额度的大量占用会影响其正常经营,银行可根据其资信状况和抵押品情况核定一次性开证额度,供此份合同项下开证使用。再如,银行对客户批准的项目贷款,对贷款项下的进口也采用核定一次性开证额度的方式,供客户在该项目下对外开证使用。客户每次申请开证时都应向银行提交开证申请书,银行除审查开证额度是否足够外,为维护银行信誉和资金安全,通常要重点审查以下三个方面。

(1) 货物的性质及变现能力。例如,审查货物是鲜活易腐商品还是市场紧俏的生产资料,客户有无相应的信托收据额度;再如,在客户无法付款赎单的情况下,银行能否较为方便地出售货物以减少损失。

(2) 货物保险。货物保险应由信誉良好的保险公司承保,承保险别必须能保障当事人的正当权益。

（3）对物权单据的控制。审查信用证中规定的运输单据是否为物权单据及是否要求受益人提交全套物权单据，因为对物权单据的控制有助于减少业务风险。例如，发现申请书中的开证条款对银行和客户利益形成了潜在的威胁，银行有权要求客户加入一些保护性条款或拒绝受理开证申请。

## 六、进口押汇（Inward Bill Receivables）

开证行收到交来的单据后，如单证相符，或虽有不符点但客户及开证行双方都同意接受，开证行应立即偿付议付行或交单银行，垫付的款项由申请人随后归还。进口押汇不另设额度，包括在开证额度之内。进口开证所占用的额度要等申请人还清银行垫款后才能循环使用。

在进口押汇业务中，释放单据的方式大致有三种：一是凭信托收据放单，信托收据也是进口押汇的一种形式；二是凭进口押汇协议放单，这种协议通常包括类似于信托收据的内容；三是由申请人付清银行垫款后放单，即付款赎单。在最后一种情况下，如申请人暂时无力赎单，银行还必须考虑货物的存仓保险事宜。待客户付清贷款后再签发提货单给客户提货。

押汇银行从垫款之日起开始收取押汇利息，利率按市场利率加上一定的升幅。这个升幅可根据每个客户的不同情况因人而异，同时按回收期的长短，将押汇利率分为几个档次，如30天以内、60天以内、90天以内，时间愈长，利率愈高。这种计息方式可以鼓励客户尽早还款，以降低银行业务风险，并加速资金周转。

进口托收押汇是银行以包括物权单据在内的托收单据为抵押向进口商提供的一种融资垫款，该方式仅适用于采用付款交单方式（D/P）的托收单据。出口商发货后委托银行向进口商收取货款，当进口方银行收到托收单据后，根据进口商的押汇申请，先行垫款对外支付，同时按押汇协议将单据释放给进口商，由其提货进行加工、转卖，然后用收回的货款归还银行垫款。银行通常根据客户的资信状况和押品情况核定一个押汇额度，供客户周转使用，其掌握原则和业务处理与信托收据和进口押汇基本相同。

## 七、买方远期信用证

买方远期信用证（Buyer's Usance L/C）是以假远期付款方式为兑现方式的承兑信用证（国内称为假远期信用证），这种承兑信用证一般加列有"买方远期条款"，规定买方出具以开证行为付款人的远期汇票，自己承担汇票承兑费、贴现息等费用，向卖方即期付款。卖方（即信用证受益人）在向开证行交单后可即时得到买方付款，买方（即信用证申请人）是凭其与开证行之间的承兑信用额度协议取得，承兑汇票，即刻在贴现市场上贴现用于作即时付款的；然后，买方再凭质押书和单据收据或信托收据向开证行取得单据，并按期向开证行付款；最后，开证行作为汇票承兑人在付款到期日再向汇票持票人履行其付款义务。

买方远期信用证一般是以开证行作为其指定付款银行的,其交单地点和交单到期日均是以开证行所在地为准,这是因为其申请人需要即时取得开证行承兑过的汇票,才能立即在当地作融资贴现以便其即时向受益人付款。应当注意的是,买方远期信用证中买方(即信用证申请人)对卖方(即信用证受益人)作出的即期付款承诺只是一种买方的商业信用,而并非银行的承诺,银行对于承兑信用证的承诺,不论它是卖方远期还是买方远期,都只是在收到符合信用证条款的跟单汇票后立即承兑汇票并按期履行汇票付款义务,但开证行在买方远期信用证项下为买方承兑汇票,却也为买方提供了融通资金的便利。买方远期信用证项下的汇票实质上可视为一种特殊的融资汇票。

### 八、信托收据

信托收据(Trust Receipt)是指开证行收到交来的相符单据后,必须对交单银行或受益人履行相应的付款责任,该付款责任不能受申请人清偿能力的影响。但是,开证申请人往往因其资力或业务性质所限,无法按时付款赎单。不能赎单就不能提货进行加工、销售或转卖,也不能尽快收回货款。因此,开证申请人向银行洽谈开证额度的同时,通常也向银行申请相应的信托收据额度。在核定额度后,开证行对相符单据付款的同时,即凭申请人签发的信托收据将证下单据以信用托管方式释放给申请人。申请人收到单据后,凭以提货进行加工、销售或转卖,并于一定的时间内用收回的货款归还银行的垫款。

信托收据实质上是将货物抵押给银行的确认书。在这种情况下,开证申请人作为银行的受托人代为保管该批货物并保证:

(1)以银行的名义办理货物存仓;

(2)以银行的名义进行货物加工并将加工后的货物重新存仓;

(3)安排出售货物,并立即或在规定期限内用销售收入归还全部银行垫款。

根据信托收据的性质和特点,银行在法律上应享有以下权利:

(1)当申请人发生破产倒闭或清盘时,所有信托收据项下的货物,均不在其债权人可分配资产的范围之内,这些货物的所有权仍归银行所有。

(2)在申请人出售货物后贷款尚未付清的情况下,银行有权向买方直接收取货款。

银行所核定的信托收据额度通常按一定的比例包含在开证额度内。例如,银行为某客户核定有100万美元的开证额度,其中包括60万美元的信托收据额度,在这种情况下,客户应将其开证余额控制在100万美元之内,其中60万美元的证下单据可凭信托收据释放给开证申请人。信托收据额度与开证额度的比例主要是根据客户的经营范围、商品类别、行业习惯、资金周转速度等因素决定的。如客户主要经营转口贸易,鲜活易腐商品或季节性强的商品的信托收据额度的比例应适当加大,反之则可相应降低。

根据开证额度的种类,信托收据额度也可相应分为普通额度和一次性额度,其使用方法和掌握原则与开证额度相同。在信托收据项下的贷款付清之前,有关部分的开证额度也不能恢复使用。

由于信托收据的目的是让客户在付款前先行提货进行加工销售或转卖,因此应给予客户一定的时间以收回货款归还银行垫款。根据客户的业务性质和实际需求,这一期限可从半个月至几个月不等,但一般不超过半年。

在使用信托收据的情况下,银行仅凭一纸收据将物权单据释放给客户,并授权客户处理货物。尽管从理论上讲,客户处于受托人地位,货物所有权仍属银行所有,但实际上银行已经很难控制货物。如果客户资信欠佳,银行所承担的业务风险是很大的。如果客户将物权单据抵押给第三者,或货物经加工后已改变形态,或将货物运往第三国进行加工或转卖。在这些情况下,银行收回货物的机会微乎其微。因此,银行对信托收据的审查比开证额度更为严格。

在跟单托收项下(一般是D/P交单条件下),代收行也可以给予进口商凭信托收据借单提货的便利,为进口商融通资金。

### 九、提货担保

在正常情况下,收货人应凭正本提单向船公司办理提货手续,但有时因航程过短,货比单据先到。如果收货人急于提货,可采用提货担保(Delivery against Bank Guarantee)方式。

银行出具或加签提货担保后,对随后收到的证下单据,无论单证是否相符,均必须立即偿付议付行或交单行。因此,在受理提货担保申请时,必须要求收货人放弃拒付的权利。

提货担保一般仅适用于信用证项下货物。如果客户要求对跟单托收项下的货物出具提货担保,则必须提供有关的交易单据,以便银行审查货物的归属和真实价值,否则银行不予受理。银行通常仅对资信良好的客户提供跟单托收项下的提货担保服务。

在跟单托收业务中,银行除可以为进口商提供资金融通以外,在特殊情况下,还可以为进口商提供特殊的提货担保业务;这是跟单托收项下(一般是D/P交单条件下),货物已运达而单据(尤其是货物提单)尚未寄达或单据在邮寄过程中遗失等特殊情况下,代收行给予进口商凭付款—质押保证书为其出具提单保函向承运人作提货担保的便利,为进口商提供信用担保的一种方式。这里的所谓"付款—质押保证书",是进口商为了在正本提单寄达之前能向承运人提取货物而请求代收行出具提单保函时开立的,保证以该项货物为质押品(有时还须有另外的担保品),待单据寄达后按期付款赎单,并及时退还银行保函的书面承诺。进口商在单据寄达后须按期付款赎单或凭信托收据借单,并马上用货物提单向承运人赎回银行保函,再将该保函退还给银行赎回其"付款—质押保证书"。这种"提货担保"业务,一般来说(只要委托方没有明确授权代收行做"提货担保"业务)仅仅是代收行和进口商及承运人三者之间的事,其中风险主要由银行承担,与委托方无关。

其他短期国际贸易融资方式还包括出口信用保险项下贸易融资和汇出汇款项下融资。出口信用保险项下贸易融资，即银行对已投保短期出口信用险的出口贸易，凭出口企业提供的出口单据、投保短期出口信用险的有关凭证、赔款权益转让协议等，保留追索权地向其提供的短期资金融通。汇出汇款项下融资是指在货到付款结算方式下，银行根据进口商的申请、并凭其提供的有效凭证和商业单据先行对外支付、从而向进口商提供的短期资金融通。

此外，国际保理也属于短期贸易融资。

## 第三节 中长期国际贸易融资

人们通常把借贷期限在一年以上的国际贸易信贷称作国际贸易中长期信贷。国际贸易中长期信贷一般均为货币信贷，根据其贷款来源的不同，可分为出口信贷（指来自出口国银行及政府的贷款）、国际金融组织贷款和国际商业银行贷款三大类。

### 一、出口信贷

(一) 出口信贷的概念

1. 出口信贷的定义

出口信贷（Export Credit）市场经济国家为支持和推动本国商品特别是大中型机电设备或成套设备等资本类商品的出口贸易，在出口国政府的支持下，由该国的出口信贷管理机构、专业银行及商业银行向本国出口商或外国进口商或进口商银行提供的各种中长期优惠性贸易专项贷款。出口信贷有着多种不同的类型，诸如卖方信贷、买方信贷、政府贷款、混合贷款、信用限额等。

2. 出口信贷的特点

(1) 贷款的用途被严格限定。通常要求用于购买贷款国生产的资本类货物（一般规定出口商品的价值构成至少要有50%以上是由提供贷款国制造的）。

(2) 贷款的期限较长。一般为分期偿还；贷款期限多为1—5年，甚至有长达30年以上的。

(3) 贷款金额的起点较高。不同出口国及其对不同进口国提供出口信贷金额的起点各不相同。另外，不同种类出口信贷的起点金额也不相同。目前我国向外国以及外国向我国提供买方信贷的最低起点均为5万美元。

(4) 贷款的利率较低。通常低于一般中长期信贷的市场利率（其中利差由政府补贴）。

(5) 一般要求买方预付合同金额10%—20%的现汇定金。贷款金额占合同金额的比例一般为80%—85%。

(6) 一般要求与出口信用保险相结合。由政府支持的出口信用保险机构提供保险。这样，信贷风险完全由政府承担，参与提供贷款的银行就没有了后顾之忧。

(二) 卖方信贷

1. 卖方信贷的定义

卖方信贷(Seller Credit)出口地银行为支持出口商在出口贸易中以延期付款方式出售大型或成套的资本类货物，而对出口商提供的中长期优惠信贷。

2. 卖方信贷贸易的业务程序

(1) 出口商与进口商签订利用卖方信贷出口大型或成套资本类商品的延期付款贸易合同，进口商须于签约后一定期限内先预付10%—20%的现汇定金之后贸易合同方才生效。

(2) 出口商凭贸易合同与当地银行签订贷款协议，取得贷款。出口商除须承担卖方信贷的承担费和管理费以外，还须提供卖方信贷保险(实际上出口商一般会事先将这些费用预加在货价之中转嫁给买方，一般来说，延期付款的货价会高出现汇货价3%—10%)。

(3) 出口商根据贸易合同的规定分期向进口商发运货物，进口商在分批验收货物至保证期满期间，又按合同规定分期偿付10%—15%的货款。

(4) 进口商再根据贸易合同，在全部交货后若干年内分期偿还其余货款(一般每半年还款一次)。

(5) 出口商根据贷款协议，分期偿还银行贷款本息(一般为还款期内每半年还本付息一次)。

(三) 买方信贷

1. 买方信贷的定义

买方信贷(Buyer Credit)出口地银行为支持本国大型或成套的资本类货物的出口贸易，而对外国进口商或进口商银行提供的中长期优惠信贷。

2. 买方信贷的贷款条件

(1) 贷款的货币，大致有以下四种情况。

① 使用提供买方信贷国家的本国货币，如德国、法国、比利时和澳大利亚等国通常采取这种做法。

② 使用美元，如美国、意大利和挪威等国通常采取这种做法。

③ 本国货币与美元并用，如英国和加拿大等国常采取这种做法。

④ 使用美元，但也可以用本国货币转贷款，如瑞典采取这种做法。

(2) 贷款的利率，大致有以下四种类型。

① OECD(经济合作与发展组织)类型。经合组织国家为避免相互之间的过度竞争，达成了一个"君子协定"，用限定成员国银行对外提供买方信贷利率下限的办法来协调行动。该协定将接受贷款的国家分成富国、中等国家和穷国三个档次而规定了不同的利率(对富国的贷款利率较高，对穷国的贷款利率较低)，并视市场利率情况每半年调整一次。OECD原来由24个国家组成，现已扩大到28个国家。

② LIBOR(伦敦商业银行同业拆放利率)类型。此利率略高于 OECD 利率,日本银行采用此利率发放买方信贷(因为日本政府对利差不予补贴)。

③ 加拿大类型。由加拿大政府自定,一般利率水平介于 OECD 和 LIBOR 之间。

④ 美国类型。美国发放买方信贷一般是由其进出口银行和商业银行共同提供(前者的贷款利率较低,而后者则是按美国市场利率提供贷款),并且不定期地调整买方信贷中由进出口银行和商业银行提供资金的比例。由于美国市场利率较高,故其总体利率亦较高。

⑤ 贷款的费用。一般包括承担费、管理费,以及信贷保险费(此项保险费用,多数国家规定由进口商支付,但也有些国家规定由出口商支付)等。

(3) 贷款的使用期和还款期。

关于买方信贷的使用期有两种不同的概念:一种是指总协议中规定的申请具体贷款项目的办理期限;另一种是指每项具体贷款项目中规定的该项贷款的提取期限。

所谓还款期则总是指每项具体贷款项目中规定的该项贷款的偿还期限。在还款期内一般是每半年还本付息一次。对于还款期的起始日期的规定,依具体交易性质的不同而有所不同,比如单机一般是在装运日/提单日/贷款支用日 6 个月后起算,而成套设备通常是在最终交货/验收合格/保证期满后 6 个月起算,等等。

3. 买方信贷贸易的业务程序

买方信贷有两种不同方式:一种方式是出口国银行直接贷款给外国进口商;另一种方式是先由出口国银行贷款给进口国银行,再由后者转贷给本国进口商,两者的业务程序有所不同。

(1) 直接贷款给外国进口商的业务程序。

① 进口商与出口商签订利用买方信贷进口大型或成套资本类商品的现汇贸易合同,进口商须于签约后一定期限内先预付 10%—20% 的现汇定金之后贸易合同方才生效。

② 进口商凭贸易合同与出口地银行签订贷款协议,取得贷款。进口商除须承担买方信贷的承担费和管理费以外,还须提供信贷担保或承担买方信贷保险费(多数国家规定买方信贷保险的费用须由进口商承担)。

③ 出口商根据贸易合同的规定分期向进口商发运货物,进口商在分批验收货物至保证期满期间,再按合同规定分期支付货款。

④ 进口商根据贷款协议,分期偿还银行贷款本息(一般为还款期内每半年还本付息一次)。

我国使用这种买方信贷方式工作开展的比较晚,还有待于加强和扩大。

(2) 贷款给进口地银行的业务程序。

① 进口地银行与出口地银行之间签订贷款总协议,规定提供买方信贷的总金额和总的使用期,等等。

② 进口商与出口商签订利用买方信贷进口大型或成套资本类商品的现汇贸易

合同，进口商须于签约后一定期限内先预付10%—20%的现汇定金之后贸易合同方才生效。

③ 进口地银行与进口商凭贸易合同签订贷款协议，前者再凭该协议向出口地银行申请具体贷款，有些国家（如法国和意大利）的银行此时还会要求再与进口地银行签订一个具体的贷款协议，以便具体规定该项贷款的金额和使用期等详细内容。进口商除须承担该项贷款的承担费和管理费以外，还须承担信贷担保费或买方信贷保险费（多数国家规定买方信贷保险的费用须由进口商承担）。

④ 出口商根据贸易合同的规定分期向进口商发运货物，进口商在分批验收货物至保证期满期间，分期支付货款。

⑤ 进口商根据贷款协议，分期偿还其银行贷款本息（一般为还款期内每半年还本付息一次）。

⑥ 进口地银行根据贷款协议，分期偿还出口地银行贷款本息。不论进口商能否按期还贷，进口地银行均须以其自身的信誉履行按期还贷的义务（当进口商不能还贷时，其债权银行可向信贷担保人或保险人索赔）。

4. 买方信贷与卖方信贷的比较

两者相比，买方信贷有着以下较多优点。

(1) 使用买方信贷对于出口商的好处。

① 可以促成需要长期占用巨额资金的大宗贸易。因为卖方信贷是以商业信用为基础的（须经由出口商向进口商提供延期付款的便利），而商业信用有其自身的周转资金实力上的局限性，那些需要长期占用巨额周转资金的贸易项目，会给出口厂商造成周转资金方面的巨大困难（因为企业要想取得较好的效益，其周转资金应当保持一个合理的规模），使得卖方信贷难以实现。然而，买方信贷则是直接以银行信用为基础的（直接由银行向进口方提供贷款），银行有着雄厚的资金实力，从而可以促成使用卖方信贷难以做成的大宗贸易项目。

② 避免了由自己筹资的困难和麻烦。

③ 风险较小，资金周转较快。因为利用买方信贷，出口商可以较快收回货款，既减少了支付风险，又加快了自己的资金周转。

④ 可以改善其资产负债表。因为利用买方信贷可以减少出口商资产负债表上的应收账款和负债。

(2) 使用买方信贷对于进口商的好处。

① 以现汇价谈判，可避免在价格谈判中对延期付款的价格构成难以确切了解的不利地位。

② 由于不涉及延期付款的加价问题，可以把更多的精力放在对于技术条款的谈判上，避免因价格谈判纠缠不清而分散了注意力。

③ 使用买方信贷的借贷成本通常低于使用卖方信贷的延期付款加价成本。

④ 可以长期借用利率优惠的外国贷款。

(3) 使用买方信贷对于出口地银行的好处。

① 发放买方信贷的风险小于卖方信贷。因为贷款给进口地银行或经进口地银行担保而贷款给进口商时,都有银行信用作保证,其风险一般小于贷款给国内企业的商业信用信贷。

② 发放买方信贷比卖方信贷省事。因为在卖方信贷下,出口地银行需要经常关注出口商的应收货款收回情况甚至其生产经营情况,而在买方信贷下出口地银行只须关注进口地银行的资信情况就可以了,相对要省事一些。

③ 买方信贷为出口国银行资金在国外的运用开拓了出路。

此外,使用买方信贷还为进口地银行增加了信贷业务。

当然,较之卖方信贷,买方信贷也有一些缺点,比如,对于出口商来说,使用卖方信贷时,可以利用买方无法确知其融资成本的弱点而采用超额加价的手段来谋取超额利润,而使用买方信贷时,就不再能利用延期付款的加价手段来谋取超额利润了。对于进口商来说,在使用卖方信贷时,没有须向银行借贷的麻烦,而在使用买方信贷时,他就必须承担向银行借贷的各种麻烦。

## 二、远期信用证融资

信用证依据开立汇票为即期汇票(Sight Draft)或远期汇票(Usance Draft)来分类,可分为即期信用证(Sight Credit)与远期信用证(Usance Credit)。远期信用证包括要求远期汇票的承兑信用证和不要求汇票的延期付款信用证。

(一) 远期信用证对于买卖双方的利弊

远期信用证的开证行审单无误,对受益人或指定银行承担到期付款责任。对申请人来说,一般是开证行通知他于到期日 D/P 付款赎单,允许申请人在一定的授信额度内开立信托收据(T/R-Trust Receipt),借取单据以便提货。因此,远期信用证对卖方不利,占压他的资金,使他面临或有风险,如开证行倒闭,进口地可能发生战争、政变,外汇不能调拨,以及买方先提货后付款,可能假借货物品质问题申请法院下令开证行禁止付款(Injunction)等。远期信用证对买方有利,延长他的付款时间,甚至可以提货出售获得款项以归还他欠银行之款,而不占压他的资金。

(二) 远期信用证的利息与融资

买卖双方之间签订购销合同的支付条件一般采用即期信用证,特殊情况若采用远期信用证时,卖方应将远期利息加于货价之中,买方通过他的银行开来远期信用证,他可获得上述有利之处。卖方如拟获得即期付款,即应申请指定银行办理承兑汇票贴现融资或延期付款的垫款融资,贴现息由卖方负担。

合同订明为即期信用证,买方可请银行开出远期承兑信用证,规定买方负担贴现息,使该证成为对卖方的即期信用证、对买方的远期信用证,利用贴现市场融通资金,使买方获得远期信用证的益处。

有些拉美国家在某一时期外汇短缺,那里的银行不开即期信用证,全是开出远期信用证,则买方愿意负担远期利息差价,而请买方银行开出远期信用证。

(三) 远期信用证的分类

按照贴现利息由买方或由卖方负担来分类,承兑信用证分为买方远期信用证和卖方远期信用证。

1. 买方远期信用证

买方远期信用证(Buyer's Usance Credit)又称假远期信用证(Usance Credit Payable at sight),是买方为了获得伦敦或纽约贴现市场的资金融通,对于合同订明即期信用证,申请开立以伦敦或纽约的银行作为汇票付款人的远期信用证。该证项下远期汇票经过承兑拿到贴现市场贴现,或由承兑行自行贴现,买方支付贴现息,卖方即可取得即期票面金额,而买方则等汇票到期日付款。假远期信用证必须规定:贴现息由买方负担,可按即期方式议付汇票。

2. 卖方远期信用证

卖方远期信用证(Seller's Usance Credit)包括下列两种。

(1) 合同订明即期信用证,银行开出远期信用证,买方负担利息差价,在到期日支付票面金额和利息。也可以说:即期应付面额＋利息＝真远期付款。

(2) 合同订明远期信用证,实际开出远期信用证。

### 三、远期银行保函融资

在国际贸易中,有时为了使业务顺利进行,需要支付一定资金作为保证。例如,在国际承包工程中,出口商将施工设备运往工程所在国时,须向当地海关支付一笔关税作为押金,待工程完毕,设备运回时再退。承包商为了减少资金占压,加速资金周转,可向银行申请办理关税保函,保证施工设备日后一定运回本国,否则银行负责支付所欠关税,有了运回的保证,承包商就可免交这笔押金。

银行保函指银行(或其他金融机构)应某项经济交易(或经济关系)中一方的要求,以银行自身信誉向该项经济交易中的另一方担保前一方在交易合同中的一定债务/责任的偿付/履行时,向另一方出具的在一定效期内承担一定支付/赔偿责任的书面保证文件。银行保函是在国际贸易结算业务中以银行信用来弥补通常商业信用支付方式的不足的一种补充性或辅助性的结算工具或信用工具,具有结算功能或信用功能。

银行保函主要用于设备进出口、承包工程或境外筹融资等需要。银行可提供的保函业务分为融资性保函和非融资性保函两大类。融资性保函包括借款保函、融资租赁保函、透支保函、延期付款保函、关税保函等。非融资性保函包括投标保函、履约保函、预付款保函、质量/维修保函等。

银行保函的效期分为生效期和失效期,从生效期到失效期为保函的有效期限,若有效期限超过一年的融资性保函,即银行为银行保函的申请人提供一年以上的信用担保,可以将这种保函视为远期银行保函融资。

此外,包买票据业务也属于中长期贸易融资。

## 复习思考题

1. 国际贸易融资的作用和特点是什么?
2. 什么是国际贸易短期融资?简述其基本分类。
3. 什么是国际贸易短期银行信贷?它有哪些种类和方式?能用于何种支付方式?
4. 什么是议付?都有哪些不同的议付方式?它们各能用于何种支付方式?
5. 什么是国际贸易中长期融资?它有哪些基本类型?
6. 什么是出口信贷?它有哪些基本类型?
7. 什么是卖方信贷?简述其基本业务流程。
8. 什么是买方信贷?简述其贷款条件及其两种信贷方式各自的业务流程。
9. 简述卖方信贷和买方信贷各自的优、缺点。

## 附录八 信托收据式样

### 信托收据格式

### TRUST RECEIPT

TO:＿＿＿＿＿＿　　　　　　　　　　　　　　　　　　　　　　　　　　　　　　＿＿＿＿＿＿,＿＿＿＿＿＿

Received from the Said Bank a full set of shipping documents evidencing the merchandise having an invoice value of ＿＿＿＿＿＿ say ＿＿＿＿＿＿＿＿＿ as follows:

| MARKS AND NUMBERS | QUANTITY | DESCRIPTION OF MERCHANDISE | STEAMER |
|---|---|---|---|
|  |  |  |  |

and in consideration of such delivery in trust, the undersigned hereby undertakes to land, pay customs duty and/or other charges or expenses, store, hold and sell and deliver to purchasers the merchandise specified herein, and to receive the proceeds as Trustee for the said Bank, and the undersigned promises and agrees not to sell the said merchandise or any part thereof on credit, but only for cash and for a total amount not less than the invoice value specified above unless otherwise authorised by the said Bank in writing.

The undersigned also undertakes to ……………………………………………………………………
………………………………………………………………………………………………………………

The undersigned further acknowledges assents and agrees that in the event the whole or any part of the merchandise specified herein is sold or delivered to a purchaser or purchasers any proceeds derived or to be derived from such sale or delivery shall be considered the property of the said Bank and the undersigned hereby grants to the said Bank full authority to collect such proceeds directly from the purchaser or purchasers without reference to the undersigned.

The guarantor, as another undersigned, guarantees to the Said Bank the faith and proper fulfillment of the terms and conditions of this Trust Receipt.

Guaranteed by:                                                                   Signed by:

_____                                              _____

_____                                              _____

# 第十章　国际结算单据

## 第一节　结算单据概述

### 一、单据的含义与作用

国际结算中使用的单据有广义和狭义之分。广义的单据泛指国际贸易结算中使用的所有商业/公务证明文据(商业单据)与资金支付凭据(金融单据)。狭义的单据是指国际贸易结算中使用的代表货物、履约及公务证明等的各种商业/公务证明文据,即商业单据(Commercial Documents),简称单据(Documents)。金融单据(Financial Documents)是指国际贸易结算中使用的汇票、本票、支票和付款收据等等各种资金支付凭据。

商业单据是出口方用来表明其履行了贸易合同义务的书面证明,具有履约证明的作用。单据中通常有对于货物的详细描述以及出口方对于自己履约情况的全面说明,有着"见单如见货"的作用。此外,单据中如含有的运输单据是海运提单,由于海运提单是一种物权凭证,则商业单据还代表货物的所有权。由于商业单据具有以上两方面的作用,再加上金融单据的汇兑作用,才使得通过银行办理国际贸易结算成为可能,使银行在办理国际贸易结算时可以只管单据而不管货物和买卖合同履行的实际情况,简化买卖双方的贸易结算,在国际贸易结算中发挥中介桥梁作用,提供信用保障支持,从而促进国际贸易的发展。

### 二、合格单据的基本要求

现代国际贸易大部分采用凭单交货、凭单付款方式。出口方只有做好单据工作,缮制合格单据,才能安全及时收汇。在信用证业务中,银行付款只凭信用证、不管合同,只凭单据、不管货物,出口方所交单据必须与信用证要求严格相符。出口方提交的合格单据必须符合正确、完整、及时、简明、整洁的要求。

#### (一) 正确

制作的单据必须正确,才能保证安全和及时收汇。在信用证方式下,单据的正确性集中体现为"单证一致"和"单单相符",即单据应与信用证条款的规定相一致,单据与单据之间应彼此相符。此外,还应注意单据的描述与实际装运的货物相一致,这样,单据才能真正地代表货物。

（二）完整

单据的完整性是指提交的各项单据必须齐全，不能短缺，单据的种类、每种单据的份数和单据本身的必要项目、内容都必须完整。

（三）及时

制作单据必须及时，并应在信用证规定的交单期、有效期内将各项单据送交指定的银行办理议付、付款或承兑手续。如果信用证未规定交单期，则按《跟单信用证统一惯例》（UCP600）的规定，应在运输单据出单后 21 天内并在信用证有效期内将各项单据送交指定的银行办理议付、付款或承兑手续。如有可能，最好在货物装运前，先将有关单据送交银行预先审核，以便有较充裕的时间来检查单据，提早发现其中的差错并进行改正。或者，在必要时，也可及时与进口商联系修改信用证，避免装运出口后因单证不符而被拒付。

（四）简明

单据内容应按信用证和 UCP600 的规定以及该惯例所反映的国际标准银行实务填写，力求简单明了，切勿加列不必要的内容，以免弄巧成拙。

（五）整洁

单据的布局要美观大方，缮写或打印的字迹要清楚，单据表面要洁净，更改的地方要加盖校对章。有些单据如提单、汇票以及其他一些重要单据的主要项目，如金额、件数、数量、重量等，不宜更改。

## 第二节　商业单据

商业单据（Commercial Documents），一般是指商人即出口商出具的单据。有很多种类，如商业发票（简称发票）（Commercial Invoice）、形式发票（Proforma Invoice）、详细发票（Detailed Invoice）、证明发票（Certified Invoice）、厂商发票（Manufacturers' Invoice）、特殊格式的海关发票和领事发票；重量单（Weight Note/List）、装箱单（Packing List），等等。

### 一、商业发票

（一）商业发票的概念和作用

商业发票简称发票（Invoice），是进出口贸易的最主要单据之一。它是卖方向买方开立的发货价目清单，是装运货物的总说明。其主要作用是便于买方核对已装运的货物是否符合买卖合同的规定，在信用证方式下，便于银行核对所显示的货物是否与信用证条款的规定相一致。此外，发票也是买方凭以收货、支付货款和买卖双方记账、报关、纳税的依据。在信用证和托收业务中不要求提供汇票时，发票还可代替汇票作为付款的依据。发票全面反映了卖方交付货物的情况,是全部单据的中心,其他单据内容应与发票一致或不相矛盾,特别是信用证结算方式下的发票,应严格按照信用证规定和条款制作,它是出口商收汇的基本单据之一。

(二)商业发票的内容和制作要求

商业发票由出口企业自行拟制,并无统一格式,但其内容大致相同,包括首文(Heading)、本文(Body)和结文(Complementary Clause)三部分内容。

1. 首文部分

首文部分应列明发票的名称、发票号码、合同、订单或信用证号码、发票的出票日期和地点,以及船名、装运港或装运地、目的港或目的地、发票抬头人、出票人名称和地址等。

(1)出票人名称和地址。发票的出票人一般为出口人,其名称和地址相对固定,故出口方通常将此项内容事先印制在发票的上方。

(2)发票名称。发票上一般标明"发票"(Invoice)或"商业发票"(Commercial Invoice)字样,用粗体字印刷在发票的明显位置。一般情况下应按信用证对发票的具体要求制作,例如,如果要求提供的是"Commercial Invoice"(商业发票),则发票的名称必须有"Commercial"字样,否则发票则与信用证的要求不符。

(3)发票抬头人。为收货人,一般为进口商或信用证的开证申请人(可转让信用证除外)。此栏一般印有"To""Sold to Messrs."或者"For Account and Risk of Messrs."等字样。在这些字样后,一般注明买方的名称和地址(有时包括电传号码、传真号码等)。

(4)发票号码、合同或订单号码、信用证号码。发票号码是出口商制作发票的编号,这是发票中不可缺少的内容之一。为了便于核对,发票中一般还注明有关合同号码或订单号码,采用信用证结算时,一般还注明信用证号码。

(5)发票的出票日期和地点。发票的出票日期就是发票的制作日期,也应理解为发票的签发日期。在一般情况下,发票的出票日期应略早于汇票日期,并在运输单据的出单日期之前,同时不能迟于信用证的有效期或信用证规定的交单期。但是,UCP600规定,除非信用证另有规定,单据(包括发票)的出具日期可以早于信用证开出日期。

发票的制作地点一般是出口公司所在地。

(6)装运港或装运地、目的港或目的地。一般发票上应列明货物的装运港(地)和目的港(地)名称。如果转运,应加注中转港(地)名称。如果遇世界上有重名的港口或城市,应加列国名或地区名。

(7)运输工具。如果采用直达船运输时,应在发票上加注船名,如果中途需要转船,则应注明二程船名。

2. 本文部分

发票的本文主要包括唛头、货物名称、数量、规格、包装、单价、总价、毛重/净重等内容。

(1) 唛头(Shipping Mark)。如果信用证中有指定唛头的,发票上的唛头应与信用证中规定的唛头完全一致。如果信用证未指定,出口方可自行设计。发票的唛头和件号应与运输单据和其他单据所列的相一致。

(2) 货物描述。商品的名称、品质、规格等应与信用证中规定的商品名称、品质、规格完全一致。如果信用证中的商品名称有错误或漏字等并且未来得及修改,发票上的商品名称也应将错就错,以保证发票与信用证规定的完全一致。不过,可在错误的名称后面加注正确的名称。银行只负责审核单据表面上的一致性。因此,商品名称的表面性应与信用证的要求保持一致,不可使用商品名称的简写或繁写或同义词或同义名称等。其他单据的货名可用统称,但不能与信用证和发票相悖。

(3) 包装件数及数量。信用证中如规定内外包装或其他明细,发票中应填写完整。发票中列明的货物的数量应与信用证中货物描述的数量完全一致,并与提单等基本单据中货物的数量和重量一致。信用证中规定注明毛、净重,发票中应列明。

(4) 单价和总价。发票的单价一般包括计量单位、单价金额、计价货币和贸易术语四部分内容。发票的单价应与信用证中规定的货物单价一致。如果单价中含有佣金或折扣,发票上一般也会注明。发票的总价即货物总金额,也就是货物数量与货物单价之积。总价一般由大小写组成。单价和总价是发票的重要项目,必须准确计算,正确缮打,并应做到单价、数量、总价三者之间不能相互矛盾。发票的总金额不能超过信用证规定的金额(除非信用证另有规定),并注意与有关汇票金额一致。

另外,有时根据买方的要求,对按照 CIF、CIP 或者 CFR、CPT 成交的,发票上还分别列明运费、保费和 FOB、FCA 价。

3. 结文部分

发票的结文一般包括信用证中要求加注的特别条款或文句,如在发票上加注特定费用金额等说明、有关文件号码与证明文句等。在缮制发票时,可将上述内容打在发票的商品描述栏内。在实际业务中,常见的要求有:分别列明货物的 FOB 金额、运费及保险费;进口许可证号码、布鲁塞尔税则号码等有关号码;注明货物的原产地名称等。

发票的结文还包括发票的出票人签字。发票的出票人签字一般在发票的右下角,一般包括两部分内容:一是出口商的名称(信用证的受益人),二是出口公司经理或其他授权人的手签,有时也可用图章代替手签。

有些国家规定,写在签署人签字以下的文字内容无效。因此,应特别注意,发票的各项内容应列在签署人签字之上。

UCP600 规定,如果信用证没有特别要求,发票可以没有签字。

此外,有些发票下端印有 E.& O.E.(有错当查)字句,此系签发人事先声明,一旦发票有错,可以更正。若发票上加注了证实所列内容真实无误的证明文句,则应将 E.& O.E. 字样删除。

发票的份数较多。一般正本不少于四份,其中两份随同提单等其他单据交银行议付或托收,另外两份则与提单副本一起径寄进口商,以便对方做好付款赎单和收货准备。此外，还需准备副本多份，除供出口企业自己留底备查以及在出口报关时使用外，进口商和中间商常要求增加提供份数，以供其记账、存查所需。

## 二、包装单据

包装单据是指一切记载或描述商品包装情况的单据，也是商业发票的补充单据。在向银行交单要求付款、承兑或议付时，除散装货外，一般均要求提供包装单据。

不同的商品有不同的包装单据，常用的有装箱单（Packing List/Specification）、重量单（Weight List/Certificate）和尺码单（Measurement List）等。

### （一）装箱单

装箱单亦称包装单、花色码单、码单，是货物装运明细表，用以说明货物的包装细节。除散装货和裸装货外，卖方一般都向买方提供装箱单，作为发票的补充，以便在货物到达目的港后，供海关验货和收货人核对货物。装箱单主要载明货物装箱的详细情况，包括所装货物的名称、规格、数量、花色搭配等。尤其是不定量包装的商品，要列出每件（箱）包装的详细情况。装箱单有时也与重量单以联合形式出具。

出口人制作的装箱单格式不尽相同，但内容基本相同，一般应列明单据名称、编号、合同号码、信用证号码、出单日期、抬头、货物名称、唛头、规格、件数、毛重和净重、出单人签章。有时还涉及包装材料、包装方式、包装规格等。

1. 装箱单名称

装箱单名称一般用"Packing List"，也有"Packing Note""Packing Specifications"或"Specifications List"等不同写法，并通常已印刷在单据上方。如果合同要求中性包装，单证名称仍为"Packing List"，但装箱单上无出单人名称和签章，即为中性包装单。有时卖方采用将装箱单和重量单合并的形式，此时单据名称为"Packing List and Weight Note"。

2. 编号

装箱单编号应与发票号码一致。有的装箱单不编号，但应注明有关货物所属的发票号、合同号或者信用证号。

3. 抬头

装箱单抬头指明是向谁开立的，一般与发票抬头相同，为买方或信用证开证人。有的装箱单列明"As per Inv."（根据发票）或"To whom it may concern"（致有关人）。

4. 品名与规格

一般只填统称。通常也对货物包装情况作简要说明。有的对包装材料作特殊说明，如"拆箱后装入木箱"（Packed in wooden case, C.K.D.）。

5. 包装件号码

在单位包装货量或品种不固定的情况下，须注明每个包装件内的包装情况，因此包装件应编号。对每个包装件应尽可能详细地列出有关的包装细节，如规格、型号、色泽、内装量等。

6. 数量

注明每种货物的包装件数,同时注明合计数。

7. 毛重及净重

一般只列明总毛重和总净重。有时也列明货物的单件毛重、净重或皮重。不定量包装货物,通常要逐件列出单件重量。

8. 包装件尺寸

注明每个包装件的实际尺寸或者体积。

9. 唛头

有时填实际唛头,有时只注明"As per invoice No.×××"(根据第"×××"号发票)。

10. 出单人签章

一般与发票一致。出口公司是否要在装箱单上签署名称等应视信用证的具体要求而定。

在一般情况下,信用证中对装箱单的内容都有明确规定,有时还有特别要求,这些都必须在装箱单上有反映。对于装箱单中的数量应仔细审核,做到与信用证的要求完全一致。

(二) 重量单

重量单又称磅码单、码单,是用于以重量计量、计价的商品清单,是关于货物重量的证明书,一般由出口商或厂商出具。一般列明每件包装商品的毛重和净重、整批货物的总毛重和总净重;有的还须增列皮重;按公量计量计价的商品,则须列明公量和计算公量的有关数据。凡是提供重量单的商品,一般不需提供其他包装单据。

(三) 尺码单

尺码单,又称体积单,是着重记载货物的包装件的长、宽、高及总体积的清单,供买方及承运人了解货物的尺码,以便合理运输、储存及计算运费。

## 三、其他发票

(一) 形式发票

形式发票(Proforma Invoice)又称预开发票、估价发票,是卖方在收到正式订单之前或装运货物之前预先向买方报价的一种形式,列有货物的名称、规格、包装、价格等内容,供进口商参考,并可依据形式发票向出口商发出正式订单或预付货款;在实行外汇或贸易管制的国家,进口商凭形式发票向本国主管部门当局申请外汇及进口许可证等。

形式发票不是正式发票,不能用于托收或信用证项下议付,其所列单价、金额等仅仅是事先估算而得,正式成交后结算时还要重制正式发票。形式发票虽非正式,但与商业发票又有密切关联。如果信用证在货物描述栏内有提及或要求加注形式发票号码时,则应照加。如果来证附有形式发票,则制单时注意发票与形式发票内容的一致性。

(二) 厂商发票

厂商发票(Manufacture's Invoice)又称制造商发票,指制造出口货物的厂家出具的发票，可用本国货币计价。进口商有时会要求出口商提供其出口商品的制造商发票（副本），以了解所进口商品的生产国国内价，核查有无倾销倾向。

### (三) 海关发票

海关发票(Customs Invoice)是非洲、美洲和大洋洲等某些国家海关当局规定的进口报关必须提供的特定格式的发票，由出口商填制后提供给进口商凭以报关。各国海关发票各有专用的固定格式，不能相互代替。

海关发票的主要作用是作为进口国海关估价定税、核定原产地征收差别关税的依据，以及用来审核出口人有否低价倾销或接受其政府补贴，以确定是否征收反倾销税或反补贴税，也可供进口国海关编制统计数字使用。

海关发票要求详列货物的价格构成，即必须分别注明货物的离岸价、外包装费用、内陆运费、内陆运输保险费、港口费用、海洋运费、海运保险费、佣金等，常要求注明货物的国内市场价、货物的原产地，并要求出口商有代表权人亲笔签名，有时还要求另有见证人(Witness)的签字证明。

海关发票填制时应注意下列事项：

(1) 海关发票须注明货物的成分，以便进口国海关分类征税；

(2) 海关发票与商业发票中的同一项目，如唛头、品名、数量、金额等的内容必须相符；

(3) 海关发票的抬头人一般应填写目的港或目的地的收货人；

(4) 海关发票中"出口国国内价格"一栏，应以出口国的货币填写，且不能高于FOB价、FCA价，即FOB价、FCA价应略高于国内市场价，否则可能成为进口国海关征收反倾销税的依据；

(5) 如成交价为CIF、CIP条件，应分别列明FOB价、FCA价以及运费和保险费，三者之和应与CIF、CIP价相同；

(6) 海关发票上的签字，必须以个人名义手签，如要求另加证明文句，证明人的签字式样不得与发票、汇票或其他单据的签字相同。

### (四) 领事发票

领事发票(Consular Invoice)是一种进口国驻出口国领事馆制定的特定规格的发票，由出口商填写并经领事签字证实后提供给进口商凭以办理报关手续。有些进口国特别要求出口商提供领事发票，它与实际业务中偶有使用的直接在普通商业发票上附加领事签证的领事认证发票(Consular Legalized Invoice)不同，必须在商业发票之外另行单独出具。其作用与海关发票大致相近，主要是为了核实原产地和有无倾销。一般来说，办理领事发票的额外费用要由进口商承担。

## 第三节 运输单据

运输单据(Transport Documents)是承运人收到托运货物后签发给托运人的货

收据,是承运人和托运人之间的运输契约或其证明,也是买卖双方交接货物、处理索赔与理赔以及卖方向银行结算货款或进行议付的重要单据。运输单据如是可转让形式则又成为物权凭证,经过背书可以转让,其受让人即成为货权所有人,也可以向金融机构进行抵押获得融资。

运输单据随不同的运输方式而异。在国际货物运输中,运输单据的种类很多,包括海运提单(Ocean Bill of Lading)、海运单(Sea Waybill)、航空运单(Air Waybill)、铁路运单(Rail Waybill)、承运货物收据(Cargo Receipt)、邮包收据(Parcel Post Receipt)和多式联运单据(MTD)等。

## 一、海运提单

海运提单(Marine/Ocean Bill of Lading),简称提单(Bill of Lading,B/L),是承运人或其代理人收到货物后,签发给托运人的一种货物收据,是用以证明海上货物运输合同和货物已经由承运人接收或装船,并且承运人保证据以交付货物的单证。

(一) 提单的性质和作用

(1) 提单是承运人或其代理人在收到货物后签发给托运人的货物收据,表明承运人已按提单所列内容收到了货物。

(2) 提单是一种货物所有权的凭证。

(3) 提单是承运人和托运人双方订立的运输契约的证明。

(二) 提单的种类

1. 按签发提单时货物是否装船来分,有已装船提单(Shipped or on Board B/L)和备运提单(Received for Shipment B/L)

(1) 已装船提单,是指货物装船后,由承运人签发给托运人的提单。提单上必须载明装货船名和装船日期。已装船提单在国际贸易中被广泛使用。

(2) 备运提单,是指承运人在收到托运货物等待装船期间,向托运人签发的提单。这种提单没有肯定的装货日期,往往不注明装运船舶的名称,因而买方和银行一般不接受备运提单。备运提单如经承运人加注"已装船"字样,注明装船名称、装船日期并签字证明,也可转为已装船提单。

2. 按提单有无不良批注,可分为清洁提单(Clean B/L)和不清洁提单(Unclean or Foul B/L)

(1) 清洁提单,是指货物交运时外表状况良好,承运人未加有关货损或包装不良或其他有碍结汇批注的提单。清洁提单是国际贸易中广泛采用的提单。

(2) 不清洁提单,是指承运人加注货物外表状况不良或存有缺陷等批注的提单。如"包装不固""破包""某件损坏"等。

3. 按提单收货人抬头分类,有记名提单(Straight B/L)、不记名提单(Bearer B/L)和指示提单(Order B/L)

(1) 记名提单,是指在收货人栏内,具体填明收货人名称的提单。它只能由提单上所指定的收货人提货,不能转让,又称为"不可转让提单"。记名提单一般只用于运输贵重物品或有特殊用途的货物。

(2) 不记名提单,又称"空白提单"或"来人抬头提单",是指收货人一栏内不填写收货人名称而留空或者写上"给来人"(to Bearer)的提单。提单持有人可不作任何背书转让或提取货物。由于这种提单风险大,国际贸易中很少使用。

(3) 指示提单,是指在收货人栏内只填写凭指示或凭某人指示字样的一种提单。这种提单可以背书转让,又称"可转让提单"。背书的方式有两种:一种是空白背书,仅由背书人(提单转让人)在提单的背面签字盖章;另一种是记名背书,即转让人除签字盖章外,还须列明受让人(被背书人)的名称。在国际贸易中,指示提单被普遍使用。我国在出口业务中大多使用凭指示空白背书的提单,习惯上称为"空白抬头"提单、"空白背书"提单。

4. 按运输方式分,有直达提单(Direct B/L)、转船提单(Transhipment B/L)和联运提单(Through B/L)

(1) 直达提单,是指货物从装运港装船后,中途不换船而直接运到目的港使用的提单。直达提单上仅列有装运港和目的港的港口名称。在国际贸易中,如信用证规定货物不准转船,卖方就必须取得承运人签发的直达提单后才能向银行办理议付货款。

(2) 转船提单,是指货物须经中途转船才能到达目的港而由承运人在装运港签发的全程提单。转船提单上注有"在某港转船"的字样,承运人只对第一程运输负责。

(3) 联运提单,是指须经两种或两种以上运输方式(海陆、海河、海空、海海等)联运的货物,由第一程海运承运人收取全程运费后,在起运地签发的到目的港的全程运输提单。联运提单虽然包括全程运输,但签发提单的海运承运人只对自己运输的一段航程中所发生的货损负责,这种提单与转船提单性质相同。

5. 按提单的签发日期分,可以分为预借提单(Advanced B/L)、倒签提单(Anti-dated B/L)

(1) 预借提单,是指承运人在货物未装船或未装船完毕时签发的提单。在托运人需要提前取得运输单据办理货款结算手续,或派作其他用途时,通常会要求承运人签发预借提单。

(2) 倒签提单,是指承运人在提单上签注的货物装船完毕的日期早于货物实际装船完毕的日期。这种提单与"预借提单"一样,通常被认为是非法的和欺诈性的,应禁止使用。

6. 按船舶营运方式不同,可分为租船合约提单和班轮提单

这两种提单的格式不同,其内容也有很大差别。班轮提单除提单正面列有托运人和承运人分别填写的有关货物与运费等记载事项外,背面还有印制的涉及承运人与货方之间的权利、义务与责任豁免的条款;租船合约提单仅在提单正面列有简单的记载事项,并表明"所有其他条款、条件和例外事项按某年某月某日租船合同办理",而提单背面则无印制的条款。

7. 按运费支付方法不同可分为运费预付提单和运费倒付提单

8. 按提单的格式和条款是否全面可分为全式提单和简式提单

前者是指提单的正面和背面都有内容,全面记载了承运人和托运人的责任、义务和权利等方面的条款;后者只有正面有条款,而背面没有任何记载内容。

此外,海运提单出单后,出口商如不按规定或法定的期限向银行提交,则构成过期提单(Stale B/L)。过期提单是指货物装船后,卖方向当地银行提交提单时,银行按正常邮程预计收货人不能在船舶抵达目的港之前收到的提单。一般信用证中都规定有交单期,出口方向银行交单不能晚于该日期,否则构成过期提单。另外,按照UCP600的规定,在提单签发21天后才提交的提单也属于过期提单。过期提单影响买方及时提货、转售并可能造成其他损失,因而为防止买方以此为借口而拒付货款,银行一般都拒收过期提单。

海运提单作为收货的凭证、货物所有权的凭证和运输协议的证明,除备运提单、不清洁提单、过期提单等外。其他提单均可作为议付货款的凭证之一。目前我国进出口贸易中常采用清洁的、空白抬头、空白背书的已装船提单。

(三) 提单的基本内容

提单的形式和种类多种多样,但基本内容大致相同,提单的基本内容(正面内容)一般包括以下内容。

1. 有关当事人的内容

(1) 托运人(Shipper or Consignor)。

提单的托运人一般为信用证的受益人,即出口公司,除非信用证另有规定。但根据UCP500,除非信用证有特别规定,允许银行接受以受益人以外的第三者为发货人的提单(Third Party's B/L)。托运人一栏应详细列明托运人的名称和地址,并且必须与信用证的规定完全一致。

(2) 承运人(Carrier)。

承运人一栏应明确、详细列明承运人的名称、地址和地点,一般在提单上方有印制的详细名称和地址。

(3) 收货人(Consignee)。

收货人即提单的抬头人。这栏应严格根据信用证的要求正确填制,记成记名抬头、指示式抬头或空白抬头。实际业务中以指示抬头最多,有时也用记名抬头,空白抬头由于风险大,基本不用。

(4) 被通知人(Notify Party)。

如果信用证规定了提单的被通知人,则这一栏应严格根据信用证的要求详细地列明被通知人的名称和地址。如果信用证没有规定提单的被通知人,这一栏可以是空白,也可以填写信用证申请人(进口方)或其代理人。

2. 有关货物的内容

(1) 运输标志(唛头,Shipping Marks)。

如果信用证中对货物的唛头有明确规定,则提单的唛头应与信用证的规定完全一致。另外，提单的唛头应与其他单据(商业发票、装箱单等)上的唛头完全一致。

(2) 货名(Description of Goods)。

提单的货名即是托运货物的名称，如果信用证列明的货物名称比较复杂，有时提单上不使用这种复杂的货名，而用统称或简写，银行也可以接受，但不能与信用证列明的货物名称有本质的冲突。另外，如果信用证中要求在提单上列明信用证号码或其他有关号码，也应在这一栏中有明确反映。

(3) 件数和包装种类(Number & Kinds of Packages)。

提单上货物的件数应以大、小写两种文字准确填写，并且大小写要一致，在大写数字后面要有"仅"(Only)字样。对于无法计件的散装货，不仅应注明"散装货"(In Bulk)字样，还应注明净重。

提单上应有对货物包装的描述，如散装、托盘装、集装箱装等，并且必须与信用证中对货物包装的规定完全一致。包装应如实填写，不宜省略。

(4) 毛重(Gross Weight)。

毛重是按重量吨计算运费的依据。如果信用证规定提单上注明货物的净重，则也应列明在此栏内，但前面要注明"净重"字样。

(5) 尺码(Measurement)。

货物的尺码是承运人按体积计算运费的依据，一般以立方米表示，应与信用证中的有关规定完全一致。

3. 有关运输和其他内容

(1) 提单的号码(B/L No.)。

提单必须有承运人加注的号码，即提单的编号，如果信用证中规定其他单据中必须列明提单的号码，这时此号码必须与提单的号码完全一致。

(2) 船名(Vessel Name)。

船名一栏必须有运输船舶的名称、航次号。如果是直达运输，则应有直达船的名称。如果是转船运输，则应有一程船的名称。如果信用证有指定船名，应与信用证一致。

(3) 装货港(Port of Loading)。

装货港一栏必须列明装货港的名称，并且必须与信用证中对装货港的规定完全一致。

(4) 卸货港(Port of Discharge)。

卸货港一栏必须列明卸货港的名称，并且必须与信用证中对卸货港的规定完全一致。如果属转船运输，卸货港一栏还应反映出中途转船的地点。

(5) 运费支付地点(Freight Payable at)。

运费支付地点一栏一般不填，但信用证有特别规定时，必须按信用证要求列明运费的支付地点。

(6) 运费(Freight & Charges)。

运费一栏一般仅列明运费的支付情况，无须列明具体运费金额，通常信用证中对此都有规定。运费的支付情况一般有以下三种：①"运费已付"(Freight Prepaid)；②"运费到付"(Freight to Collect)；③"运费由租船人支付"(Freight Paid by Charter Party)。

"运费已付"一般由托运人(出口公司)支付运费。"运费到付"一般由收货人(进口公司)支付运费。由收货人支付运费时，一般应列明运费的具体数额。出口业务中，如采用CFR、CIF条件成交，提单上应填"运费已付"(Freight Prepaid)；如果采用FOB条件成交，提单上应填"运费到付"(Freight to Collect 或 Freight Payable at Destination)。

如果信用证有规定，则严格按照信用证规定填写，否则至少也要与价格条件以及其他单据内容等相协调，不能有矛盾；如果信用证要求加注运费数，则应照加。

(7) 提单的份数(Number of Original B/L)。

提单的份数一般是指提单正本的份数。在一般情况下，如果信用证对提单的份数有明确规定，提单的份数应与信用证的要求完全一致。如果信用证中未要求提单的份数，而只是要求提供"全套提单"(Full Set of B/L)，则提单的份数应依提单上的具体规定而定。

提单的签发人通常都规定了其所签发提单的份数。提单上列明的提单签发人签发的所有正本提单，即是"全套提单"，出口公司向银行提交的提单必须是"全套提单"，除非信用证另有规定。

(8) 提单的签发地点和提单的签发日期(Place and Date of Issue)。

提单必须有签发地点，通常为承运人或其代理人的营业地点。但是，不一定是装运港。

提单必须有签发日期。签发日期是承运人或其代理人签发提单的日期，已装船提单的签发日期就是货物的装船日期。此日期必须在信用证规定的货物最迟装运期之内。收妥备运提单的签发日期是承运人或其代理人收到货物日期。收妥备运提单如已转变为已装船提单，则"Shipped on Board"字样旁边的日期为装船日期，此日期必须在信用证规定的货物最迟装运期之内。

(9) 承运人签署(Signed for the Carrier)。

按UCP500规定，海运提单表面须注明承运人名称，并由承运人或代表承运人的具名代理人、船长或代表船长的具名代理人签署。签署人必须表明其身份，若为代理人签署，还须表明代理一方的名称和身份。提单只有经承运人或其代理人签字后才能生效。

4. 有关提单正面契约文句的内容

提单的正面通常印有以下四种契约文句。

(1) 装船条款，说明承运人或其代理人已经收到表面状况良好的货物(另有说明者除外)，并已装在指定的轮船上，将运往目的地。

(2) 内容不知悉条款，声明承运人或其代理人只对货物的表面状况进行核实，而对于托运人在提单上填写的货物的质量、数量、价值等内容不知悉，承运人只负责在目的地交付表面状况与提单描述相等的货物。

(3) 承认接受条款，说明托运人、收货人或提单的持有人只要接受提单即认为同意接受提单背面印就、书写或戳记的各种法律和责任条款。

(4) 签署条款，声明承运人或其代理人签发了若干份正本提单（即"全套提单"），提单的持有人凭其中一份提货后，其余的自动失效。

除以上主要内容外，按照信用证规定，提单有时还须加列进口许可证号、信用证号、目的港船公司代理的名称和地址等内容。

此外，全式提单还有背面条款。提单背面印就的条款，规定了承运人的义务、权利和责任的豁免，是承运人和托运人双方处理争议时的依据。UCP500规定，银行不审核这些条款。

## 二、租船合约提单

租船合约提单（Charter Party B/L），是指在租船运输业务中，在货物装船后由船长或船东根据租船合约签发的提单，简称租船提单。提单内容和条款与租船契约有冲突时，以租船合约为准。租船合约提单上应该有类似这样一些文字："此提单受到租船合约的约束。"

租船提单的正面内容和填制方法基本与海运提单相同。租船提单的收货人（一般是进口商）是租船人本身，但也可以做成可转让形式，而不以租船人为收货人，因而它可作为物权凭证。

租船提单只有在信用证要求或允许时银行才接受。即使信用证要求提交与租船合约提单有关的租船合约，银行对该租船合约不予审核，但将予以照转而不承担责任。如果信用证不要求或不允许提交租船合约提单，银行将不接受租船合约提单。

## 三、不可转让海运单

不可转让海运单（Non-negotiable Sea Waybill），简称海运单，是承运人收到托运人交来货物时签发的货物收据，也是承运人和托运人签订的运输契约的证明。其形式与作用同海运提单相似，但其收货人抬头做成记名式的，记名收货人是唯一的收货人。收货人提货时并不需要提交海运单，而仅需证明自己是海运单载明的收货人即可提取货物。因此，海运单不可以转让，也不是物权凭证。海运单的应用范围比较窄，主要用于跨国公司成员之间的货物运输。

## 四、铁路运单

铁路运单（Railway Bill）是铁路承运人收到货物后所签发的铁路运输单据。我国对外贸易铁路运输按营运方式分为国际铁路联运和国内铁路运输两种方式。前者使用国际货协铁路运单，后者使用承运货物收据。

（一）国际货协运单

国际货协运单（International Cargo Agreement Transportation），为发送国铁路

和发货人之间缔结的运输合同,运单签发即表示承运人已收到货物并受理托运、装车后加盖承运日戳即为承运。国际货协运单使用正副本方式。运单正本随同货物从始发站到终点站交给收货人,作为铁路向收货人交付货物的凭证。运单副本在发货站加盖承运期戳记,成为货物已被承运的证明,发货人凭之向银行要求结汇。国际货协运单不能转让,不是物权凭证。

### (二) 承运货物收据

承运货物收据(Cargo Receipt)是对港澳铁路运输中使用的一种结汇单据。该收据包括大陆段和港段两段运输。内地通过国内铁路运往港澳地区的出口货物,一般都委托中国对外贸易运输公司承办,货物装车发运后,由外运公司签发一份承运货物收据给托运人,托运人以此作为结汇凭证。承运货物收据既是承运人出具的货物收据,也是承运人与托运人签署的运输契约,同时还是出口人办理结汇手续的凭证。

## 五、航空运单

### (一) 航空运单的性质与作用

航空运单(Airway Bill, AWB)是航空公司或其代理人收到货物后出具的运输凭证,是承运人与托运人之间签订的运输契约,也是承运人或其代理人向托运人签发的货物收据。航空运单与海运提单性质不同,它只能表示承运人已收到货物,起到货物收据的作用,却不是物权凭证。货到目的地后,收货人不是凭航空货运单提货而是凭航空公司发出的到货通知单和有关证明提货。所以,航空运单必须作成记名抬头,不能背书转让,也不能作为有价证券流通。

### (二) 航空运单的填制说明

(1) 航空运单的号码:前三位是航空公司的代号,如中国国际航空公司代号是999。

(2) 航空公司名称:在此栏内除印有航空公司的全称及简称,如 CAAC 外,还印有"不可转让"(Not Negotiable)字样,明确表示航空运单是不可转让的。

(3) 收货人的名称和地址。

(4) 发货人的名称和地址。

(5) 起运地:飞机起航地的名称。

(6) 转运地:转运机场所在地的名称。如没有中转可不填。

(7) 目的地:应填写货物所运往地点的名称。

(8) 航班号及飞行日期:此飞行日期是预计飞行日期,不是实际装运期。

(9) 运费货币及支付方式:货币以币制缩写表示,如 USD,支付方式则根据实际情况在印就的 PP=Prepaid(预付)或 CC=Collect(到付)下面空格内打"×"。

(10) 申报价值:填制托运货物价值总数,如货物在运输途中,由于航空公司的过失,造成货损或灭失时,作为理赔的依据,一般可按发票价填入。如不愿宣布货值,则在此栏内填"NVD"(No Value Declared)字样,表示无申报价值。

(11) 会计事项(Account Information):指托运人账号、信用卡号等。

（12）处理情况（Handling Information）：标记、件号、包装方法随机文件等事项，也可填列发货人对本批货物运输问题的特别指示，对第二程承运人的要求等。

（13）承运人代理的名称和地点（Issuing Carrier's Agent Name and City）：代理人的"国际空运协会"代号及账号（Agent's IATA Code, Account No.）均应由承运人如实填写；但如果信用证无具体要求，一般可以不填。

（14）件数（No. of Pieces）：指装运件数，必须正确填写。

（15）毛重（Gross Weight）：指货物的毛重公斤数。

（16）运价等级（Rate Class）用下列代号填写："M"（Minimum Charge）代表起码运费；"N"（Normal under 45 kg Rate）代表45公斤以下普通货物运价；"Q"（Quantity over 45 kg Rate）代表45公斤以上普通货物运价；"C"（Special Commodity Rate）代表特种商品运价；"B"（Reduced Class Rate Less Than Normal Rate）代表折扣运价，即低于45公斤的普通货物运价的等级运价；"S"（Surcharged Class Rate, More Than Normal Rate）表示加价运价，即高于45公斤的普通货物运价的等级运价。

（17）品名编号（Commodity Item No.）：应根据航空公司的类别填写，在多数情况下可以不填。

（18）计费重量（Chargeable Weight）：一般按毛重计费，如按起码运价计收运费，本栏可不填。如果按体积计算的重量大于实际毛重，则将体积重量填入本栏。

（19）费率：一般按每公斤计算。

（20）运费总额。

（21）货物品名和数量（包括体积或容积）应打出商品名称、数量及尺码。

（22）唛头：唛头栏目一般可打在货物品名之下。

（23）预付运费金额：填写预付运费总额。

（24）预付手续费金额：属于承运人的需要而产生的费用总额，填入本栏。

（25）预付运费及其他费用总额：填入预付运费金额加上预付手续费金额的总额。

（26）其他费用金额。

（27）托运人关于所装货物非危险品的保证：此栏内由托运人盖章。

（28）航空运单的签发地点和日期。

（29）承运人的印章：凡是正本均须有承运人的印章方始生效。

（三）航空运单的正副本

航空运单正本一式三份，分别交托运人航空公司和随机带交收货人，副本若干份由航空公司按规定分发。

## 六、邮包收据

邮包收据（Parcel Post Receipt）是邮包运输的主要单据，它既是邮局收到寄件人的邮包后所签发的凭证，也是收件人凭以提取邮件的凭证，当邮包发生损坏或丢失时，它还可以作为索赔和理赔的依据。但是，邮包收据不是物权凭证。

### 七、多式联运单据

多式联运单据(Multimodal Transportation Documents, MTD)是指多式联运经营人在收到货物后签发给托运人的单据,其作用与海运提单相似,既是货物收据也是运输契约的证明、在单据作成指示抬头或不记名抬头时,可作为物权凭证,经背书可以转让。按照国际商会《联合运输单证统一规则》的规定,多式联运经营人负责货物的全程运输。多式联运单据与联运提单在形式上有相同之处,但在性质上不同,表现在以下四个方面。

(1) 提单的签发人不同:多式联运单据由多式联运经营人签发,而且可以是完全不掌握运输工具的"无船承运人",全程运输均安排各分承运人负责。联运提单由承运人或其代理人签发。

(2) 签发人的责任不同:多式联运单据的签发人对全程运输负责。联运提单的签发人仅对第一程运输负责。

(3) 运输方式不同:多式联运提单的运输既可用于海运与其他方式的联运,也可用于不包括海运的其他运输方式的联运。联运提单的运输限于海运与其他运输方式的联合运输。

(4) 已装船证明不同:多式联运提单可以不表明货物已装船,也无须载明具体的运输工具。联运提单必须是已装船提单。

## 第四节 保 险 单 据

### 一、保险单据及种类

保险单据(Insurance Documents)是保险人对被保险人的承保证明,又是双方之间权利义务的契约,在被保险货物遭受损失时,它是被保险人索赔和保险人理赔的主要依据。在货物出险后,掌握了提单又掌握了保险单据,就真正掌握了货权。

保险单据有保险单、保险凭证、联合凭证、预约保单、保险声明和批单。

(一) 保险单

保险单(Insurance Policy 或 Policy),俗称大保单。它是保险人和被保险人之间成立保险合同关系的正式凭证,是一种正规的保险合同。保单背面印有货物运输保险条款(一般表明承保的基本险别条款之内容),还列有保险人的责任范围及保险人与被保险人各自的权利、义务等方面的条款。

如果当事人双方对保险单上所规定的权利和义务需要增补或删减时,可在保险单上加贴条款或加注字句。保险单是被保险人向保险人索赔或对保险人上诉的正式文件,也是保险人理赔的主要依据。保险单可转让,通常是被保险人向银行进行押汇的单证之一。在 CIF 合同中,保险单是卖方必须向买方提供的单据。

（二）保险凭证

保险凭证(Insurance Certificate),俗称小保单。它是保险公司签发给被保险人,表示保险公司已经接受保险的一种证明文件,证明货物已经投保和保险合同已经生效,这是一种比较简化的保险单据。它包括了保险单的基本内容,但不附有保险条款全文,表明按照本保险人的正式保险单上所载的条款办理。保险凭证具有与保险单同等的效力,但在信用证规定提交保险单时,一般不能以保险单的简化形式替代。

（三）联合凭证

联合凭证(Combined Certificate),又称承保证明(Risk Note),是我国保险公司特别使用的,比保险凭证更简化的保险单据,是最简单的保险单据。保险公司仅将承保险别、保险金额及保险编号加注在我国进出口公司开具的出口货物发票上,并正式签章,即作为已经保险的证据。

（四）预约保险单

预约保险单(Open Policy)是进口贸易中,被保险人(一般为进口人)与保险人之间订立的总合同。订立这种合同既可以简化保险手续,又可使货物一经装运即可取得保障。

（五）保险声明

预约保险单项下的货物一经确定装船,要求被保险人立即以保险声明书(Insurance Declaration)的形式,将该批货物的名称、数量、保险金额、船名、起讫港口、航次、开航日期等通知保险人,银行可将保险声明书当作一项单据予以接受。

（六）批单

保险单出立后,如需变更其内容,可由保险公司另出凭证,注明更改或补充的内容,称为批单。批单必须粘在保险单上并加盖骑缝章,作为保险单不可分割的一部分。

还有一种暂保单(Cover Note),是由保险经纪人(Insurance Broker)即投保人的代理人出具的非正式保单。除非信用证特别要求,银行不接受暂保单。

## 二、保险单的背书

保险单据按信用证的要求和需要时可由被保险人在单据上背书(Endorsement)。在信用证的单据付款之时或以前,被保险人的权利应该转移。保险单据的背书应与提单背书保持一致。保险单据的背书根据信用证规定和被保险人的不同情况分为以下五种。

(1) 持单人是被保险人(出口商)时,做成空白背书。

(2) 按信用证规定做成记名背书。

(3) 被保险人是买方/进口商,则卖方/出口商不须背书,保险单如需转让,应由买方(被保险人)背书。

(4) 被保险人是第三者、中性名称(To whom it may concern),则保险单转让时,不须背书。

(5) 被保险人是来人(Bearer)或持单人(Holder),在赔付地点写明"Claim payable at (place) to bearer or holder",保险单据转让时,不必背书。

### 三、保险单据的基本内容

保险单据中以大保单使用最为广泛。大保单既有正面内容,又有背面条款。大保单背面载明有关保险人和被保险人之间权利和义务及责任豁免等内容。正面一般包括以下基本内容。

(一) 保险单据名称

保险单据一般应有"Insurance Policy"(保险单)、"Insurance Certificate"(保险凭证)等字样。

(二) 保险单据号码

保险公司出具保险单据时,一般应打印上完整的编号。

(三) 保险人名称

保险单据上必须有保险人的详细名称和地址。一般在保险单的上方都印有保险公司的详细名称和地址。保险人应是承保的保险公司名称,而不能是保险经纪人或代理人。

(四) 被保险人名称或其代理投保人的名称

被保险人的名称应符合信用证的具体要求。信用证中对于被保险人通常有如下三种形式之一的规定:

(1) 信用证受益人(出口公司)为被保险人;

(2) 某一商号为被保险人;

(3) 银行的指定人为被保险人。

(五) 唛头

保险公司在本栏目常常仅打上"同××号发票"(As per Invoice No.××),因为发生保险索赔时,索赔方必须提供发票,便于两种单据互相参照。

(六) 包装和数量

由保险公司按投保单填列。按惯例,保险单据的货物包装和数量应与发票内容相一致。

(七) 保险货物项目

可使用货物的统称,但须与提单等单据相一致,并不得与信用证中货物的描述相抵触。

(八) 保险金额(The Sum Insured)和币别(Currency Code)

保险金额一栏内应用阿拉伯数字填写,一般按信用证要求投保的比例投保。如信用证未规定时,保险金额不应低于货物的 CIF 或 CIP 价值的 110%,如不能确定 CIF 或 CIP 的货值,则不能低于银行付款、承兑或议付金额的 110%,或发票金额的 110%,

以金额较大者为最低保险金额。在实际业务中,一般按货物价值的 110% 投保。但是,保险金额最高不应超过货物价值的 130%。

保险金额还应以文字表述,并以"Only"结尾。注意保险金额的大、小写应一致。

保险的币别应和信用证的币别一致。

(九) 保险费及费率(Premium、Rate)

除非信用证另有规定,保险单据上一般只列明"As arranged"(按商定)而不列明保险费的具体金额。

(十) 装载运输工具(Per Conveyance s.s.)

参照提单,注上承运人的船名和航次号。如果投保时已明确要在中途转船,须在第一程船名后加注第二程船名,如果第二程船名未能预知,则在第一程船名加注"and/or steamers"。

(十一) 开航日期

海运时,缮打"见提单"(as per B/L)即可,其他运输方式类同。

(十二) 运输起讫地点

参照提单,列明起运港、目的港,如中途须转船,应列明"转运"(with transhipment)字样。

(十三) 承保险别

保险单据上应明确列明承保的险别,并且应与信用证上要求投保的险别完全一致。在 CIF、CIP 条件下,如信用证未明确规定,则出口方仅须选择某一保险条款投保其最低险。

(十四) 保险人在目的地的代理人

保险单据上应列明保险人在目的地的代理人的详细名称和地址,以便当货物受损、被保险人索赔时,能及时就近查勘,分析出原因和受损程度,以确定赔偿责任。

(十五) 赔付地点

赔付地点是发生货损时进行理赔的地点,一般应按信用证上的规定填写。如果信用证对此没有规定,则应以目的地为赔付地点。一般为保险公司在目的地的保险代理人所在地。

(十六) 出单日期和出单地点

保险单据应明确列明出单日期和出单地点。保险单的出单日期是保险人责任的起点,保险单的出单日期不得迟于提单的签发日期,否则银行将不予接受。保险单的出单地点涉及适用法律问题,一旦产生纠纷,如无明确规定,一般以出单地法律为依据,因此必须在保单上列明。

(十七) 保险人签章

按 UCP600 规定,保险单据上必须由保险公司或保险商或其代理人出具和签署。除非信用证另有授权,保险经纪人出具的暂保单银行不予接受。保险单据上一般应包括保险公司名称和法人代表的签字或印章。

## 第五节 附属单据

### 一、检验证书

检验证书(Inspection Certificate)是各种进出口商品检验证书、鉴定证书和其他证明书的统称，是对外贸易有关各方履行契约义务、处理争议索赔和进行仲裁、诉讼举证，具有法律依据的有效证件，也是海关验放、征收关税和优惠减免关税的必要证明。

检验证书一般由国家质量监督检验检疫部门指定的检验检疫机构，包括设在各省、市、自治区的质量监督检验检疫局与其他专业检验机构对出口商品实施检验或检疫后，根据检验检疫结果，结合出口合同和信用证要求，对外签发。这也可以根据不同情况和不同要求，由外贸企业或生产企业出具。

检验证书的名称视检验检疫的内容而定。但是，应注意检验证书的名称及所列项目和检验检疫结果须与出口合同和信用证规定相符。此外，还须注意检验检疫证书是否在规定的有效期内，如超过规定的期限，应当重新报验。检验证书的种类主要有以下十六种。

(1) 品质检验证书，是出口商品交货结汇和进口商品结算索赔的有效凭证；法定检验商品的证书，是进出口商品报关、输出输入的合法凭证。商检机构签发的放行单和在报关单上加盖的放行章有与商检证书同等通关效力；签发的检验情况通知单同为商检证书性质。

(2) 重量或数量检验证书，是出口商品交货结汇、签发提单和进口商品结算索赔的有效凭证；出口商品的重量证书，也是国外报关征税和计算运费、装卸费用的证件。

(3) 兽医检验证书，是证明出口动物产品或食品经过检疫合格的证件。它适用于冻畜肉、冻禽、禽畜罐头、冻兔、皮张、毛类、绒类、猪鬃、肠衣等出口商品，是对外交货、银行结汇和进口国通关输入的重要证件。

(4) 卫生/健康证书，是证明可供人类食用的出口动物产品、食品等经过卫生检验或检疫合格的证件。它适用于肠衣、罐头、冻鱼、冻虾、食品、蛋品、乳制品、蜂蜜等，是对外交货、银行结汇和通关验放的有效证件。

(5) 消毒检验证书，是证明出口动物产品经过消毒处理，保证安全卫生的证件。它适用于猪鬃、马尾、皮张、山羊毛、羽毛、人发等商品，是对外交货、银行结汇和国外通关验放的有效凭证。

(6) 熏蒸证书，是用于证明出口粮谷、油籽、豆类、皮张等商品，以及包装用木材与植物性填充物等，已经过熏蒸灭虫的证书。

(7) 残损检验证书，是证明进口商品残损情况的证件。它适用于进口商品发生残、短、溃、毁等情况；可作为收货人向发货人或承运人或保险人等有关责任方索赔的有效证件。

(8) 积载鉴定证书，是证明船方和集装箱装货部门正确配载积载货物，作为证明履行运输契约义务的证件。可供货物交接或发生货损时处理争议之用。

（9）财产价值鉴定证书，是作为对外贸易关系人和司法、仲裁、验资等有关部门索赔、理赔、评估或裁判的重要依据。

（10）船舱检验证书，证明承运出口商品的船舱清洁、密固、冷藏效能及其他技术条件是否符合保护承载商品的质量和数量完整与安全的要求。它可作为承运人履行租船契约适载义务，对外贸易关系方进行货物交接和处理货损事故的依据。

（11）生丝品级及公量检验证书，是出口生丝的专用证书。其作用相当于品质检验证书和重量/数量检验证书。

（12）产地证明书，是出口商品在进口国通关输入和享受减免关税优惠待遇和证明商品产地的凭证。

（13）舱口检视证书、监视装/卸载证书、舱口封识证书、油温空距证书、集装箱监装/拆证书，作为证明承运人履行契约义务，明确责任界限，便于处理货损货差责任事故的证明。

（14）价值证明书，作为进口国管理外汇和征收关税的凭证。在发票上签盖商检机构的价值证明章与价值证明书具有同等效力。

（15）货载衡量检验证书，是证明进出口商品的重量、体积吨位的证件。它可作为计算运费和制订配载计划的依据。

（16）集装箱租箱交货检验证书、租船交船剩水/油重量鉴定证书，可作为契约双方明确履约责任和处理费用清算的凭证。

## 二、原产地证明书

原产地证明书（Certificate of Origin）是一种证明货物原产地或制造地的文件，主要是用以证明货物的原始生产或制造国，以便进口国海关核实进口来源，控制进口及核定进口货物应征税率，实行区别关税待遇。原产地证明书也是减免关税的依据。

产地证一般分为普通产地证和普惠制产地证，以及政府间协议规定的特殊原产地证。上述产地证虽然都用于证明货物的原产地，但使用范围和格式不同。

（一）普通产地证

普通产地证，又称原产地证，在我国出口业务中使用的原产地证系指中华人民共和国出口货物原产地证明书（Certificate of Origin of the People's Republic of China）。中国原产地证是证明我国出口货物在中国生产和制造的证明文件，是出口产品进入国际贸易领域的"经济国籍"和"护照"。我国目前所签发的原产地证已成为国际贸易中的一个重要环节，货物进口国据此对进口货物给予不同的关税待遇和决定限制与否。中国原产地证根据签发者的不同可分为：出口商自己或生产厂商出具的产地证、国质量监督检验检疫总局签发的产地证、中国国际贸易促进委员会签发的产地证。

1. 出口商产地证

这种产地证由出口商或生产厂商自己出具。当进口方只要求提供产地证而对其签发人无特别要求时,出口商通常就提供这种产地证。如果进口方要求提供经过有权签发产地证的民间组织认证的出口商产地证,则须将其交由贸促会盖章认证即可。

2. CCPIT 产地证(贸促会产地证)

这种产地证由中国国际贸易促进委员会(China Council for the Promotion of International Trade,简称CCPIT)各地的分会签发。按照国际惯例,各国商会(Chamber of Commerce)是有权签发产地证的民间组织,我国目前由贸促会(代商会)来签发这种由本国商会签发的产地证。我国向有些地区(比如红海地区、波斯湾地区等)出口时需要提供这种产地证。

3. AQSIQ 产地证(质检局产地证)

这种产地证由我国质检总局(中华人民共和国质量监督检验检疫总局)(General Administration of Quality Supervision, Inspection and Quarantine of the People's Republic of China, AQSIQ)设在各地的出入境检验检疫局出具,是一种特定格式的联合检验证书产地证。AQSIQ 产地证除注明货物产地外,通常还联合有货物品质或数量、重量等检验证书的内容,在进口方有特别要求时才提供这种产地证。

在实际出口业务中,出口方应根据买卖合同或信用证的要求提交相应的产地证。在一般情况下,以使用出入境检验检疫局或贸促会签发的产地证居多。在缮制原产地证书时,应按《中华人民共和国原产地规则》及其他有关部门规定办理。

中国原产地证明书共有 12 栏(不包括右上角证书名称和证书号码栏)。

第 1 栏：Exporter (Full Name, Address, Country)出口商名称、地址、国家栏。

出口商名称是指具有对外贸易出口经营权的单位,也就是指经商务主管部门备案登记,并经中国工商管理局注册批准的专业外贸公司、工贸公司、一部分自营出口的企业、中外合资企业、外商独资企业的正式名称,一般填打有效合同的卖方,要同出口发票上的公司名称相一致。此栏要注意不能填境外的中间商,即使信用证有此规定也不行。

此栏必须填打,不得留空。公司名称一定要打全称。地址要填明详细地址,包括街道名称、门牌号码。

第 2 栏：Consignee (Full Name, Address, Country)收货人名称、地址、国家栏。

此栏一般应填明最终收货人名称、地址、国家,一般是外贸合同中的买方或信用证上规定的提单通知人,但往往由于贸易的需要,不知道最终收货人是谁,或者由于信用证规定所有单证收货人一栏留空,则为了方便外贸的需要此栏可以打上 To Order 或 To Whom It May Concern(致有关人)。

第 3 栏：Means of Transport and Route 运输方式和路线栏。

此栏一般应填明装货港,到货港及运输方式(如海运、空运、陆运)。如果经转运也应注明转运地。例如：从上海通过海运经香港转运至鹿特丹,英文为 From Shanghai to Rotterdam via Hong Kong by Vessel。

第 4 栏：Destination Port 目的地栏。

这是指货物最终运抵港。注意不要填中间商国家名称。最终目的港即最终进口国,一般与最终收货人或最终目的地港国别一致。

第 5 栏：For Certifying Authority Use Only 签证机构使用栏。

出口申报单位应将此栏留空。签证机构根据需要加注内容。例如：证书更改,证书丢失,重新补发,声明×××号证书作废等情况。

第 6 栏：Marks and Numbers of Packages 货物唛头及包件号码栏。

此栏按照发票或提单上所列唛头填具完整的图案、文字标记或包件号码。注意货物如系散装或无唛头,则应填元唛头,英文为"No Mark"简写为 N/M。如果唛头多,此栏打不下,可填打在证书第 7、8、9、10 栏空白处。如果还打不下,则可另加附页,并在第 6 栏中打上"见附件"。英文为"See Attachment",附页用纸应小于证书尺寸,裁剪整齐后贴在证书背面中间,由签证机构加盖骑缝章。唛头如是复杂图案或几何图形,也可复印下来贴在背面。

第 7 栏：Description of Goods; Number and Kind of Packages 商品名称,包件数量及种类栏。

商品名称要填具体名称,例如：睡袋 Sleeping Bags、乒乓球 Table Tennis Ball、大麻籽 Hempseed、核桃 Walnut 等,要同发票、提单上的品名相一致。包件数量及种类要求填明多少包、桶、袋等。例如：100 箱彩色电视机,填为 100(One Hundred Cartons of Color TV Set),注意要在阿拉伯数字后面加括号并加注英文数字。如货物系散装,填写的商品名称后要加注"散装",英文为 In bulk。例如：1 000 公吨生铁,填为 1 000 (One Thousand M/T of Pig Iron in Bulk)。

此栏内容填打完毕后,要在末行加上表示结束的符号＊＊＊或 xxxx。以防再添加内容。有时国外信用证要求在所有单证内加注合同号、信用证号码或其他特殊条款等,可加在此栏内结束符号的下边。

第 8 栏：H.S.Code 商品 H.S.编码栏。

此栏要求填打 H.S.品目号,要注意此栏商品品目号必须填打准确、无误。

第 9 栏：Quantity or Weight 数量或重量栏。

此栏应以商品的计量单位填打,如"只""台""打""米"等,例如：电视机以台计算,则可填 100 sets,以重量计算的则可填打重量,但要注意注明毛重或净重,例如：毛重 2000 公吨,即 200 Metric Tons Gross Weight。

第 10 栏：Number and Date of Invoice 发票号码和日期栏。

此栏必须按照所申请出口货物的商业发票填打。此栏不能留空,也不能填打中间商的发票号码,即使信用证有此规定也不行。为避免月份、日期的误解,月份一律用英文表示。例如：2003 年 1 月 2 日英文为 Jan.2, 2003。

第 11 栏：Declaration by the Exporter 出口商声明、签字、盖章栏。

出口商声明内容为："下列签署人在此声明：上述货物详细情况和声明是正确的,所有货物均在中国生产,完全符合中华人民共和国原产地规则。"

申请单位的证书手签人员应是本申请单位的法人代表或由法人代表指定的其他

人员。手签人员应保持相对稳定,手签人的字迹必须清楚。申请单位在此栏盖的印章要使用中英文对照章。手签人签字与公章在证面上的位置不得重合。手签人员和公章在签证机构办理登记注册手续时,必须在签证机构进行登记注册。

此栏还必须填打申报地点和日期,注意申报日期不得早于发票日期,最早为同日。例如:发票日期为 4 月 23 日,则最早与发票同日也为 4 月 23 日。

第 12 栏:Certification 签证机构证明、签字、盖章栏。

签证机构证明内容为"兹证明出口商声明是正确的"。

所申请的证书,经签证机构审核人员审核无误后,由授权的签证人在此栏手签姓名,并加盖签证机构印章,注明签署地点、日期。注意:此栏签发日期不得早于发票日期(第 10 栏)和申报日期(第 11 栏),因为如早于发票日期和申报日期则不符合逻辑上的时间关系,因此最早只能为同日。例如:发票日期和申报日期都为 3 月 6 日,此栏最早只能为 3 月 6 日不得早于 3 月 6 日,如 5 日或 4 日。另外:第 11 栏与第 12 栏的与普惠制产地证格式 A 的有关栏目的位置编排正好相反,填打时请注意。

有关一般原产地的其他注意事项是:中国原产地证明书一律用打字机缮制,证面要保持清洁,整齐。

缮制证书一般使用英文,如信用证有特殊要求使用其他文种的,也可接受。申请签发中国原产地证明书,要向签证机构提供申请书一份,缮制好的证书一套(一正三副)和商业发票一份。申请单位应认真填写申请书内各项内容,必须严格按"中华人民共和国原产地规则"的规定办理,切实保证申报内容真实、准确。

签证机构审核的重点是含有进口成分的商品是否符合"中华人民共和国含有进口成分出口货物原产地标准主要制造、加工工序清单"的规定要求,除审核有关资料外,必要时还将进行下厂调查,调查商品的原料构成情况、加工工序情况、进口成分所占比例等情况,以此判断商品是否符合原产地标准。

申请单位的手签人员应熟悉"中华人民共和国出口货物原产地规则""中华人民共和国出口货物原产地规则实施办法"和"中华人民共和国含有进口成分出口货物原产地标准主要制造、加工工序清单",熟悉商品名称和 H.S.编码,熟悉所经营的出口商品情况,尤其是含有进口成分的商品的原材料构成情况及加工工序情况。

如果申请单位要求更改已签发的证书内容时,要向签证机构办理更改手续,切不可擅自更改,办理更改要说明正当的理由和提供真实可靠的依据,同时退回原签发证书。签证机构经核实后,再签发新证书。

货物如在中国进行的制造工序不足,未能取得中国原产地证的,可以申领"加工、装配证明书"。经中国转口的外国货,不能取得中国原产地证,但可申请"转口证明书"。

(二) 普惠制产地证

普惠制全称普遍优惠制(Generalized System of Preferences,简称 GSP),是发达国家(给惠国)给予发展中国家(受惠国)出口的制成品和半制成品普遍的、非歧视的、非互惠的一种关税优惠制度。目前,世界上有 27 个给惠国,实施 16 个普惠制方案。其中,欧共体十二国(法国、英国、德国、意大利、丹麦、荷兰、爱尔兰、比利时、卢森堡、希腊、西班牙和葡萄牙)、澳大利亚、新西兰、加拿大、日本、瑞士、瑞典、波兰、芬兰、挪威、奥地利、俄罗斯等23国给予我国普惠制待遇。在我国出口业务中,凡是对给予我国以普惠制关税优惠待遇的这些国家出口的受惠产品,须提供这种产地证,作为进口国海关减免关税的依据。

普惠制产地证是依据给惠国要求而出具的能证明出口货物原产自受惠国的证明文件,并能使货物在给惠国享受普遍优惠关税待遇。我国政府规定普惠制产地证由各地的出入境检验检疫局(简称商检局)签发。普惠制产地证的书面格式一般采用联合国贸发会议规定的统一格式——普惠制(产地证)格式A(GSP FORM A)。但是,对新西兰除使用格式A外,还须提供格式59A证书(FORM 59A),对澳大利亚不用任何格式,只须在商业发票上加注有关声明文句并经商检局盖章认证即可。

普惠制原产地证明书共有12栏。

产地证标题栏(右上角),填上签证当局所编的证书号;在证头横线上方填上"在中华人民共和国签发",国名外文必须填打外文全称,不得简化,即填打 ISSUED IN THE PEOPLE'S REPUBLIC OF CHINA。

第1栏:出口商的业务名称、地址、国别。

此栏是带有强制性的,应填明在中国境内的出口商详细地址,包括街道名、门牌号码等。

第2栏:收货人的名称、地址、国别。

一般应填给惠国最终收货人名称(即信用证上规定的提单通知人或特别声明的收货人),如果最终收货人不明确,可填发票抬头人,但不要填中间转口商的名称。在特殊情况下,欧盟国家的进口商要求将此档留空,也可以接受。

第3栏:运输方式及路线。

一般应填装货、到货地点(始发港、目的港)及运输方式(如海运、陆运、空运、陆海联运等)。如系转运商品,应加上转运港,如"Via Hongkong"。

第4栏:供官方使用。

此栏由签证当局填具,出口公司应将此栏留空。商检机构根据签证需要,如是"后发",加盖"Issued Retrospectively"红色印章,如是签发"复本",应在此栏注明原发证书的编号和签证日期并声明原发证书作废,其文字是:This certificate is in replacement of Certificate Of Origin no. … Dated … which is cancelled,并加盖"DUPLICATE"红色印章。在正常情况下,此栏空白。

第5栏:顺序号。

在收货人、运输条件相同的情况下,如同批出口货物有不同品种,则可按不同品种、发票号等分列"1""2""3"等。单项商品,此栏可不填。

第6栏:唛头及包装号。

按发票上唛头填具完整的图案文字标记及包装号。

如货物无唛头,应填"N/M"。如果唛头过多,此栏不够,可填打在第7、8、9、10栏的空白处。如果还不够,则另加附页,打上原证号,并由商检机构授权签证人手签、加盖签证章。

第7栏:包件数量及种类、商品说明。

请勿忘记填上包件种类及数量,并在包装数量的阿拉伯数字后用括号加上大写的英文数字。商品名称应具体填明,其详细程度应能在 H.S. 的四位数字中准确归类。不能笼统填"MACHINE""GARMENT"等。但是,商品的商标、牌名(BRAND)、货号(ART.NO.)也可不填,因这些与国外海关税则无关。商品名称等项列完后,应在末行加上表示结束的符号,以防止外商加填伪造内容。国外信用证有时要求填具合同、信用证号码等,可加在此栏结束符号下方的空白处。

第8栏:原产地标准。

此栏用字最少,但却是国外海关审证的核心项目。对含有进口成分的商品,因情况复杂,国外要求严格,极易弄错而造成退证,应认真审核。现将一般规定说明如下:(1)"P":完全原产,无进口成分;(2)"W":含有进口成分,但符合原产地标准。

第9栏:毛重或其他数量。

此栏应以商品的正常计量单位填,如"只""件""匹""双""台""打"等。以重量计算的则填毛重,只有净重的,填净重亦可,但要标上:N.W.(Net Weight)。

第10栏:发票号及日期。

此栏不得留空,必须照正式商业发票填具。为避免月份、日期的误解,月份一律用英文缩写 JAN.FEB.MAR. 等表示。发票内容必须与证书所列内容和货物完全相符。

第11栏:签证当局的证明。

填签发地点、日期及授权签证人手签、商检机构印章。签证当局只签一份正本,不签署副本。此栏签发日期不得早于发票日期(第10栏)、申报日期(第12栏)但不迟于提单日期,手签人的字迹必须清楚。手签与签证章在证面上位置不得重合。

第12栏:出口商的申明。

生产国的横线上应填"中国 CHINA"。进口国横线上的国名一定要填正确。进口国一般与最终收货人或目的港的国别一致。如果难以确定,以第3栏目的港国别为准。例如:ITALY(进口国必须是给惠国)。凡货物运往欧盟范围内,进口国不明确时,进口国可填 E.U.。申请单位的手签人员应在此栏签字,加盖中英文对照的印章,填上申报地点、时间。

(三)欧共体纺织品产地证[EEC Certificate of Origin (Textile Products)]

对欧共体(European Economic Community)各国出口有配额限制的纺织品时,信用证常要求提供这种特殊的产地证。这种产地证由出口地省级外经贸委(厅)签发。

(四)出口美国专用原产地声明书(Declaration of Country of Origin)

这是我国向美国出口时须提供的特别格式产地证,具有以下三种格式:格式 A,单一国家声明书(Single Country Declaration),声明商品的原产地只有一个国家;格式 B,多国产地声明书(Multiple Country Declaration),声明商品的原材料是由几个国家生产的；格式C,非多种纤维纺织品声明书,亦称否定式声明(Negative Declaration),专用于对美出口无配额限制的混纺织品,声明其中的主要价值或重量构成是属于麻或丝的原料,或其中所含羊毛成分不超过17%等。这些原产地声明书的具体签发人,须根据货物的具体情况并视美方的具体要求而定。

### 三、船公司证明

船公司证明(Shipping Company's Certificate)是进口商为了满足政府要求或了解运输情况而要求出口商提供的,由船公司或船方出具的有关载货船舶及运输情况的各种证明。常见的有以下七种。

(1) 船籍证明,用于证明载货船舶的国籍。

(2) 船龄证明,用于证明船龄。有时进口方会对载货船舶的船龄提出具体要求(一般认为在15年以上的船舶为超龄船),并要求出口方提供船籍证明。

(3) 船级证明,用于证明载货船舶符合一定的船级标准。

(4) 黑名单证明,用于证明载货船舶未被列入黑名单。这里的黑名单是指阿拉伯国家将与以色列有来往的船舶列入的黑名单,阿拉伯国家不允许被列入黑名单的船舶与本国发生运输业务关系。

(5) 收单证明。这是出口商将有关贸易单据委托船长随船转交收货人时,由船长签发的单据收据。在贸易实践中,进口商为了避免单据迟于货物到达,可要求出口商将一套正本或副本单据交由载货船舶船长随船转交收货人,这时,只要在收单证明中详列收到单据的种类和份数,出口商仍可凭船长签署的收单证明与其他须提交的单据一起向银行叙做押汇。

(6) 航线证明,用于证明载货船舶的航行路线和中途停靠港口。红海地区和波斯湾地区国家常要求船公司或船方出具这种证明。

(7) 转船舶通知证明。这是在转船提单或转船海运单下,由承运人或托运人出具的,要求转运人必须将有关转船事项(如后程船的船名、航期等)及时通知收货人的证明文件。

### 四、装船通知

装船通知(Shipping Advice),货物离开起运地后,由出口商发送给进口商通知后者一定数量的货物已经起运的通知文件。在FOB或CFR条件下,进口商需要根据装船通知来为进口货物办理保险,因此一般要求出口商在货物离开起运地后两个工作日内向进口商发出装船通知。

### 五、受益人声明

受益人声明(Beneficiary's Statement)通常是信用证受益人根据信用证的要求出具的说明受益人已经履行了合同义务(如已发装船通知、已寄样品或已寄副本单据等)的证明。

## 六、电报抄本

电报抄本(Cable Copy)是受益人根据信用证的要求,在装船发货后发送给信用证申请人(进口商)或信用证中规定的被通知人(Notify Party)的电传、传真或电报等。

电报抄本的内容一般包括装船日期、提单号码、装货港、到货港、商务合同号码、信用证号码等,目的是为了通知装船情况,进口商可以做好赎单提货准备。

## 复习思考题

1. 什么是商业单据?其作用有哪些?
2. 什么是商业发票?其作用有哪些?
3. 什么是海运提单?其作用有哪些?
4. 什么是基本的保险单据?它们有何作用?
5. 掌握商业发票、提单、保险单、一般原产地证和普遍优惠制原产地证(FORM A)的制作。

## 附录九 单据式样

### 一、商业发票

**世格国际贸易有限公司**

DESUN TRADING CO., LTD.

Room 2901, HuaRong Mansion, Guanjiaqiao 85♯, Nanjing 210005, P.R.CHINA

TEL: 025-4715004  025-4715619  FAX: 4691619

### COMMERCIAL INVOICE

TO: _____

FROM: _____

Letter of Credit No.: _____

INVOICE NO.: _____
INVOICE DATE: _____
S/C NO.: _____
S/C DATE: _____
TO: _____
Issued By: _____

| Marks and Numbers | Number and kind of package Description of goods | Quantity | Unit Price | Amount |
|---|---|---|---|---|
|  |  |  |  |  |

SAY TOTAL:                    Total:

## 二、装箱单

**世格国际贸易有限公司**
**DESUN TRADING CO., LTD.**
Room 2901, HuaRong Mansion, Guanjiaqiao 85#, Nanjing 210005, P.R.CHINA
TEL: 025-4715004 025-4715619 FAX: 4691619

### PACKING LIST

TO:                                   INVOICE NO.: _____
                                      INVOICE DATE: _____
                                      S/C NO.: _____
                                      S/C DATE: _____
FROM: _____                  TO: _____
Letter of Credit No.: _____  Date of Shipment: _____

| Marks and Numbers | Number and kind of package Description of goods | Quantity | PACKAGE | G.W | N.W | Meas. |
|---|---|---|---|---|---|---|
| | | | | | | |

## 三、形式发票

**世格国际贸易有限公司**
**DESUN TRADING CO., LTD.**
Room 2901, HuaRong Mansion, Guanjiaqiao 85#, Nanjing 210005, P.R.CHINA
TEL: 025-4715004 025-4715619 FAX: 4691619

### PROFORMA INVOICE

TO:                                   INVOICE NO.: _____
                                      INVOICE DATE: _____
                                      S/C NO.: _____
                                      S/C DATE: _____

TERM OF PAYMENT: _____
PORT TO LOADING: _____
PORT OF DESTINATION: _____
TIME OF DELIVERY: _____
INSURANCE: _____
VALIDITY: _____

| Marks and Numbers | Number and kind of package Description of goods | Quantity | Unit Price | Amount |
|---|---|---|---|---|
| | | | | |

SAY TOTAL:                    Total Amount:
BENEFICIARY:
ADVISING BANK:
NEGOTIATING BANK:

## 四、加拿大海关发票

| Revenue Canada  Revenue Canada  Customs and Excise  Douanes et Accise | CANADA CUSTOMS INVOICE  FACTURE DES DOUANES CANADIENNES | Page of de |
|---|---|---|
| 1. Vendor (Name and Address) *Vendeur (Nom et adresse)* | 2. Date of Direct Shipment to Canada/*Date d' expedition directe vers ie Canade* | |
| | 3. Other References (include Purchaserys Order No.)  *Autres reterences (inclure ie n de commande de Í acheteur)* | |
| 4. Consignee (Name and Address) *Destinataire (Nom et adresse)* | 5. Purchaser's Name and Address (if other than Consignee)  *Nom et adresse de Í acheteur (S'Il differe du destinataire)* | |
| | 6. Country of Transhipment/*Pays de transbordement* | |
| | 7. Country of Origin of Goods  *pays d' origine des marchandises*  CHINA | IF SHIPMENT INCLUDES GOODS OF DIFFERENT ORIGINS ENTER ORIGINS AGAINST ITEMA IN12  *SIL' EXPEDON COMPREND DES MARCHANDISES D' ORIGINES DIFFERENTES PRECISER LEUR PROVENANCE EN12* |
| 8. Transportation Give Mode and Place of Direct Shipment to Canada  *Transport Preciser mode et point d' expedition directe vercte vers ie canada* | 9. Condirtions of Sale and Terms of Payment  (i.e Saie. Consignment Shipment, Leased Goods, etd.)  *Conditions de vente et modaitites de paiement*  *(P.ex vente, expedition en consignation, location, de marchandises, etc)* | |
| | 10. Currency of Settlement/*Devises du paiement* | |
| 11. No of Pkgs  *Nore de colis* | 12. Specification of Commodities (Kind of Packages, Marks, and Numbers, General Description and Characteristics, ie Grade, Quality)  *Designation des articles (Nature des colis, marques et numeros, description ger erale et caracteristiques, P ex classe, qualite)* | 13. Quantity  (State Unit)  *Quantite*  *(Preciser Í unite)* | Selling Price/*Prix de vente*  | |
| | | | 14. Unit Price  *Prix unitaire* | 15. Total |
| 18. if any Of fields 1 to 17 are included on an attached commercial invoice, check this box ☐  *si tout renseignement relatlvement aux zones 1 e 17 ligure sur une ou des tactures commerciaies ci-attachees cocher cette case*  *commercial invoice No. 1 N de la factre commerciaie* _____ | 16. Total Weight/*Poids Total*  Net  | Gross/*Brut* | 17. Invoice Total  Total de la facture |
| 19. Exporter's Name and Address (if other than Vendor)  *Nom et adresse de Í exportateur (s'Il differe du vendeur)* | 20. Originator (Name and Address)/*Expediteur d' origine (Nom et adresse)* | |
| 21. Departmental Rulikg (if applicable)/*Decision du Ministere (S' lly a lieu)* | 22. If fields 23 to 25 are not applicable, check this box ☐  *Si ies zones 23 e 25 sont sans objet, cocher cette case* | |
| 23. if included in field 7 indicate amount  *Si compris dans ie total a ia zone 17, preciser*  (Ⅰ) Transportation charges, expense and insurance from the place of direct shipment to Canada  *Les frais de transport, depenses et assurances a partir du point of expedition directe vers is Canada.*  (Ⅱ) Costs for const; action, erection and assembly incurred atter importation into Canada  *Les couts de construction, d'erection et d' assemblage, pres imporaation au.canada*  (Ⅲ) Export packing  *Le cout de Í emballage d' exportation* | 24. If not included in field 17 indicate amount  *Si non compris dans le total a ie zone 17, Dreciser*  (Ⅰ) Transportation charges, expense and insurance to the place of direct shipment to Canada  *Les frais de transport, depenses et assurances Iusqu' au point d' of expedition directd vers ie Canada*  (Ⅱ) Amounts for commissions other than buying commissions  *Les commissions autres que celles versees Pour Í achat*  (Ⅲ) Export packing  *Le cout de Í emballage d' exportation* | 25. Check (if applicable)  *Cochet (s'lly a liso)*  (Ⅱ) Royalty payments or subsequent proceede are paid or payable by the purchaser  *Des redevances ou produits ont ete ou seront Verses par Í acheteur*  ☐  (Ⅱ) The purchaser has supplied goods or services for use in the production of these goods  *L'acheteur a fouml des merchandises ou des Services pour ia production des merchandises*  ☐ |

## 五、海运提单

| 1. Shipper Insert Name, Address and Phone | | B/L No. | |
|---|---|---|---|
| 2. Consignee Insert Name, Address and Phone | | \multicolumn{2}{l}{**中远集装箱运输有限公司** COSCO CONTAINER LINES TLX: 33057 COSCO CN FAX: +86(021) 6545 8984} | |
| 3. Notify Party Insert Name, Address and Phone (It is agreed that no responsibility shall attsch to the Carrier or his agents for failure to notify) | | **ORIGINAL** Port-to-Port or Combined Transport **BILL OF LADING** RECEIVED in external apparent good order and condition except as other-Wise noted. The total number of packages or unites stuffed in the container, The description of the goods and the weights shown in this Bill of Lading are Furnished by the Merchants, and which the carrier has no reasonable means Of checking and is not a part of this Bill of Lading contract. The carrier has Issued the number of Bills of Lading stated below, all of this tenor and date, One of the original Bills of Lading must be surrendered and endorsed or sig-Ned against the delivery of the shipment and whereupon any other original Bills of Lading shall be void. The Merchants agree to be bound by the terms And conditions of this Bill of Lading as if each had personally signed this Bill of Lading. SEE clause 4 on the back of this Bill of Lading (Terms continued on the back Hereof, please read carefully). * Applicable Only When Document Used as a Combined Transport Bill of Lading. | | |
| 4. Combined Transport* Pre-carriage by | 5. Combined Transport* Place of Receipt | | |
| 6. Ocean Vessel Voy. No. | 7. Port of Loading | | |
| 8. Port of Discharge | 9. Combined Transport* Place of Delivery | | |

| Marks & Nos. Container/Seal No. | No. of Containers or Packages | Description of Goods (If Dangerous Goods, See Clause 20) | Gross Weight Kgs | Measurement |
|---|---|---|---|---|
| | | | | |
| | | Description of Contents for Shipper's Use Only (Not part of This B/L Contract) | | |

10. Total Number of containers and/or packages (in words)
Subject to Clause 7 Limitation

| 11. Freight & Charges | Revenue Tons | Rate | Per | Prepaid | Collect |
|---|---|---|---|---|---|
| Declared Value Charge | | | | | |

| Ex. Rate: | Prepaid at | Payable at | Place and date of issue |
|---|---|---|---|
| | Total Prepaid | No. of Original B(s)/L | Signed for the Carrier, COSCO CONTAINER LINES |

LADEN ON BOARD THE VESSEL
DATE        BY

## 六、保险单

**PICC 中国人民保险公司**
The People's Insurance Company of China

总公司设于北京　　一九四九年创立
Head Office Beijing　　Established in 1949

### 货物运输保险单
### CARGO TRANSPORTATION INSURANCE POLICY

发票号（INVOICE NO.）
合同号（CONTRACT NO.）
信用证号（L/C NO.）

保单号次
POLICY NO.

被保险人：
INSURED：

中国人民保险公司（以下简称本公司）根据被保险人的要求，由被保险人向本公司缴付约定的保险费，按照本保险单承保险别和背面所载条款与下列特款承保下述货物运输保险，特立本保险单。

THIS POLICY OF INSURANCE WITNESSES THAT THE PEOPLE'S INSURANCE COMPANY OF CHINA (HEREINAFTER CALLED "THE COMPANY") AT THE REQUEST OF THE INSURED AND IN CONSIDERATION OF THE AGREED PREMIUM PAID TO THE COMPANY BY THE INSURED, UNDERTAKES TO INSURE THE UNDERMENTIONED GOODS IN TRANSPORTATION SUBJECT TO THE CONDITIONS OF THIS OF THIS POLICY AS PER THE CLAUSES PRINTED OVERLEAF AND OTHER SPECIAL CLAUSES ATTACHED HEREON.

| 标　记<br>MARKS & NOS | 包装及数量<br>QUANTITY | 保险货物项目<br>DESCRIPTION OF GOODS | 保险金额<br>AMOUNT INSURED |
|---|---|---|---|
|  |  |  |  |

总保险金额
TOTAL AMOUNT INSURED：_____

保费：　　　　　　启运日期　　　　　　　　　　装载运输工具：
PERMIUM：AS ARRANGED　DATE OF COMMENCEMENT：_____　PER CONVEYANCE：_____
自　　　　　　　　经　　　　　　　　　　　　　至
FROM：_____　VIA：_____　　　　TO：_____

承保险别：
CONDITIONS：

所保货物，如发生保险单项下可能引起索赔的损失或损坏，应立即通知本公司下述代理人查勘。如有索赔，应向本公司提交保单正本（本保险单共有_____份正本）及有关文件。如一份正本已用于索赔，其余正本自动失效。
IN THE EVENT OF LOSS OR DAMAGE WITCH MAY RESULT IN A CLAIM UNDER THIS POLICY, IMMEDIATE NOTICE MUST BE GIVEN TO THE COMPANY'S AGENT AS MENTIONED HEREUNDER. CLAIMS, IF ANY, ONE OF THE ORIGINAL POLICY WHICH HAS BEEN ISSUED IN ____ ORIGINAL(S) TOGETHER WITH THE RELEVANT DOCUMENTS SHALL BE SURRENDERED TO THE COMPANY. IF ONE OF THE ORIGINAL POLICY HAS BEEN ACCOMPLISHED. THE OTHERS TO BE VOID.

中国人民保险公司
The People's Insurance Company of China

赔款偿付地点
CLAIM PAYABLE AT_____　　_____
出单日期
ISSUING DATE_____　　　　Authorized Signature

## 七、一般原产地证

**ORIGINAL**

| 1. Exporter | Certificate No. |
|---|---|
| | **CERTIFICATE OF ORIGIN** |
| 2. Consignee | **OF** |
| | **THE PEOPLE'S REPUBLIC OF CHINA** |
| 3. Means of transport and route | 5. For certifying authority use only |
| 4. Country/region of destination | |

| 6. Marks and numbers | 7. Number and kind of packages; description of goods | 8. H.S.Code | 9. Quantity | 10. Number and date of invoices |
|---|---|---|---|---|
| | | | | |

| 11. Declaration by the exporter<br>　　The undersigned hereby declares that the above details and statements are correct, that all the goods were produced in China and that they comply with the Rules of Origin of the People's Republic of China.<br><br>Place and date, signature and stamp of authorized signatory | 12. Certification<br>　　It is hereby certified that the declaration by the exporter is correct.<br><br><br><br>Place and date, signature and stamp of certifying authority |
|---|---|

## 八、输欧盟纺织品产地证

### 输欧盟纺织品产地证

| 1. Exporter (EID. Name, full address, country)<br>Exportateur (EID, nom, adresse complète, pays) | ORIGINAL | 2. No |
|---|---|---|
| | 3. Quota year<br>Année contingentaire | 4. Category number<br>Numéro de catégorie |
| 5. Consignee (name, full address, country)<br>Destinataire (nom, adresse complète, pays) | **CERTIFICATE OF ORIGIN**<br>(Textile products)<br><br>CERTIFICAT D'ORIGINE<br>(Produits textiles) | |
| | 6. Country of origin<br>Pays d'origine | 7. Country of destination<br>Pays de destination |
| 8. Place and date of shipment – Means of transport<br>Lieu et date d'embarquement – Moyen de transport | 9. Supplementary details<br>Données supplémentaires | |
| 10. Marks and numbers – Number and kind of packages –<br>DESCRIPTION OF GOODS<br>Marques et numéros Nombre et nature des colis –<br>DESIGNATION DES MARCHANDISES | 11. Quantity (1)<br>Quantité (1) | 12. FOB Value (2)<br>Valeur FOB (2) |

13. CERTIFICATION BY THE COMPETENT AUTHORITY – VISA DE L'AUTORITE COMPETENTE

    I, the undersigned, certify that the goods described above originated in the country shown in box No 6, in accordance with the provisions in force in the European Community.

    Je soussigné certifie que les marchandises désignées ci-dessus sont originaires du pays figurant dans la ease No 6. conformément aux dispositions en vigueur dans la Communauté Européenne.

| 14. Competent authority (name, full address, country)<br>Autorité compétente (nom, adresse complète, pays)<br>DEPARTMENT OF FOREIGN READE ECONOMIC COOPERATION, JIANGSU PROVINCIAL GOVERNMENT 29 EAST BEIJING ROAD, NANJING<br>JIANGSU, CHINA | At-A  NANJING CHINA    on-le_____ |
|---|---|

## 九、普惠制产地证(Form A)

### ORIGINAL

| 1. Goods consigned from (Exporter's business name, address, country) | Reference No. <br><br> **GENERALIZED SYSTEM OF PREFERENCES CERTIFICATE OF ORIGIN** <br><br> (Combined declaration and certificate) <br> FORM A <br><br> Issued in  THE PEOPLE'S REPUBLIC OF CHINA <br> (country) <br><br> See Notes overleaf |
|---|---|
| 2. Goods consigned to (Consignee's name, address, country) | |
| 3. Means of transport and route (as far as known) | 4. For official use |

| 5. Item number | 6. Marks and numbers of packages | 7. Number and kind of packages; description of goods | 8. Origin criterion (see Notes overleaf) | 9. Gross weight or other quantity | 10. Number and date of invoices |
|---|---|---|---|---|---|
| | | | | | |

| 11. Certification <br> It is hereby certified, on the basis of control carried out, that the declaration by the exporter is correct. <br><br><br><br><br><br><br> Place and date, signature and stamp of certifying authority | 12. Declaration by the exporter <br> The undersigned hereby declares that the above details and statements are correct, that all the goods were <br> produced in  CHINA  <br> (country) <br> and that they comply with the origin requirements specified for those goods in the Generalized System of Preferences for goods exported to <br><br> <br><br> Place and date, signature and stamp of authorized signatory |
|---|---|

# 第十一章 非贸易国际结算

非贸易国际结算是国际结算的重要组成部分。非贸易国际结算的范围广泛,本章着重介绍其中的信用卡业务、旅行支票和旅行信用证、侨汇和外币兑换业务。

## 第一节 非贸易国际结算概述

### 一、非贸易结算的含义

非贸易国际结算(Non-trade Settlement)是指由无形贸易(Invisible Trade)引起国际间债权、债务清算活动。无形贸易包括金融、保险、运输、国际旅游等服务贸易。由于无形贸易的快速发展,非贸易国际结算在国际结算中所占地位越来越重要。

在我国,随着经济不断对外开放,各种无形贸易的增长速度也非常迅速。因此,非贸易国际结算是国际结算的重要组成部分。

### 二、非贸易国际结算的范围

根据我国传统的分类,非贸易国际结算的范围包括以下18项。

(一)海外私人汇款

这是指华侨、港澳同胞、中国血统外籍人、外国人汇入或携带或邮寄,包括电汇、信汇、票汇入境的外币票据,交给中国公民和外国侨民的赡家汇款。

(二)铁路收支

铁路收入是指我国铁路运输(货运、客运)的国际营业收入,以及广九线上的铁路运输收入。铁路支出是指我国列车办理国际联运的外汇支出、铁路员工的外汇借支等。

(三)海运收支

海运收入是指我国自有船只办理对外运输业务的客货运费和出售物料等的外汇收入。海运支出是指租赁船只所支付的租金、修理费,船只在外国港口所支出的使用费,船方购买食品、物料、燃料等所支出的外汇。

(四)航空运输收支

航空运输收入是指国际航空运输的营业收入(包括运费、杂费),以及国内航空公司向国外航空公司结算的业务收入(包括提供外国飞机各项地面服务收入、手续费收入)。航空运输支出是指国内航空公司向国外航空公司、企业结算的业务与服务费用支出,以及对旅客和托运人的外汇赔款等支出。

(五) 邮电收支

邮电收支是指邮电部门的外汇收支,包括国际邮政、电信业务结算收支、国际通信卫星组织的红利收入、国内邮电业务的外汇收入。

(六) 银行收支

银行收入是指我国银行经营各项业务的外汇收入,包括手续费、邮电费、利息,以及海外分支机构上缴的利润和经费等。银行支出是指银行经办有关业务的外汇支出,包括对外应支付的手续费、邮电费,以及对外借款应支付的利息等。

(七) 保险收支

保险收入是指保险公司进行保险业务的外汇收入,包括保费、分保费、佣金,以及海外分支机构上缴的利润和经费等。保险支出是指保险公司经营各项业务的外汇支出,包括应付的保险佣金、保险赔款等。

(八) 图书、影片、邮票收支

其收入指出口图书、影片、邮票等的外汇收入。其支出指进口图书、期刊及科技文献、资料,以及进口国外影片、电视片等的外汇支出。

(九) 外轮代理与服务收入

这是指外国轮船在我国港口所支付的一切外汇费用(包括外轮停泊、分水、装卸、港监、海事处理等收入),我国外轮供应公司对远洋货轮、外国轮船及海员供应物资和提供服务的外汇收入,以及国外海员在港口的银行兑换外币收入。

(十) 外币收兑

这是指我国边境和内地银行收兑入境旅客的外币、现钞、旅行支票、旅行信用证和汇票等汇兑收入。

(十一) 兑换国内居民外汇

这是指兑换国内居民,包括归侨、侨眷、港澳同胞家属委托银行在海外收取遗产、出售房地产、股票、红利、调回国外存款、利息等外汇收入。

(十二) 旅游部门外汇收入

这是指我国各类旅行社和其他旅游经营部门服务业务收入的外汇。

(十三) 个人用汇支出

这是指国内公民个人因私用汇的外汇支出。

(十四) 机关、企业、事业团体经费外汇支出

(十五) 驻外企业汇回款项收入

(十六) 外资企业汇入经费收入

(十七) 外国使领馆团体费用收入

(十八) 其他外汇收支

## 第二节 信用卡

### 一、信用卡的含义

信用卡(Credit Card)是由银行或信用卡公司向资信良好的个人和机构签发的一种信用凭证,持卡可在指定的特约商户购物或享受服务,或者向约定银行支取一定现金。

信用卡本身是一种由特制塑料制成的大小与名片相近的卡片,正面印有信用卡卡名、持卡人姓名、信用卡号码、发行日期、有效日期、发卡人等内容,背面有持卡人预留签名、磁条和发卡人的简章声明。

信用卡起源于美国。20世纪初期,美国的一些杂货店、饮食店为了扩大营业额,向顾客发放特制的卡片,作为赊购商品的记账凭证,顾客可凭卡赊购商品或享受服务,定期付款。这一创造性的促销手段后来促成了信用卡的诞生。1950年,大莱信用卡公司的前身"大莱俱乐部"(Diner's Club)在美国纽约成立,俱乐部向会员发放了可用于证明身份的在纽约地区指定的饭店、餐馆记账消费的特制卡片,以便利会员。1946年,美国的费拉特布什国民银行率先发行了信用卡。其后,大莱银行、美国运通银行等银行相继发行了信用卡。这时发行的信用卡仍主要用于购物和旅游费用的支付,只是一种支付手段而非信用手段。1952年,美国加州的富兰克林国民银行第一次发行了具有现代信用卡特征的银行卡。此后,美国许多银行都发行了自己的信用卡。1966年,美洲银行首先成立了专门的银行卡公司——美洲银行卡公司,此举标志着独立的信用卡业务专营公司的诞生,从而将信用卡从银行的附属业务中分离出来,步入产业化和专门化的发展道路。1977年,美国银行卡公司正式更名为维萨集团(VISA GROUP)。经过几十年的发展,维萨集团已成为世界著名的信用卡国际组织。之后,随着市场的需求和同业竞争的加强,美国又相继成立了两大信用卡集团,即著名的万事达集团和大莱集团。

20世纪60年代以后,信用卡在英国、日本、加拿大等国家盛行起来成为一种流行的支付方式。在我国,自中国银行1981年将信用卡这一新型结算方式引进国内商贸服务业后,其他银行也纷纷发行了自己的信用卡。信用卡业务在我国已有很大的发展。

### 二、信用卡的种类

依据不同标准,信用卡可分为多种类型。

(一)银行信用卡、零售信用卡和旅游娱乐卡

这是按照发行主体的不同来分类的。

(1)银行信用卡。这是由银行发行的信用卡。此类信用卡的发行量非常大,我国

大部分信用卡都是此类。

（2）零售信用卡。这种卡由零售百货公司、石油公司等单位发行，持卡凭卡在指定的商店购物或加油站加油等，定期结算。此类信用卡发行量也较大，但由于用途较单一，流通区域受到限制。

（3）旅游娱乐卡。这是由航空公司、旅游公司等服务行业发行的，用于购买飞机票、车船票及用餐、住宿、娱乐等。如美国的运通卡和大莱卡就属此类。

(二) 公司卡和个人卡

这是按照发行对象的不同来分的。

（1）公司卡。它是面向企事业单位、机关团体、部队等单位发行的，其使用对象为单位指定者，又称商务卡。

（2）个人卡。它是面向个人，包括城镇的工人、干部、教师、个体经营者以及其他成年的、有稳定收入的居民发行的信用卡。

(三) 贷记卡和借记卡

这是根据清偿方式不同来分的。

（1）贷记卡。它的清偿方式是"先消费，后还款"，是具有透支功能的信用卡。

（2）借记卡。它是清偿方式是"先存款，后消费"，不具有透支功能。

(四) 国际卡和地区卡

这是根据信用卡的流通区域范围不同来分的。

（1）国际卡。这是跨国流通的信用卡，如中国银行发行的外汇长城万事达卡就属于国际卡。

（2）地区卡。这是只能在国内流通的信用卡，如中国银行发行的人民币万事达卡、中国工商银行发行的人民币牡丹卡就属于地区卡。

此外，还可以根据持卡的清偿责任不同，分为主卡和附属卡；根据持卡人的信用等级不同，分为金卡和普通卡；根据信息载体不同，可分为磁条卡和芯片卡。

### 三、信用卡业务的当事人和运作

(一) 信用卡业务当事人

以银行发行的信用卡为例，其当事人有以下四个。

1. 发卡银行

发卡银行是信用卡的发行人。

2. 持卡人

持卡人是指向发卡银行申领信用卡的当事人，是发卡银行的服务对象，有权凭卡享受发卡银行提供的约定范围内的服务。

3. 特约商户

特约商户是指与发卡银行签约并受理持卡消费的经营性单位，如商店、饭店、交通客运机构。

4. 收单行

收单行指是受发卡行委托，与信用卡特约商户建立合同关系，办理持卡人凭卡在特约商户购物、消费所产生的资金清算业务的代办银行。收单行获取的收入来自特约商户折扣费和商户服务费，通常按照特约商户受理的以信用卡支付的销售或交易总额的百分比计算。之所以在信用卡业务运作中需要收单行，是因为信用卡作为一种支付和信用工具，具有广泛的流通性，持卡可以异地甚至跨国用卡，发卡行需要持卡人消费所在地的银行与特约商户建立业务联系，为其提供资金清算服务。

(二) 信用卡业务的运作

信用卡业务的运作主要有以下三个环节。

1. 信用卡的发行

以银行卡为例，信用卡的发行是从信用卡的申领开始的。单位和个人要想申领信用卡须提出书面申请(通常是填写发卡银行拟就的申请表)，经发卡银行审核合格后发给信用卡。持卡人要缴纳手续费年费，费率各银行不尽相同，有的银行免收费用。

2. 发展特约商户和收单行

为了开展银行卡业务，发卡银行应与特约商户建立合作关系，并与其签订受理银行卡消费的相关协议。一般来说，特约商户越多，银行卡的流通使用范围就越广。此外，发卡银行还须在不同地区委托一些银行作为发卡银行的收单行，以便于银行卡业务的资金清算。

3. 授权

银行卡持卡人可凭卡获得消费、支付费用、提取现金等多种便利，但这些便利是建立在持卡人信誉即遵守协议的基础上的。若持卡人违背用卡规定及其信用承诺，恶意透支甚至利用银行卡犯罪，发卡银行将遭受损失。为了防范风险，发卡银行一般均对持卡规定用款限额。在限额以下的用款，特约商户和收单行可直接办理；对超过限额的用款，必须经由发卡银行审批授权，特约商户和收单行才可受理。

信用卡发行后，持卡人凭卡享受约定范围内的服务。服务范围主要包括三个方面。

1. 购物或消费

持卡人在购物或消费时，以卡支付。特约商户经核验持卡人的卡号、姓名、有效期、支用款额是否在最高限额以内等事项后，要求持卡人在签购单上签字，并核验持卡人签字与银行卡姓名是否相符。然后，特约商户向发卡银行或收单行提交将多张签购单汇总后的总计单，要求进行资金结算。发卡银行或收单行对签购单和总计单核验无误后，向特约商户付款，并从持卡的银行卡账户中扣款。

2. 提取现金

持卡人凭银行卡提取现金有两种办法：一是到发卡行及其营业网点提取；二是直接从自动柜员机(ATM)上提取。

3. 其他

持卡人还可凭卡交纳各种费用、储蓄，等等。

## 第三节 旅行支票和旅行信用证

### 一、旅行支票

(一) 旅行支票的含义

旅行支票(Traveller's Cheque)是大银行或旅行社发行的,专供旅行者或其他目的出国的个人,在旅行中购买商品和支付费用时使用的一种定额支付工具。

(二) 旅行支票的特点

(1) 旅行支票面额固定。旅行支票有固定的面额,如美元旅行支票有1 000美元、500美元、100美元、50美元、20美元、10美元等面额,便于携带使用。

(2) 可像钞票一样零星使用,可在不指定的地点和银行付款。

(3) 一般不规定流通期限,可长期使用。

(4) 挂失补偿。发行旅行支票的银行都有挂失补偿的规定。如果旅行支票不慎遗失或被盗,可以提出挂失。只要挂失人提出的"挂失申请书"符合发行银行的有关规定,挂失人就可以得到退款或补发新的旅行支票。因此,携带旅行支票比携带现金更安全。

(5) 客户购买旅行支票时,在支票上的初签栏逐一签字,作为预留印鉴,取款时需要有相同的复签,只有初签和复签相同时才能得到付款,因此,可以有效地防止假冒。

(三) 旅行支票的基本当事人

1. 出票人

旅行支票的出票人即发行人,其名称和地址一般出现在旅行支票的上端。由于旅行支票通常是以发行人为付款人的支付凭证,因此出票人也是付款人。出票人即发行机构的负债人的签名,在印刷时一并印妥,而不像其他有些票据那样临时加签。

2. 售票人

如果出票人自己出售旅行支票,则出票人、付款人、售票人合而为一。如果发行机构以外的代理行出售,则售票人就是代售行(Selling Agent),代售行只是代发行机构推销旅行支票,付款责任仍由发行机构承担。

3. 购票人

客户向旅行支票发行机构或代售机构付足金额并履行一定手续,购得支票,成为购票人。购票人在旅行支票上签了名,即成为持票人。旅行支票上为购票人(持票人)留有两个签名空位,购票人购票时第一次签名是初签,第二次以持票人身份签名是复签。

(四) 旅行支票的出售

客户购买旅行支票时只要填写申请书,注明购买人姓名、地址、面额及总金额、购买日期,并由购买人签字。出售行在审核无误、收妥款项后,填入出售支票号码,同时请购票人在购买的旅行支票初签栏内当面逐张签名。出售旅行支票要收取手续费,一般不超过支票面值的 1%。

发行旅行支票的银行，为扩大其旅行支票的发行量，往往委托它在世界各地的代理行代售。代售行售出旅行支票后，即将款项划拨给发行银行，发行银行即可获得并占用自收到款项日起至该支票在国际上被兑付日止的外汇资金。我国经营外汇业务的银行也开办了代售国外金融机构发行的旅行支票业务，币种有美元、日元等。

(五) 旅行支票的兑付

兑付旅行支票的基本做法和要求如下。

1. 识别票样

兑付行要熟知几种常见的票样，掌握发行机构名称、货币、面额、版面、戳记等内容，以便辨别真伪，对不熟悉的或有疑问的要查对原票样，对尚无票样的旅行支票和不属代兑范围的，应作托收处理。

2. 查验身份证件

查验持票人的身份证件，并核对旅行支票上的签名与身份证件上的是否一致。

3. 核对签字

要核对持票人在支票上的当面复签与初签是否相符。若复签走样，应要求持票人再背书一次。若持票人交来已经复签的支票，应请持票人在支票上背书，以校对是否与初签复签相符。核对无误后方可兑付。若交来的支票无初签，则不予兑付。

经审核无误后可予以办理付款手续。由于兑付旅行支票的兑付行要垫付资金，待支票款收入兑付行账户后收回垫付款，故向客户兑付时须按票面金额扣收一定百分比（一般为 0.75%）的贴息。

4. 审查转让

旅行支票有可转让与不可转让之分。对不可转让支票只能由原购票人在兑付时当面复签，兑付行在鉴别复签的真实性后予以兑付。对可转让支票，原购票人在转让时要对受让人当面复签，并在支票抬头人栏内填写受让人姓名，由受让人背书后向银行兑付。因为兑付银行没有看到持票人当面复签，对鉴别复签的真伪没有把握，为确保收汇安全，应按托收处理。

5. 收回垫款

银行兑付后，将旅行支票寄发行银行，收回垫款。

## 二、旅行信用证

(一) 旅行信用证的含义

旅行信用证(Traveller's Letter of Credit)是为便利旅客到境外旅行用款而开立的一种信用证。它不附带任何单据，因此是光票信用证，其申请人和受益人是同一个，也即汇款人和收款人是同一人，即同是旅行者本人。

开立旅行信用证一般要收十足押金，并要求开证申请人预留印鉴，以便取款时核对。开立的旅行信用证交给受益人带至境外旅行时，到指定的分支行或代理行支取款项。

（二）兑付旅行信用证的手续

（1）旅行信用证的受益人到指定的银行取款，须将旅行信用证正本交指定兑付行审查。兑付行审查时应注意本行是否是被指定的兑付行，开证行在信用证上的签字是否与该行签字样本相符，信用证是否在有效期内，并有足够余额。

（2）要求受益人提供身份证件，如护照或身份证等，并在柜台当面签发收据或汇票。收据须列明信用证号码、开证行名和日期，收据签名须与"印鉴核对卡"或护照上的签名相符。支取金额必须在信用证金额以内，兑付行将支取日期、金额、行名背书于信用证之后加盖银行行章，将信用证连同应付外汇折成等值人民币，连同信用证交给受益人。然后，将收据寄至开证行索汇，由开证行偿付。

（3）信用证金额用完后，将在信用证上加盖"注销"戳记，不退受益人，将其连同收据一并寄开证行索偿和注销原证。

（4）因兑付行自己垫款可以扣收贴息，并向开证行收取手续费，也可根据约定不收费用。

（三）旅行信用证与汇款、外钞、旅行支票的比较

1. 与汇款的比较

汇款是汇出行将一定金额的款项汇至另一地点的汇入行，一次性解付给收款人；旅行信用证则是开证行保证支付一定金额，可在数处指定的兑付行一次或分次支取，其未用完的余额自动退还给开证行。

2. 与外钞的比较

外钞是指外币现钞，而旅行信用证是银行保证支付一定款项的信用凭证。一般来说，外钞遗失或被窃即告损失，而旅行信用证只有受益人才可领取，他人拾得或盗得很难冒领。

3. 与旅行支票的比较

旅行支票可以转让他人，也可以支付旅游费用；旅行信用证只有受益人一人使用，不能转让。旅行支票面额固定，一次支完；旅行信用证则整取零取皆可。

总之，以上支付工具各有优劣，客户可根据它们各自的特点选择使用。从安全性看，汇款最优，旅行信用证次之，旅行支票敏感，最后是外钞，从使用方便性方面看，外钞最优，旅行支票次之，旅行信用证第三，汇款第四。

# 第四节　侨汇和外币兑换

## 一、侨汇

（一）侨汇的含义

侨汇（Overseas Chinese Remittance）是华侨汇款的简称，是指居住在国外的华

侨、中国血统外籍人、港澳台同胞从事劳动和各种职业所得,从国外或我国的港澳台地区寄回来用以赡养国内家属的汇款。侨汇既是国内侨眷经济生活的一项来源,又是我国非贸易外汇的主要来源之一。办理好侨汇业务具有重要意义。

(二)侨汇的解付手续

1. 侨汇的解付

按汇款方式不同,侨汇分电汇、信汇、票汇和约期汇款等。

电汇是国外或港澳银行以电报方式汇入的侨汇,多属急用款项,应从速解付。电汇的汇入途径主要有两种:一是国外或港澳银行直接发至解付行的电汇,解付行应在译电核押、填妥收条后尽快解付;二是国内联行发电委的电汇,其电报顶端注有"侨汇"字样。由解付行审核无误后,填制一套电汇收条,办理解付手续,付讫后,连同正副收条,划清算行。

信汇是国外或港澳银行制妥一整套包括信汇总清单、信汇委托书、正副收条、汇款证明书及信汇通知书等套定格式,邮寄给解付行的侨汇。解付行核对总清单后,逐笔抽出信汇委托书,办理解付或转汇手续。

票汇是海外华侨、港澳台同胞向我国外或港澳银行购买汇票,自带或邮寄给他们的亲属,持票向国内指定的解付行兑付的汇款。解付行将汇票的出票行签字、汇票通知书上的签字和签字样本核对相符之后,办理解付。汇票上若有收款人姓名,应由收款人背书,并查验收款人提供的证件。

约期付款是华侨和港澳台同胞与汇出银行约定,在一定时期(如每月一次或每两月一次)汇给国内侨眷一定金额的汇款。由汇出行根据约定近期自动将华侨存款中的固定金额汇出。汇款时由汇出行寄出凭证,通知解付行,按日期填制汇款收条解付给收款人。

此外,还有旅行支票和旅行信用证汇入侨汇。

按侨汇作用的货币不同,有原币汇款和人民币汇款两种。原币汇款解付时应按外汇买入折成人民币解付,人民币汇款则以人民币解付。

2. 侨汇收条的处理

信汇和电汇全套汇款收条一般都有正收条、副收条、汇款证明书和汇款通知书一式四联。

正收条(Original Receipt)应在解讫侨汇后,及时寄还汇出行,等候汇款人领取,以清手续。正收条有收款人签章、现金付讫章和解付日期章。华侨一向重视正收条,有"见条如见亲人"之说,所以解付行应从速寄还,一般应于解付后的第二天寄出。

副收条(Duplicate Receipt)是解付侨汇后,银行留存的主要凭证。副收条上有收款人签章,现金付讫章和解付日期章,并作收款人证件号码的详细记录。如果个别汇款需要盖公章应盖在副收条上,以备日后查考。

汇款证明书是在解付侨汇时,交给收款人持有的一联,凭以查对收款金额,或凭以参加华侨储蓄存款。

汇款通知书有收款人详细地址,以便通知收款人取款,它是解付侨汇的依据。

3. 侨汇的查询

(1) 因收款人姓名有误、地址不详等原因,解付行无法解付侨汇时,应及时向汇出行查询;非直接通汇行,应通过转汇行向国外汇出行进行查询。

(2) 因电报密押不符,或报单有误时,应该向汇出行或转汇行查询,查复后解付。

(3) 侨汇总清单及其附件发生差错时一般采取如下措施进行处理:

① 总清单与附件不符的处理。总清单与附件(如信汇委托书等)笔数、金额不符,但总清单及附件签章无误,应立即以信函或电报向国外汇出行查询。为避免侨汇积压,仍可按正常手续解付,对所附各笔侨汇的委托书应逐笔抄列清单,并连同总清单及有关附件交专人保管。解讫后以"暂付款项"过渡。待汇出行查复后再按应有手续转入"汇入汇款",并转销"暂付款项"科目。

② 解付行委托有误的处理。侨汇总清单以本解付行为抬头行,但其中误有委托其他解付行的侨汇,误付的各笔侨汇应按转汇方式处理。

③ 总清单及附件误寄的处理。总清单及附件均应寄送其他通汇行而误寄本行的,应迅速转寄有关行。

4. 侨汇的退汇

侨汇一经汇出,一般不应退汇。在某些特殊情况下,可办理退汇。

(1) 汇款人退汇。对于已汇入的侨汇,若汇出行应汇款人的要求办理退汇时,汇出行应来函、来电或以"退汇通知书"通知汇入行办理退汇,汇入行接到通知后,查明该笔汇款尚未解付,即可办理退汇。退汇时,汇入行应填制特种转账传票一式两联,一联连同加盖"退汇"戳记的正本收条侨汇证明书、通知书及汇出行的退汇申请书,与联行划收报章一起寄清算行;另一联代传票或与汇出行寄来的"退汇查复书"一起作传票附件。

(2) 收款人退汇。收款人拒收汇款要求主退汇,汇入行应查明原因,恰当处理,不得随便办理退汇。如果收款人姓名地址不详,经多方调查仍无法解付时,或收款人死亡又无合法继承人代收款时,经与国外汇出行联系,收到其退汇通知书后,可办理退汇。

(3) 国内持票人退汇。国内持票人申请退汇,须经外汇管理部门审核批准,发给"邮寄外币票据出国证明书"后,才能向邮政部门办理汇票邮寄国外手续,以便由汇款人持汇票向汇出行办理退汇。

## 二、外币兑换业务

(一) 外币兑换的含义

根据我国外汇管理规定,所有汇入的外币、携入的外币票据,除另有规定者外,都必须结售或存入经营外汇业务的银行。所有对外人或单位批准供给的外汇,都应按外汇牌价持等值人民币,交指定的外汇银行兑换成外汇。狭义的外币兑换是指外币现钞的兑换;广义的外币兑换不仅包括外币现钞兑换,而且包括收兑旅行支票、旅行信用证、信用卡及买入外币票据等业务。按照国家公布的牌价将外币兑换成人民币,或将人民币兑换成外币的业务,统称外币兑换。

外币现钞兑换包括兑入外币现钞和兑出外币现钞。兑入外币现钞是指外汇银行以一定价格以人民币(本币)向客户买进外币现钞;兑出外币现钞是指外汇银行以一定价格将外币现钞卖给客户,收进人民币。

随着我国对外开放的深入,银行的外币兑换业务也不断发展,可兑换的外币种类增多。到目前为止,我国挂牌收兑的外币有19种,包括美元、英镑、加拿大元、新加坡元、澳大利亚元、欧元等。

(二) 我国兑换外币的基本做法

1. 兑入外币

凡属于国家外汇管理局"外币收兑牌价表"内所列的各种外币均可办理收兑。

兑入外币,应坚持"先收后付"原则。当顾客交来外币要求兑换时,首先要鉴别外币的真伪和是不是现行有效的货币,避免把已经停止使用的废币或伪造的假币收进来。鉴别外币的主要项目有发行机构名称、面值、币别、金额、印刷年份、连续编号、发行机构的标记签字、法律有效词句、装饰票面风景、人物,以及各种花纹图案。可用目测和机器鉴别多种方法。若经过检验确属伪币,应予没收,并将有关情况向上级部门报告。经过鉴别,确为真币,即可按当日现钞买入牌价,填制兑换水单和内部传票,经复核无误后交出纳员,点收外币和支付人民币。

兑换水单一式四联。第一联为兑入外币水单,由兑入行加盖业务公章交给持兑人收执;第二联为外汇买卖科目外汇外币贷方传票;第三联为外汇买卖科目借方传票;第四联为外汇买卖统计卡。

2. 兑出外币

兑出外币,一般对已签证出境的外国人和批准出国的中国人办理。根据我国外汇管理的有关规定,外宾、华侨如要出境,未用完的人民币,凭国外护照或身份证和原外币兑换水单,交指定的外汇银行,兑成外币携带出境。

兑出外币时,兑换汇率使用卖出价。兑换后应收回原兑换水单,作出兑出外币的原始凭证存档备查。最后,还应在顾客的海关申报单或回乡介绍信的银行外币登记栏中说明,以便出境时海关检验放行。

兑出外币要填制"兑出外汇兑换水单"一式四联。第一联为兑出外币水单,由兑出行加盖业务公章交给申请人收执;第二联为外汇买卖科目外汇外币贷方传票;第三联为外汇买卖科目借方传票;第四联为外汇买卖统计卡。

## 复习思考题

1. 什么是非贸易结算? 非贸易结算包括的范围有哪些?

2. 信用卡可进行哪些分类?
3. 简述信用卡运作的三个主要环节。
4. 什么是旅行支票?它有何特点?
5. 什么是旅行信用证?
6. 旅行信用证与汇款、外钞、旅行支票有何区别?
7. 什么是侨汇?侨汇解付的手续有哪些?
8. 简述外币兑换的含义。

# 第十二章 国际银行间清算与支付体系

在长期的国际结算业务实践中,世界各国的银行之间,总行与分行、分行与分行、代理行与代理行之间,逐步形成了一个完善的印鉴密押识别系统和高效的资金转移账户网络,商人们通过这一庞大的遍布全世界的银行系统进行国际汇兑、单据交易和资金融通,既方便快捷,又安全可靠,这一切自然而然地使银行最终成为国际结算业务的中枢,这是当代国际贸易结算业务的一大特征。随着计算机网络和通信技术的迅猛发展,结算和清算业务的电子化和网络化发展迅速。

## 第一节 支付系统中的基本问题

### 一、支付系统概述

支付系统是指由提供支付服务的中介机构、管理货币转移的法规以及实现支付的技术手段共同组成的,用来清偿经济活动参加者在获取实物资产或金融资产时所承担的债务。因此,支付系统是重要的社会基础设施之一,是社会经济良好运行的基础和催化剂,因此支付系统现代化建设受到市场参与者和货币当局,特别是中央银行的高度重视。

支付系统在其最根本的意义上只不过是一种约定好的在交易各方之间转移货币价值的安排或方式而已,它为经济社会中的商品和劳务(包括资产)的交换提供便利。于是各种不同的支付系统通常是与各种不同的经济相联系在一起的。说到底,支付系统是按照什么"东西"被当做货币来区分的,经济社会曾经使用过各种形态的货币在商品交换中转移价值。从最初的实物交换发展到商品货币(例如贵金属)标志着社会生产力的进步。然而,法定货币的出现则是支付工具发展史上的第一次飞跃,银行存款作为支付手段是货币制度的一大进步。用电子形式的支付工具完全取代纸凭证形式的现金和非现金支付工具在技术上是完全可以实现的。人们把电子支付工具看成是支付工具发展史上第二次飞跃或革命。

目前的电子支付系统可以分为四类:大额支付系统、脱机小额支付系统、联机小额支付系统和电子货币。各类系统的主要特点概述如下。

(1) 大额支付系统：主要处理银行间大额资金转账，通常支付的发起方和接收方都是商业银行或在中央银行开设账户的金融机构。大额系统是一个国家支付体系的核心应用系统。现在的趋势是，大额系统通常由中央银行运行，处理贷记转账，当然也有由私营部门运行的大额支付系统，这类系统对支付交易虽然可做实时处理，但要在日终进行净额资金清算。大额系统处理的支付业务量很少（1%—10%），但资金额超过90%，因此大额支付系统中的风险管理特别重要。

(2) 脱机小额支付系统（亦称批量电子支付系统）：主要指ACH（自动清算所），主要处理预先授权的定期贷记（如发放工资）或定期借记（如公共设施缴费）。支付数据以磁介质或数据通信方式提交清算所。

(3) 联机小额支付系统（POSEFT和ATM系统）：其支付工具为银行卡（信用卡、借记卡或ATM卡等）。

(2)和(3)这两类小额支付系统的主要特点是金额小、业务量大，交易资金采用净额结算（但POSEFT和ATM中需要对支付实时授信）。

(4) 电子货币：电子货币（Electronic Money）这一术语被广泛地用于各种场合，泛指正在出现或构想的各种零售（小额）支付方式。按国际上权威金融组织的定义，电子货币产品被定义为"贮值"或"预付"类电子支付工具，其中存放着消费者可使用的资金或币值，可分为基于卡、基于软件的两大类。电子货币为现金支付工具即电子形式的现金，代替目前的纸币和硬币。目前的非现金支付属于访问型工具（Access Instrument），其功能允许工具持有人访问其在银行的账户。这是他们与电子货币的主要区别。

## 二、电子支付系统及基本问题

电子支付系统是电子商务系统的重要组成部分。支付系统是由提供支付服务的中介机构、管理货币转移的法规以及实现支付的技术手段组成的系统，它用以偿清经济活动参加者在获取实物资产或金融资产时所承担的债务。电子支付系统指的是消费者、商家和金融机构之间使用安全电子手段把支付信息通过信息网络安全地传送到银行或相应的处理机构，以实现货币支付或资金流转的支付系统。

（一）电子支付系统的主要参与者

(1) 金融机构或银行，就支付而言，即为收款人或付款人的开户银行。

(2) 收款人或付款人，资金划出或接收的个人或团体。

(3) 支付网关是一种商家授权和支付消息的支付交易获取平台。它提供支付服务，但不是收、付款人开户银行。它作为连接因特网与银行金融专用网的中介，将支付信息经协议转换后，传入或传出银行金融专用网，实现金融专用网内收、付款人双方，以及双方的开户行之间的资金划转与交割。支付网关由银行金融机构或第三方非银行金融机构设立。

(4) 金融专用网，包括连接各专业银行及支付网关的各种银行金融专用网。美国早在1918年就建立了专用的资金传送网，后经多次改进，于1982年组建了电子资金传输系统。随后,英国和德国也相继研制了自己的电子资金传输系统,使非现金结算自动处理系统具有相当的规模。

（二）电子支付系统的类型

根据支付金额的大小,电子支付系统可以分成三种类型。

(1) 微付款(Micro-payment)——价值大约少于4欧元或美元的交易。这种付款方案是建立在电子现金规则基础之上的,因为这些系统的交易费用几乎为零。

(2) 消费者级付款(Consumer Payment)——价值大约在5欧元至500欧元或美元之间的交易。典型的消费者级付款是由信用卡交易来执行的。

(3) 商业级付款(Business Payment)——价值大于500欧元或美元的交易。直接借记或发票是最适合的解决方案。

（三）电子支付系统的要求

上述每种支付系统各有不同的安全要求和费用要求。微付款系统十分类似于普通现金,而消费者级付款最可能通过信用卡或借记卡来完成。在大多数情况下,商业级付款是由直接借记或发票来完成的。

(1) 可接受性(Acceptability)——为了获得成功,付款基础设施必须被广泛接受。

(2) 匿名性(Anonymity)——如果顾客想要匿名,他们的身份可以受到保护。

(3) 可兑换性(Convertibility)——数字货币应能够兑换成其他类型的货币。

(4) 效率(Efficiency)——每个交易的费用应该接近于零。

(5) 灵活性(Flexibility)——应支持几种付款方式。

(6) 集成性(Integration)——为支持现有的软件,应创建能与软件集成的接口。

(7) 可靠性(Reliability)——付款系统必须十分实用,可以避免孤立的断裂点(Point of Failure)。

(8) 可伸缩性(Scalability)——允许系统加入新的顾客和贸易商而不会使付款基础设施崩溃。

(9) 安全性(Security)——允许在开放式网络上进行金融交易,如因特网。

(10) 适用性(Usability)——付款应与现实生活中一样容易。

由于发展电子支付的需要,人们创造发明了电子货币,并由此进一步推动了电子支付和电子商务的深化和发展。

（四）电子支付的标准

电子支付是资金在互联网上的传输,主要方式有企业对企业(B TO B)、企业对人(B TO C)等方式。电子支付涉及的标准有以下6种:

(1) PKI标准:公共密钥体系(Public Key Infrastructure);

(2) SSL标准:安全套接层协议(Secure Sockets Layer);

(3) SET标准:安全电子交易标准(Secure Electronic Transactions,SET);

(4) X5.95标准:账户数字签名工业标准(Account Authority Digital Signatures,AADS)提供了标准化信用卡处理和账户管理方法;

（5）X.509标准：电子商务证书发放标准(ISO/IEC/ITU X.509，基于PKL，简称PKIX)；

（6）X.500标准：电子出版目录查询标准(目录服务协议LDAP——X.500协议)。

**(五) 电子支付系统的功能及特点**

（1）使用 X.509 和数字签名实现对各方的认证。

（2）使用加密算法对业务进行加密。

（3）使用消息摘要算法以保证业务的完整性。

（4）在业务出现异议时，保证对业务的不可否认性。

（5）处理多方贸易的多支付协议。

## 第二节 清算系统的电子化

### 一、国际结算电子化背景

在电子商贸方兴未艾的今天，国际贸易网上行在国际有关机构的推动下已初露端倪，作为国际贸易重要环节的国际结算无纸化革命随之浮出水面。

电子网络技术的高速发展使国际贸易近两年来迈向了高效、安全、低成本的网上运作。经过5年多的筹备，一个以互联网为基础，支持国际贸易流程参与各方传输、交换电子单据与数据的 BOLERO 网已建立并开始运作。BOLERO 由欧共体发起创立，由 TT CLUB(THROUGH TRANSPORT CLUB，一家总部设在伦敦的运输业共同保险机构)与 SWIFT 于 1998 年 4 月合资成立。BORELO 的用户包括了国际贸易中的进出口商、银行、保险公司、运输行、承运人、港务机构、海关、检验机构等。

1999 年，一种包括付款与运输流程在内的完全电子化信用证运作已在 BOLERO.NET 试验性地小范围操作成功，该试验处理了提单、海关报关单、信用证、保险单等电子单据。BOLERO 的主要成员银行在为进出口商提供国际贸易结算与融资服务中进入了无纸化在线操作。国际结算环节中的各家银行业务人员经授权进入 BOLERO 中心注册系统，进行开证、通知信用证、审单，并与银行自身电子结算系统连接完成付款清算系列信用证操作。

BOLERO 的运作以互联网为支持，以一核心信息平台为主构架，是一个开放、中立、高度安全、合法的电子网络，致力于消除纸上贸易。使用者签署协议成为成员后，通过互联网交换单据、核查数据，完成贸易过程。它的另一主要特点是通过权利注册申请，允许在线转让货物所有权。BOLERO 系统能够让其使用者按照统一的标准和规则，通过国际互联网实现单据的传输，其目的是建立一个便利国际贸易所有各参与方有效联络的系统。该系统提供了从单据制作到单据管理到单据交换整个过程的安全的数据电子化传送服务。毫无疑问，BOLERO 带来了一场贸易电子化革命，它为提高国际贸易时间效率、提高安全性与管理水平、降低成本、减少欺诈、消除贸易障碍作出了巨大贡献。

电子化国际结算带来的革新有：一是大大缩短了贸易结算流程时间,对以信用证结算的出口商而言,国际结算时间将由原 10—15 天缩短到 3—4 天甚至半天；二是单据处理简单化,减少操作差错,由于电子单据具备统一的格式与标准,银行的单据审核与制作大为简化；三是风险控制更有力,BOLERO 为国际贸易的各参与方提供一个在全球范围在线连接的、高度安全的以电子形式存储、传递贸易单据的途径,它的高度安全特性确保了欺诈风险几乎为零；四是降低成本,据三和银行测算,国际结算在线操作可缩减管理费用 30% 以上；五是实现数据与货币的同向流动,在线实时的电子单据、数据交割使预付款结算方式向跟单结算转变成为可能。

## 二、无纸化国际结算进程

BOLERO 新系统的引进使银行能为进出口客户提供一个更高效率、更安全可靠的贸易环境,帮助贸易链中的各方降低成本,提高效率。目前,欧洲、日本、美国的一些国际知名银行已加入 BOLERO 系统,成为先导,他们是花旗银行、汇丰银行、国民西敏寺银行、东京三菱银行、第一劝业银行、三和银行、新加坡华侨银行等。各大银行致力于推广使用,新加坡华侨银行成立专门部门,计划运行的第一年内使其 4 000 余家贸易客户的 15%—20% 使用该电子化服务。国民西敏寺银行将 BOLERO 与其自身电子银行系统结合,BOLERO 用于核查物权单据,银行自身电子银行系统用于开立信用证和付款。

电子商务的来临对国际贸易中依托信用证和其他传统纸化基础的金融工具的低效性交易的威胁已有一段时间,它将引发对传统的柜台国际结算方式的强烈冲击。虽然电子化贸易的发展迅猛飞速,纸化国际结算方式在一段时间内特别是在发展中国家将保持不变,电子网络化国际结算的实务性操作还有待制定统一规范,如国际商会的电子化贸易与结算指导规则还处于制定阶段,UCP 关于引入电子信用证的修订也待以时日,但是签署加入 BOLERO 或其他电子贸易结算网络在今天高度发展的商业社会已成必然。

一些国家的行业协会和政府部门在这方面也起着组织和引导作用。例如,新加坡国际商会正在与几家本地和外资银行合作,开发电子化原产地证书(Certificate of origin)项目。除了技术方面,新加坡国际商会在这一项目中最关键的工作是说服其他国家的国际商会组织接受其出具的电子化原产地证书。在需要提供第三方单据(例如原产地证书和质量检验证书)的情况下,要实现全套贸易单据的电子化,将是非常不容易的。实践表明,目前迫切需要尽快建立一套全球通用的电子化单据标准。

## 三、银行清算系统的电子化

国际贸易和贸易融资领域一个令人关注的发展趋势是电子网络技术的应用。现在,提供贸易融资和贸易结算服务的银行不但要有开发内部业务应用系统的能力,更为重要的是银行必须能够接受、使用外部电子网络应用系统,并且能够很好地与有关各方合作。另一方面,信息科技的迅速发展使得一些非银行金融机构以及信息咨询公司也加入了提供国际贸易结算和融资服务的市场,为传统的贸易融资银行带来了很大的竞争压力。

很明显,在国际贸易和贸易融资领域中的任何一个当事方已经不能独自确立本身的竞争能力了,整个供应链中所有参与者的交互作用决定了每个参与者的竞争力。有时候供应链的各个参与者之间并不总是合作伙伴关系,他们在享有共同利益的同时也可能存在冲突。不管怎样,他们之间的合作能够为所有参与者带来竞争优势。

国际贸易的发展状况为加强整个供应链的协调与合作提供了良好的机会。一些银行开始通过采用信息科技手段,将原来大量手工操作的贸易结算和贸易融资业务过程进行自动化和网络化,并且向国际贸易中的各有关方面提供即时的信息服务。在这方面最突出的两个趋势是信息的整合与单据的制作,导致在贸易融资领域出现了许多新的银行产品和服务。

银行在整个国际贸易供应链的单据和数据传输方面的新作为,可以通过摩根大通银行主要基于网络技术的产品 TradeDoc 得到很好的展示。出口商可以通过使用 TradeDoc 系统,将一些贸易单据的制作工作外包给摩根大通银行,由此可以节省人工制作和传输单据所花费的大量时间,享受自动化带来的高效率。

另外,通过减少和消除手工处理单据的过程,单据存在的不符点可以减少到最低限度。对出口商来说,与出口单据有关的整个工作过程变得简单快捷,由此带来的好处是显而易见的:降低了迟收货款或无法收到货款的风险;国际贸易应收账款收回周期缩短;现金流得到改善;通过减少邮递费用和通讯费用(例如,电报费和传真费)以及资金利息而降低了成本支出。

## 第三节 主要发达国家的支付体系

### 一、SWIFT 系统

(一) SWIFT 简介

环球同业银行金融电讯协会(Society for Worldwide Interbank Financial Telecommunication,简称 SWIFT)是一个国际银行同业间非盈利性的合作组织,总部设在比利时的布鲁塞尔,该组织成立于 1973 年 5 月,董事会为最高权力机构。目前 SWIFT 在全世界拥有会员银行 2 044 个,它的环球计算机数据通讯网在荷兰和美国设有运行中心,在各会员国设有地区处理站,共连接了 3 758 个用户,日处理 SWIFT 电讯 150 万笔。SWIFT 具有明显的以下特点:安全可靠;高速度、低费用;自动加核密押；它为客户提供快捷、标准化、自动化的通讯服务。

(二) SWIFT 特点

1. 可以十分便利地直接同用户及其他会员行(可以是本国的、也可以是外国的)联系

SWIFT 协会提供了连接全球 2 000 多家银行的途径与方法。SWIFT 协会的服务项目全天 24 小时都可利用，在正常的工作时间内可以进行各种业务交易，而不限在何地理位置。

2. 降低了业务费用

在国际业务执行过程中，产生了大量的通信业务，SWIFT 协会的服务费用仅为其他的电报用户、电话用户做相同业务所消耗的通信费用中的很小一部分。

3. 能够立刻完成业务交易

在 SWIFT 系统中，银行间的交易指令可以立即在各会员行之间传递。由于 SWIFT 系统的控制程序具备了快速核实的功能，因此交易可即刻开始进行而不需要其他核实手续。

4. 提高工作效率

由于 SWIFT 协会内的各会员行的通信格式都采用统一的 ISO 标准格式，因此会员行的业务交易量——收入和付出，能够自动处理，这样就可以降低业务处理的时间消耗，从而解脱了部分银行业务人员的一些日常工作。

5. 资金得到更有效地管理

从各会员行传送来的财务报表和结算报表等银行原始数据，经过 SWIFT 系统的处理能够快速地、准确地公布这些信息，从而满足了各会员行对各种债务及流通的需要。其中，SWIFT 系统的查询交易能够快速查出某账目的一些信息。

6. 减少风险差错

SWIFT 系统提供了 ISO 标准化格式进行通信，从而避免了各会员行之间由于语言及翻译问题所产生的障碍。

7. 安全保密

由于系统软件、硬件的容错性，应用软件采用多重保密控制，从而保障了 SWIFT 系统网络的安全，避免了外在因素的干扰。

(三) SWIFT 电讯分为十大类

第一类，客户汇款与支票(Customer Transfers and Cheques)。

第二类，银行头寸调拨(Financial Institution Transfers)。

第三类，外汇买卖和存放款(Foreign Exchange Deals, Deposits and Loans)。

第四类，托收(Collections, Cash Letters)。

第五类，证券(Securities)。

第六类，贵金属和辛迪加(Precious Metals and Syndications)。

第七类，跟单信用证和保函(Documentary Credits and Guarantees)。

第八类，旅行支票(Travellers Cheques)。

第九类,银行账务(Statement etc.)。
第十类,SWIFT 系统电报。

(四) 加入 SWIFT 组织的中国境内银行

| 行　名 | 银行识别代码 | 资　格 |
| --- | --- | --- |
| 中国银行 | BKCHCNBJ | MEMBER |
| 中国工商银行 | ICBKCNBJ | MEMBER |
| 中国农业银行 | ABOCCNBJ | MEMBER |
| 中国投资银行 | IBOCONBJ | MEMBER |
| 交通银行 | COMMCNBJ | MEMBER |
| 中国建设银行 | PCBCCNBJ | MEMBER |
| 中国人民银行 | PBOCCNBJ | MEMBER |
| 中信实业银行 | CIBKCNBJ | MEMBER |
| 美洲银行上海分行 | BOFXCNSX | SUB—MEMBER |
| 汇丰银行上海分行 | HSBCCNSX | SUB—MEMBER |

(五) SWIFT 系统业务处理运作流程

SWIFT 系统是将先进的数据处理和远程通信技术结合起来的一套综合系统,它具有分布式处理和模块化管理两大特点。SWIFT 系统的业务处理具有四层结构,即超级控制由设置在系统控制中心(SCC)的系统控制处理器(SCP)完成;系统控制处理器(SCP)控制和监测片处理机网络中的片处理器(SP);片处理器(SP)通过区域处理器(RP)发送和存贮事务信息;区域处理器经过 SWIFT 系统连接和控制银行用户终端。其四层结构如图 12-1 所示。

## 二、CHIPS 系统

纽约作为美元的清算中心,拥有由一百多家银行参加组成的纽约"银行间支付系统清算所"(Clearing House Inter-bank Payments System,缩写为 CHIPS)。它于 1970 年 4 月建立,逐步发展成为纽约银行间电子支付系统,也是当前最重要的国际美元支付系统,经该系统支付的美元金额占国际银行全部美元收付的 90%。

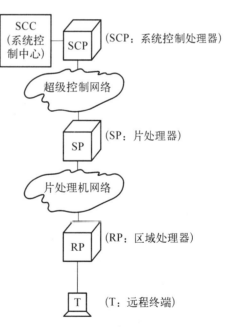

图 12-1　SWIFT 系统业务处理结构图

现在参加 CHIPS 的一百多家美国银行和外国银行在纽约的分支机构中,有 12 家是清算银行(Clearing Bankers),它们都在联邦储备银行开立账户,作为联储系统成员银行(Member Bankers)。各家非成员银行须在一家成员银行开立账户作为它们自己的清算银行,用于每天 CHIPS 头寸的清算。成员银行要把它们的电支付头寸通过设在联储的账户进行最后清算。

参加 CHIPS 的银行必须向纽约清算所申请,经该所批准后接收为 CHIPS 会员银行,每个会员银行均有一个美国银行公会号码(American Bankers Association Number),即 ABA 号码,作为参加 CHIPS 清算时的代号。每个 CHIPS 会员银行所属客户在该行开立的账户,由清算所发给通用认证号码(Universal Identification Number),即 UID 号码,作为收款人(或收款行)的代号。

凡通过 CHIPS 支付和收款的双方必须都是 CHIPS 会员银行,才能经过 CHIPS 直接清算。凡通过 CHIPS 的每笔收付均由付款一方开始进行;即由付款一方的 CHIPS 会员银行主动通过其 CHIPS 终端机发出付款指示,注明账户行 ABA 号码和收款行 UID 号码,经 CHIPS 计算机中心传递给另一家 CHIPS 会员银行,收在其客户的账户上,而收款行则不能通过它的 CHIPS 终端机直接向付款行索款,但它可以拍发索款电报或电传,注明 ABA·U1D 号码和最终受益人名称,要求付款行通过 CHIPS 付款,如图 12-2 所示。

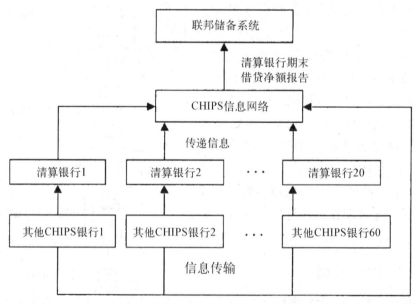

图 12-2 CHIPS 系统业务处理流程图

### 三、FED WIRE 系统

美国跨州电汇划拨款项需要通过联邦储备电划系统,即 FED WIRE 系统办理清算。它是全美范围的电子支付系统,较多地用于纽约州以外的美国境内银行间的资金划拨。例如,电文中的账户行是在纽约州以外的美国境内某地,电文应注明:"BY FEDERAL WIRE"(用联储系统划拨)。美元电支付总的说来有三条渠道:第一是通过 CHIPS;第二是通过 FED WIRE;第三是纽约的银行在其本行内部转账。

### 四、CHAPS 系统

1984 年在英国伦敦设立的"自动支付系统清算所"(Clearing House of Automated Payments System,缩写为 CHAPS)不仅是伦敦同城电支付清算中心,也是世界所有英镑电支付清算中心。CHAPS 系统向它的会员和参加者提供一套高效、无风险、可信赖的当天支付运行机制。每一笔 CHAPS 系统的支付都是无条件、不可逆转和有保证的。CHAPS 系统在英国全国范围内都有效,它由各清算银行通过计算机进行传递,银行间的清算每天通过清算银行在英格兰银行的账户电子支付。其业务处理流程如图 12-3 所示。

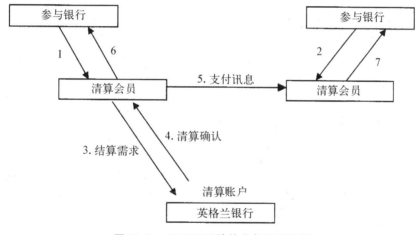

图 12-3 CHAPS 系统的业务处理流程

## 第四节 国际性清算组织及规则

### 一、国际清算银行

国际监管合作的扩大起源于大危机时期。1929 年美国股票市场和银行系统相继崩溃,欧洲主要国家的经济也被证明不堪一击,这才让人们开始重新考虑改善跨国协作的必要性。其中的一个成果就是国际清算银行(BIS)的成立。BIS 的总部位于瑞士的日内瓦,成立的最初动因是杨格(Young)计划,目的在于帮助一战后的德国政府支付凡尔赛条约规定的赔款。由于美国国会不同意联储加入，BIS 并没有真正成为国际货币协作的场所。但是，这家国际性机构确实延续了杨格计划，并演变成为一家"中央银行的中央银行"。

BIS 在 1930 年开业，是最为古老的国际性金融机构。根据《最初协定》(Original Statutes)第 5 条，BIS 的首要职能是"推动中央银行间的协作，并为国际金融业务提供额外的便利"。据此，BIS 有三项关键性职能：第一，是"中央银行进行国际货币和金融合作的重要场所，而且，合作的范围逐渐扩大到其他领域"，正是这一职能提供了银行资本充足率的标准化以及得以实行的动力；第二，BIS 的"存款者限于中央银行和国际金融机构"，即世界上绝大部分的外汇储备是存在 BIS 的账户中；第三，BIS 充当了各种国际金融协定的代理人以及受托者。

随着成员数量的增加，BIS 试图向成员国提供技术支持以及信息共享的机制，以应对全球金融市场的变化。事实上，在其成立的很长一段时间内，BIS 的成员仅限于少数工业国家，其中包括最终还是加入 BIS 的美国。到 20 世纪 90 年代，这一状况才有所改变，由于亚洲经济的兴起以及几个发展中国家(如巴西、中国和印度)的强大，1996 年和 1997 年，9 个来自亚洲、拉美、中东和欧洲的中央银行加入 BIS，分散了原来集中于 OECD 国家手中的股权。到 1998 年 3 月 31 日，总共有 45 个国家的中央银行拥有代表权和在 BIS 代表会议中的投票权，这其中包括巴西、中国、印度、韩国、俄罗斯、沙特阿拉伯、新加坡和南非。

## 二、国际商会

为全球商业服务的国际商会(ICC)是世界上重要的民间经贸组织，成立于 1919 年，总部在巴黎。其宗旨是：在经济和法律领域里，以有效的行动促进国际贸易和投资的发展。其工作方式为：制订国际经贸领域的规则、惯例并向全世界商界推广；与各国政府以及国际组织对话，以求创造一个利于自由企业、自由贸易、自由竞争的国际环境；促进会员之间的经贸合作，并向全世界商界提供实际的服务等。

ICC 通过其下设的十几个专业委员会和数十个工作组，制订许多国际商业领域的规则和惯例，如国际贸易术语、国际贸易结算规则等，为全世界广泛采用。ICC 是联合国的重要对话伙伴，并与其他许多重要的国际组织，如世界贸易组织、欧盟、经合组织、西方七国集团等，保持着密切的关系，对这些组织在制订有关国际商业的政策时有着重要的影响。ICC 为广大商界提供的实际服务如仲裁、临时进口单证系统、贸易信息网等，极大地便利了商界的国际经贸实务操作。

ICC 目前在 83 个国家设有国家委员会，拥有来自 140 个国家的 8 000 多家会员公司和会员协会。这些会员多是各国和地区从事国际经贸活动的中坚企业和组织。1994 年 11 月 8 日，国际商会在巴黎举行的第 168 次理事会会议上通过决议，接纳中国加入国际商会，并成立国际商会中国国家委员会(ICC CHINA)。1995 年 1 月 1 日，由中国贸促会牵头组建的 ICC CHINA 正式宣告成立。

ICC CHINA 目前的会员单位兼顾了国有、集体、乡镇、私营、三资企业等多种成分,包括了制造、外贸、金融、运输、保险、轻纺、商业等领域,较广泛地代表了中国经济的各个部门、各种成分、各个层面,代表中国企业界、金融界参与国际商务事务和各种国际经贸规则的制定等工作,同各国商界、企业、双边和多边国际组织以及包括中国政府在内的各国政府机构展开对话。

ICC 所制定的有关国际贸易结算规则已成为国际贸易结算的惯例,以下介绍三种重要的国际贸易结算规则。

### 三、国际结算规则及其基本特征

国际清算规则有《托收统一规则》(URC)、《跟单信用证统一惯例》(UCP600)、《见索即付保函统一规则》(URDG)等。

所有的国际结算规则,无论是 URC、UCP600、URDG,它们都有具体的应用情况,所有的当事人都必须受其约束,除非在结算规则中有明确表达的规定情况除外。

总体来说,所有的国际结算规则已得到从事金融和贸易活动的银行界和商业界的接受和认同,因为这些规则紧密反映了国际金融和商务活动的实际。

所有的国际结算规则促进了国际贸易的可行性、公平性和规则化。随着国际金融和服务、贸易的发展,在制定经济合同和其他经济活动中,由于交易各方处于不同的法律和文化背景下,交易各方产生争辩是很自然的事情。以交易各当事人所处的各国的法律为背景来对一笔交易的本质、特征及运作的认识和解释在各国有所不同,而国际商务活动不可避免地涉及两个或两个以上国家或地区的当事人,考虑到此情况,国际商会这样的国际性组织意识到国际商务合作的必要性,因此其拟定和发布了各国共同遵守的一些国际结算规则。

所有的国际结算规则都被修订过,并随着时代的发展不断更新,以与国际商务活动的变化同步发展。在所有的国际结算规则的修订中,国际商会既考虑到实际的演变过程和一些特殊情况(即那些已产生问题,但现存的规则还不能解决的问题),还在修订版中反映出国际商会力图与国际商务活动同步发展的政策。

复 习 思 考 题

1. 国际支付系统有哪些类别?国际贸易结算所适用的支付系统是怎样的?
2. 如何看待电子商务和电子支付系统的关系?
3. 完善电子支付系统应解决哪些基本问题?
4. 国际结算的电子化进程怎样?最终能实现国际结算的完全无纸化操作吗?
5. SWIFT、CHIPS、CHAPS 三大国际支付体系的特点是什么?
6. SWIFT、CHIPS、CHAPS 三大国际支付体系的业务处理流程是怎样的?
7. 国际商会的性质和职能是什么?

8. 国际商会所颁布的国际结算规则的基本特征是什么?

# 附录十 《托收统一规则》

(国际商会第522号出版物)

## 一、总则和定义

第一款 《托收统一规则》第522号的应用

(1) 国际商会第522号出版物《托收统一规则》1995年修订本将适用于第二款所限定的、并在第四款托收指示中列明适用该项规则的所有托收项目。除非另有明确的约定,或与某一国家、某一政府,或与当地法律和尚在生效的条例有所抵触,本规则对所有的关系人均具有约束力。

(2) 银行没有义务必须办理某一托收或任何托收指示或以后的相关指示。

(3) 如果银行无论出于何种理由选择了不办理它所收到的托收或任何相关的托收指示,它必须毫不延误地采用电讯,或者如果电讯不可能时采用其他快捷的工具向他收到该项指示的当事人发出通知。

第二款 托收的定义

就本条款而言:

(1) 托收是指银行依据所收到的指示处理下述(2)款所限定的单据,以便于:

a. 取得付款和/或承兑;

b. 凭以付款或承兑交单;

c. 按照其他条款和条件交单。

(2) 单据是指金融单据和/或商业单据。

a. 金融单据是指汇票、本票、支票或其他类似的可用于取得款项支付的凭证;

b. 商业单据是指发票、运输单据、所有权文件或其他类似的文件,或者不属于金融单据的任何其他单据。

(3) 光票托收是指不附有商业单据的金融单据项下的托收。

(4) 跟单托收是指:

a. 附有商业单据的金融单据项下的托收;

b. 不附有金融单据的商业单据项下的托收。

第三款 托收的关系人

(1) 就本条款而言,托收的关系人有:

a. 委托人即委托银行办理托收的有关人;

b. 寄单行即委托人委托办理托收的银行;

c. 代收行即除寄单行以外的任何参与处理托收业务的任何银行。

(2) 付款人即根据托收指示向其提示单据的人。

## 二、托收的形式和结构

第四款 托收指示

(1) a. 所有送往托收的单据必须附有一项托收指示,注明该项托收将遵循《托收统一规则》第522号文件并且列出完整和明确的指示。银行只准允根据该托收指示中的命令和本规则行事;

b. 银行将不会为了取得指示而审核单据；

c. 除非托收指示中另有授权，银行将不理会来自除了他所收到托收的有关人/银行以外的任何有关人/银行的任何指令。

(2) 托收指示应当包括下述适宜的各项内容：

a. 收到该项托收的银行详情，包括全称、邮政和 SWIFT 地址、电传、电话和传真号码和编号；

b. 委托人的详情包括全称、邮政地址或者办理提示的场所以及，如果有的话，电传、电话和传真号码；

c. 付款人的详情包括全称、邮政地址或者办理提示的场所以及，如果有的话，电传、电话和传真号码；

d. 提示银行(如有的话)的详情，包括全称、邮政地址以及，如果有的话，电传和传真号码；

e. 待托收的金额和货币；

f. 所附单据清单和每份单据的份数；

g. i. 凭以取得付款和/或承兑和条件和条款；

ii. 凭以交付单据的条件：付款和/或承兑。

其他条件和条款

缮制托收指示的有关方应有责任清楚无误地说明，确保单据交付的条件，否则的话，银行对此所产生的任何后果将不承担责任；

待收取的手续费指明是否可以放弃；

i. 待收取的利息，如有的话，指明是否可以放弃，包括利率、计息期、适用的计算期基数(如一年按 360 天还是 365 天)；

j. 付款方法和付款通知的形式；

k. 发生不付款、不承兑和/或与其他批示不相符时的指示。

(3) a. 托收指示应载明付款人或将要办理提示场所的完整地址。如果地址不全或有错误，代收银行可尽力去查明恰当的地址，但其本身并无义务和责任。

b. 代收银行对因所提供地址不全或有误所造成的任何延误将不承担责任或对其负责。

### 三、提示的形式

第五款　提示

(1) 就本条款而言，提示是表示银行按照指示使单据对付款人发生有效用的程序。

(2) 托收指示应列明付款人将要采取行动的确切期限。

诸如首先、迅速、立即和类似的表述不应用于提示、或付款人赎单采取任何其他行动的任何期限。如果采用了该类术语，银行将不予理会。

(3) 单据必须以银行收到时的形态向付款人提示，除非被授权贴附任何必需的印花、除非另有指示费用由向其发出托收的有关方支付以及被授权采取任何必要的背书或加盖橡皮戳记，或其他托收业务惯用的和必要的辨认记号或符号。

(4) 为了使委托人的指示得以实现，寄单行将以委托人所指定的银行作为代收行。在未指定代收行时，寄单行将使用他自身的任何银行或者在付款或承兑的国家中，或在必须遵守其他条件的国家中选择另外的银行。

(5) 单据和托收指示可以由寄单行直接或者通过；另一银行作为中间银行寄送给代收行。

(6) 如果寄单行未指定某一特定的提示行，代办行可自行选择提示行。

第六款　即期/承兑

如果是见单即付的单据,提示行必须立即办理提示付款不得延误;如果不是即期而是远期付款单据,提示行必须在不晚于应到期日,如是要承兑立即办理提示承兑、如是付款时立即办理提示付款。

第七款　商业单据的交单(承兑交单D/A和付款交单D/P)

(1) 附有商业单据必须在付款时交出的托收指示,不应包含远期付款的汇票。

(2) 如果托收包含有远期付款的汇票,托收指示应列明商业单据是凭承兑不是凭付款交给付款人。如果未有说明,商业单据只能是付款交单,而代收行对由于交付单据的任何延误所产生的任何后果将不承担责任。

(3) 如果托收包含有远期付款的汇票而且托收指示列明应凭付款交出商业单据时,则单据只能凭该项付款才能交付,而代收行对由于交单的任何延误所产生的任何结果将不承担责任。

第八款　代制单据

在寄单行指示或者是代收行或者是付款人应代制托收中未曾包括的单据(汇票、本票、信托收据、保证书或其他单据)时,这些单据的格式和词句应由寄单行提供,否则的话,代收行对由代收行和/或付款人所提供任何该种单据的格式和词句将不承担责任或对其负责。

## 四、义务和责任

第九款　善意和合理的谨慎

银行将以善意和合理的谨慎办理业务。

第十款　单据与货物/服务/行为

(1) 未经银行事先同意,货物不得以银行的地址直接发送给该银行、或者以该行作为收货人或者以该行为抬头人。然而,如果未经银行事先同意而将货物以银行的地址直接发送给了该银行,或以该行做了收货人或抬头人,并请该行凭付款或承兑或凭其他条款将货物交付给付款人,该行将没有提取货物的义务,其风险和责任仍由发货方承担。

(2) 银行对与跟单托收有关的货物即使接到特别批指示也没有义务采取任何行动包括对货物的仓储和保险,银行只有在个案中如果同意这样做时才会采取该类行动。撇开前述第一款(3)的规定,即使对此没有任何特别的通知,代收银行也适用本条款。

(3) 然而,无论银行是否收到指示,它们为保护货物而采取措施时,银行对有关货物的结局和/或状况和/或对受托保管和/或保护的任何第三方的行为和/或疏漏概不承担责任。但是,代收行必须毫不延误地将其所采取的措施通知对其发出托收指的银行。

(4) 银行对货物采取任何保护措施所发生的任何费用和/或花销将由向其发出托收的一方承担。

(5) a. 撇开第十款第(1)条的规定,如果货物是以代收行作为收货人或抬头人,而且付款人已对该项托收办理了付款、承兑或承诺了其他条件和条款,代收行因此对货物的交付作了安排时,应认为寄单行已授权代收行如此办理。

b. 若代收行按照寄单行的指示按上述第十款(1)条的规定安排交付货物,寄单行应对该代收行所发行的全部损失和花销给予赔偿。

第十一款　对被指示的免责

(1) 为使委托人的指示得以实现,银行使用另一银行或其他银行的服务是代该委托人办理的,因此,其风险由委托人承担;

(2) 即使银行主动地选择了其他银行办理业务,如该行所转递的指示未被执行,该行不承担责任或对其负责;

(3) 一方指示另一方去履行服务,指示方应受到被指示方的法律和惯例所加于的一切义务和责任的制约,并承担赔偿的责任。

第十二款　对收到单据的免责

(1) 银行必须确定它所收到的单据应与托收批示中所列表面相符,如果发现任何单据有短缺或非托收指示所列,银行必须以电讯方式,如电讯不可能时,以其他快捷的方式通知从其收到指示的一方,不得延误;银行对此没有更多的责任;

(2) 如果单据与所列表面不相符,寄单行对代收行收到的单据种类和数量应不得有争议;

(3) 根据第五款(3)和第十二款式,以及上述(2),银行将按所收到的单据办理提示而无需做更多的审核。

第十三款　对单据有效性的免责

银行对任何单据的格式、完整性、准确性、真实性、虚假性或其法律效力,或对在单据中载明或在其上附加的一般性和/或特殊性的条款不承担责任或对其负责;银行也不对任何单据所表示的货物的描述、数量、重量、质量、状况、包装、交货、价值或存在,或对货物的发运人、承运人、运输行、收货人和保险人或其他任何人的诚信或行为和/或疏忽、清偿力、业绩或信誉承担责任或对其负责。

第十四款　对单据在传送中的延误和损坏以及对翻译的免责

(1) 银行对任何信息、信件或单据在传送中所发生的延误和/或损坏,或对任何电讯在传递中所发生的延误、残损或其他错误,或对技术条款的翻译和/或解释的错误不承担责任或对其负责;

(2) 银行对由于收到的任何指示需要澄清而引起的延误将不承担责任或对其负责。

第十五款　不可抗力

银行对由于天灾、暴动、骚乱、战争或银行本身不能控制的任何其他原因、任何罢工或停工而使银行营业中断所产生的后果不承担责任或对其负责。

## 五、付　　款

第十六款　立即汇付

(1) 收妥的款项(扣除手续费和/或支出和/或可能的花销)必须按照托收指示中规定的条件和条款不延误地付给从其收到托收指示的一方,不得延误;

(2) 撇开第一款(3)的规定和除非另有指示,代收行仅向寄单行汇付收妥的款项。

第十七款　以当地货币支付

如果单据是以付款地国家的货币(当地货币)付款,除托收指示另有规定外,提示行必须凭当地货币的付款,交单给付款人,只要该种货币按托收指示规定的方式能够随时处理。

第十八款　用外汇付款

如果单据是以付款地国家以外的货币(外汇)付款,除托收指示中另用规定外,提示行必须凭指定的外汇的付款,交单给付款人,只要该外汇是按托收指示规定能够立即汇出。

第十九款　分期付款

(1) 在光票托收中可以接受分期付款,前提是分批的金额和条件是付款当地的现行法律所允许。只有在全部货款已收妥的情况下,才能将金融单据交付给付款人。

(2) 在跟单托收中,只有在托收指示有特别授权的情况下,才能接受分期付款。然而,除非另有指示,提示行只能在全部货款已收妥后才能将单据交付给付款人。

(3) 在任何情况下,分期付款只有在符合第十七款或第十八款中的相应规定时将会被接受。

如果接受分期付款将按照第十六款的规定办理。

## 六、利息、手续费和费用

第二十款　利息

(1) 如果托收指示中规定必须收取利息,但付款人拒付该项利息时,提示行可根据具体情况在不收取利息的情况下凭付款或承兑或其他条款和条件交单,除非适用第二十款3条。

(2) 如果要求收取利息,托收指示中应明确规定利率、计息期和计息方法。

(3) 如托收指示中明确地指明利息不得放弃而付款人以拒付该利息,提示行将不交单,并对由此所引起的延迟交单所产生的后果将不承担责任。当利息已被拒付时,提示行必须以电讯,当不可能时可用其他便捷的方式通知曾向其发出托收指示的银行,不得延误。

第二十一款　手续费和费用

(1) 如果托收指示中规定必须收取手续费和(或)费用须由付款人承担,而后者拒付时,提示行可以根据具体情况在不收取手续费和 A(或)费用的情况下凭付款或承兑或其他条款和条件交单,除非适用第二十一款(2)条。

每当托收手续费和(或)费用被这样放弃时,该项费用应由发出托收的一方承担,并可从货款中扣减。

(2) 如果托收指示中明确指明手续费和(或)费用不得放弃而付款人又拒付该项费用时,提示行将不交单,并对由此所引起的延误所产生的后果将不承担责任。当该项费用已被拒付时,提示行必须以电讯,当不可能时可用其他便捷的方式通知曾向其发出托收指示的银行,不得延误。

(3) 在任何情况下,若托收指示中清楚地规定或根据本〈规则〉,支付款项和(或)费用和(或)托收手续费应由委托人承担,代收行应有权从向其发出托收指示的银行立即收回所支出的有关支付款、费用和手续费,而寄单行不管该托收结果如何应有权向委托人立即收回它所付出的任何金额连同它自己的支付款、费用和手续费。

(4) 银行对向其发出托收指示的一方保留要求事先支付手续费和(或)费用用以补偿其拟执行任何指示的费用支出的权利,在未收到该项款项期间有保留不执行该项指示的权利。

## 七、其他条款

第二十二款　承兑

提示行有责任注意汇票承兑形式看来是完整和正确的,但是,对任何签字的真实性或签署承兑的任何签字人的权限不负责任。

第二十三款　本票和其他凭证

提示行对在本票、收据或其他凭证上的任何签字的真实性或签字人的权限不负责任。

第二十四款　拒绝证书

托收指示对当发生不付款或不承兑时的有关拒绝证书应有具体的指示(或代之以其他法律程序)。

银行由于办理拒绝证书或其他法律程序所发生的手续费和(或)费用将由向其发出托收指示的一方承担。

第二十五款　预备人(Case-of-need)

如果委托人指定一名代表作为在发生不付款和(或)不承兑时的预备人,托收指示中应清楚地、详尽地指明该预备人的权限。在无该项指示时,银行将不接受来自预备人的任何指示。

第二十六款 通知

代收行应按下列规则通知托收状况：

(1) 通知格式。

代收行对向其发出托收指示的银行给予所有通知和信息必须要有相应的详情,在任何情况下都应包括后者在托收指示中列明的银行业务编号。

(2) 通知的方法。

寄单行有责任就通知的方法向代收行给予指示,详见本款(3)a、(3)b和(3)c的内容。在无该项指示时,代收行将自行选择通知方法寄送有关的通知,而其费用应由向其发出托收指示的银行承担。

(3) a. 付款通知。

代收行必须无延误地对向其发出托收指示的银行寄送付款通知,列明金额或收妥金额、扣减的手续费和(或)支付款和(或)费用额以及资金的处理方式。

b. 承兑通知。

代收行必须无延误地对向其发出托收指示的银行寄送承兑通知；

c. 不付款或不承兑的通知。

提示行应尽力查明不付款或不承兑的原因,并据以向对其发出托收指示的银行无延误地寄送通知。

提示行应无延误地对向其发出托收指示的银行寄送不付款通知和(或)不承兑通知后60天内未收到该项指示,代收行或提示行可将单据退回给向其发出指示的银行,而提示行方面不承担更多的责任。

(1995年修订本,自1996年1月1日生效。)

# 附录十一 《跟单信用证统一惯例》

(国际商会第600号出版物)
(2006年修订版)

**第一条 统一惯例的适用范围**

跟单信用证统一惯例,2007年修订本,国际商会第600号出版物,适用于所有在正文中标明按本惯例办理的跟单信用证(包括本惯例适用范围内的备用信用证)。除非信用证中另有规定,本惯例对一切有关当事人均具有约束力。

**第二条 定义**

就本惯例而言：

通知行意指应开证行要求通知信用证的银行。

申请人意指发出开立信用证申请的一方。

银行日意指银行在其营业地正常营业,按照本惯例行事的行为得以在银行履行的日子。

受益人意指信用证中受益的一方。

相符提示意指与信用证中的条款及条件、本惯例中所适用的规定及国际标准银行实务相一致的提示。

保兑意指保兑行在开证行之外对于相符提示做出兑付或议付的确定承诺。

保兑行意指应开证行的授权或请求对信用证加具保兑的银行。

信用证意指一项约定,无论其如何命名或描述,该约定不可撤销并因此构成开证行对于相符提示予以兑付的确定承诺。

兑付意指:

a. 对于即期付款信用证即期付款。

b. 对于延期付款信用证发出延期付款承诺并到期付款。

c. 对于承兑信用证承兑由受益人出具的汇票并到期付款。

开证行意指应申请人要求或代表其自身开立信用证的银行。

议付意指被指定银行在其应获得偿付的银行日或在此之前,通过向受益人预付或者同意向受益人预付款项的方式购买相符提示项下的汇票(汇票付款人为被指定银行以外的银行)及/或单据。

被指定银行意指有权使用信用证的银行,对于可供任何银行使用的信用证而言,任何银行均为被指定银行。

提示意指信用证项下单据被提交至开证行或被指定银行,抑或按此方式提交的单据。

提示人意指做出提示的受益人、银行或其他一方。

**第三条 释义**

就本惯例而言:

在适用的条款中,词汇的单复数同义。

信用证是不可撤销的,即使信用证中对此未作指示也是如此。

单据可以通过手签、签样印制、穿孔签字、盖章、符号表示的方式签署,也可以通过其他任何机械或电子证实的方法签署。

当信用证含有要求使单据合法、签证、证实或对单据有类似要求的条件时,这些条件可由在单据上签字、标注、盖章或标签来满足,只要单据表面已满足上述条件即可。

一家银行在不同国家设立的分支机构均视为另一家银行。

诸如"第一流""著名""合格""独立""正式""有资格""当地"等用语用于描述单据出单人的身份时,单据的出单人可以是除受益人以外的任何人。除非确需在单据中使用,银行对诸如"迅速""立即""尽快"之类词语将不予置理。

"于或约于"或类似措辞将被理解为一项约定,按此约定,某项事件将在所述日期前后各五天内发生,起讫日均包括在内。

词语"×月×日止"(to)、"至×月×日"(until)、"直至×月×日"(till)、"从×月×日"(from)及"在×月×日至×月×日之间"(between)用于确定装运期限时,包括所述日期。词语"×月×日之前"(before)及"×月×日之后"(after)不包括所述日期。

词语"从×月×日"(from)以及"×月×日之后"(after)用于确定到期日时不包括所述日期。

术语"上半月"和"下半月"应分别理解为自每月"1日至15日"和"16日至月末最后一天",包括起讫日期。

术语"月初""月中"和"月末"应分别理解为每月1日至10日、11日至20日和21日至月末最后一天,包括起讫日期。

**第四条 信用证与合同**

a. 就性质而言,信用证与可能作为其依据的销售合同或其他合同,是相互独立的交易。即使信用证中提及该合同,银行亦与该合同完全无关,且不受其约束。因此,一家银行作出兑付、议付或履行信用证项下其他义务的承诺,并不受申请人与开证行之间或与受益人之间在已有关系下产生的索偿或抗辩的制约。

受益人在任何情况下,不得利用银行之间或申请人与开证行之间的契约关系。

b. 开证行应劝阻申请人将基础合同、形式发票或其他类似文件的副本作为信用证整体组成部分的做法。

**第五条 单据与货物/服务/行为**

银行处理的是单据,而不是单据所涉及的货物、服务或其他行为。

**第六条 有效性、有效期限及提示地点**

a. 信用证必须规定可以有效使用信用证的银行,或者信用证是否对任何银行均为有效。对于被指定银行有效的信用证同样也对开证行有效。

b. 信用证必须规定它是否适用于即期付款、延期付款、承兑抑或议付。

c. 不得开立包含有以申请人为汇票付款人条款的信用证。

d. i. 信用证必须规定提示单据的有效期限。规定的用于兑付或者议付的有效期限将被认为是提示单据的有效期限。

ii. 可以有效使用信用证的银行所在的地点是提示单据的地点。对任何银行均为有效的信用证项下单据提示的地点是任何银行所在的地点。不同于开证行地点的提示单据的地点是开证行地点之外提交单据的地点。

e. 除非如29(a)中规定,由受益人或代表受益人提示的单据必须在到期日当日或在此之前提交。

**第七条 开证行的承诺**

a. 倘若规定的单据被提交至被指定银行或开证行并构成相符提示,开证行必须按下述信用证所适用的情形予以兑付:

i. 由开证行即期付款、延期付款或者承兑;

ii. 由被指定银行即期付款而该被指定银行未予付款;

iii. 由被指定银行延期付款而该被指定银行未承担其延期付款承诺,或者虽已承担延期付款承诺但到期未予付款;

iv. 由被指定银行承兑而该被指定银行未予承兑以其为付款人的汇票,或者虽已承兑以其为付款人的汇票但到期未予付款;

v. 由被指定银行议付而该被指定银行未予议付。

b. 自信用证开立之时起,开证行即不可撤销地受到兑付责任的约束。

c. 开证行保证向对于相符提示已经予以兑付或者议付并将单据寄往开证行的被指定银行进行偿付。无论被指定银行是否于到期日前已经对相符提示予以预付或者购买,对于承兑或延期付款信用证项下相符提示的金额的偿付于到期日进行。开证行偿付被指定银行的承诺独立于开证行对于受益人的承诺。

**第八条 保兑行的承诺**

a. 倘若规定的单据被提交至保兑行或者任何其他被指定银行并构成相符提示,保兑行必须:

i. 兑付,如果信用证适用于:

(a) 由保兑行即期付款、延期付款或者承兑;

(b) 由另一家被指定银行即期付款而该被指定银行未予付款;

(c) 由另一家被指定银行延期付款而该被指定银行未承担其延期付款承诺,或者虽已承担延期付款承诺但到期未予付款;

(d) 由另一家被指定银行承兑而该被指定银行未予承兑以其为付款人的汇票,或者虽已承兑以其为付款人的汇票但到期未予付款;

(e) 由另一家被指定银行议付而该被指定银行未予议付。

ii. 若信用证由保兑行议付,无追索权地议付。

b. 自为信用证加具保兑之时起,保兑行即不可撤销地受到兑付或者议付责任的约束。

c. 保兑行保证向对于相符提示已经予以兑付或者议付并将单据寄往开证行的另一家被指定银行进行偿付。无论另一家被指定银行是否于到期日前已经对相符提示予以预付或者购买,对于承兑或延期付款信用证项下相符提示的金额的偿付于到期日进行。保兑行偿付另一家被指定银行的承诺独立于保兑行对于受益人的承诺。

d. 如开证行授权或要求另一家银行对信用证加具保兑,而该银行不准备照办时,它必须不延误地告知开证行并仍可通知此份未经加具保兑的信用证。

### 第九条 信用证及修改的通知

a. 信用证及其修改可以通过通知行通知受益人。除非已对信用证加具保兑,通知行通知信用证不构成兑付或议付的承诺。

b. 通过通知信用证或修改,通知行即表明其认为信用证或修改的表面真实性得到满足,且通知准确地反映了所收到的信用证或修改的条款及条件。

c. 通知行可以利用另一家银行的服务("第二通知行")向受益人通知信用证及其修改。通过通知信用证或修改,第二通知行即表明其认为所收到的通知的表面真实性得到满足,且通知准确地反映了所收到的信用证或修改的条款及条件。

d. 如一家银行利用另一家通知或第二通知行的服务将信用证通知给受益人,它也必须利用同一家银行的服务通知修改书。

e. 如果一家银行被要求通知信用证或修改但决定不予通知,它必须不延误通知向其发送信用证、修改或通知的银行。

f. 如果一家被要求通知信用证或修改,但不能确定信用证、修改或通知的表面真实性,就必须不延误地告知向其发出该指示的银行。如果通知行或第二通知行仍决定通知信用证或修改,则必须告知受益人或第二通知行其未能核实信用证、修改或通知的表面真实性。

### 第十条 修改

a. 除本惯例第38条另有规定外,凡未经开证行、保兑行(如有)以及受益人同意,信用证既不能修改也不能撤销。

b. 自发出信用证修改书之时起,开证行就不可撤销地受其发出修改的约束。保兑行可将其保兑承诺扩展至修改内容,且自其通知该修改之时起,即不可撤销地受到该修改的约束。然而,保兑行可选择仅将修改通知受益人而不对其加具保兑,但必须不延误地将此情况通知开证行和受益人。

c. 在受益人向通知修改的银行表示接受该修改内容之前,原信用证(或包含先前已被接受修改的信用证)的条款和条件对受益人仍然有效。受益人应发出接受或拒绝接受修改的通知。如受益人未提供上述通知,当其提交至被指定银行或开证行的单据与信用证以及尚未表示接受的修改的要求一致时,则该事实即视为受益人已作出接受修改的通知,并从此时起,该信用证已被修改。

d. 通知修改的银行应当通知向其发出修改书的银行任何有关接受或拒绝接受修改的通知。
　　e. 不允许部分接受修改,部分接受修改将被视为拒绝接受修改的通知。
　　f. 修改书中作出的除非受益人在某一时间内拒绝接受修改,否则修改将开始生效的条款将被不予置理。

### 第十一条　电讯传递与预先通知的信用证和修改

　　a. 经证实的信用证或修改的电讯文件将被视为有效的信用证或修改,任何随后的邮寄证实书将被不予置理。

　　若该电讯文件声明"详情后告"(或类似词语)或声明随后寄出的邮寄证实书将是有效的信用证或修改,则该电讯文件将被视为无效的信用证或修改。开证行必须随即不延误地开出有效的信用证或修改,且条款不能与电讯文件相矛盾。

　　b. 只有准备开立有效信用证或修改的开证行,才可以发出开立信用证或修改预先通知书。发出预先通知的开证行应不可撤销地承诺将不延误地开出有效的信用证或修改,且条款不能与预先通知书相矛盾。

### 第十二条　指定

　　a. 除非一家被指定银行是保兑行,对被指定银行进行兑付或议付的授权并不构成其必须兑付或议付的义务,被指定银行明确同意并照此通知受益人的情形除外。

　　b. 通过指定一家银行承兑汇票或承担延期付款承诺,开证行即授权该被指定银行预付或购买经其承兑的汇票或由其承担延期付款的承诺。

　　c. 非保兑行身份的被指定银行接受、审核并寄送单据的行为既不使得该被指定银行具有兑付或议付的义务,也不构成兑付或议付。

### 第十三条　银行间偿付约定

　　a. 如果信用证规定被指定银行("索偿行")须通过向另一方银行("偿付行")索偿获得偿付,则信用证中必须声明是否按照信用证开立日正在生效的国际商会《银行间偿付规则》办理。

　　b. 如果信用证中未声明是否按照国际商会《银行间偿付规则》办理,则适用于下列条款:
　　i. 开证行必须向偿付行提供偿付授权书,该授权书须与信用证中声明的有效性一致。偿付授权书不应规定有效日期。
　　ii. 不应要求索偿行向偿付行提供证实单据与信用证条款及条件相符的证明。
　　iii. 如果偿付行未能按照信用证的条款及条件在首次索偿时即行偿付,则开证行应对索偿行的利息损失以及产生的费用负责。
　　iv. 偿付行的费用应由开证行承担。然而,如果费用系由受益人承担,则开证行有责任在信用证和偿付授权书中予以注明。如偿付行的费用系由受益人承担,则该费用应在偿付时从支付索偿行的金额中扣除。如果未发生偿付,开证行仍有义务承担偿付行的费用。

　　c. 如果偿付行未能于首次索偿时即行偿付,则开证行不能解除其自身的偿付责任。

### 第十四条　审核单据的标准

　　a. 按照指定行事的被指定银行、保兑行(如有)以及开证行必须对提示的单据进行审核,并仅以单据为基础,以决定单据在表面上看来是否构成相符提示。

　　b. 按照指定行事的被指定银行、保兑行(如有)以及开证行,自其收到提示单据的翌日起算,应各自拥有最多不超过五个银行工作日的时间以决定提示是否相符。该期限不因单据提示日适逢信用证有效期或最迟提示期或在其之后而被缩减或受到其他影响。

c. 提示若包含一份或多份按照本惯例第十九条、二十条、二十一条、二十二条、二十三条、二十四条或二十五条出具的正本运输单据，则必须由受益人或其代表按照相关条款在不迟于装运日后的二十一个公历日内提交，但无论如何不得迟于信用证的到期日。

d. 单据中内容的描述不必与信用证、信用证对该项单据的描述以及国际标准银行实务完全一致，但不得与该项单据中的内容、其他规定的单据或信用证相冲突。

e. 除商业发票外，其他单据中的货物、服务或行为描述若须规定，可使用统称，但不得与信用证规定的描述相矛盾。

f. 如果信用证要求提示运输单据、保险单据和商业发票以外的单据，但未规定该单据由何人出具或单据的内容。如信用证对此未做规定，只要所提交单据的内容看来满足其功能需要且其他方面与第十四条(d)款相符，银行将对提示的单据予以接受。

g. 提示信用证中未要求提交的单据，银行将不予置理。如果收到此类单据，可以退还提示人。

h. 如果信用证中包含某项条件而未规定需提交与之相符的单据，银行将认为未列明此条件，并对此不予置理。

i. 单据的出单日期可以早于信用证开立日期，但不得迟于信用证规定的提示日期。

j. 当受益人和申请人的地址显示在任何规定的单据上时，不必与信用证或其他规定单据中显示的地址相同，但必须与信用证中述及的各自地址处于同一国家内。用于联系的资料(电传、电话、电子邮箱及类似方式)如作为受益人和申请人地址的组成部分将被不予置理。然而，当申请人的地址及联系信息作为按照第十九条、二十条、二十一条、二十二条、二十三条、二十四条或二十五条出具的运输单据中收货人或通知方详址的组成部分时，则必须按信用证规定予以显示。

k. 显示在任何单据中的货物的托运人或发货人不必是信用证的受益人。

假如运输单据能够满足本惯例第十九条、二十条、二十一条、二十二条、二十三条或二十四条的要求，则运输单据可以由承运人、船东、船长或租船人以外的任何一方出具。

### 第十五条　相符提示

a. 当开证行确定提示相符时，就必须予以兑付。

b. 当保兑行确定提示相符时，就必须予以兑付或议付并将单据寄往开证行。

c. 当被指定银行确定提示相符并予以兑付或议付时，必须将单据寄往保兑行或开证行。

### 第十六条　不符单据及不符点的放弃与通知

a. 当按照指定行事的被指定银行、保兑行(如有)或开证行确定提示不符时，可以拒绝兑付或议付。

b. 当开证行确定提示不符时，可以依据其独立的判断联系申请人放弃有关不符点。然而，这并不因此延长第十四条(b)款中述及的期限。

c. 当按照指定行事的被指定银行、保兑行(如有)或开证行决定拒绝兑付或议付时，必须一次性通知提示人。

通知必须声明：

i. 银行拒绝兑付或议付；及

ii. 银行凭以拒绝兑付或议付的各个不符点；及

iii. (a) 银行持有单据等候提示人进一步指示；或

(b) 开证行持有单据直至收到申请人通知弃权并同意接受该弃权，或在同意接受弃权前从提示人处收到进一步指示；或

(c) 银行退回单据；或

(d) 银行按照先前从提示人处收到的指示行事。

d. 第十六条(c)款中要求的通知必须以电讯方式发出,或者,如果不可能以电讯方式通知时,则以其他快捷方式通知,但不得迟于提示单据日期翌日起第五个银行工作日终了。

e. 按照指定行事的被指定银行、保兑行(如有)或开证行可以在提供第十六条(c)款(iii)、(a)款或(b)款要求提供的通知后,于任何时间将单据退还提示人。

f. 如果开证行或保兑行未能按照本条款的规定行事,将无权宣称单据未能构成相符提示。

g. 当开证行拒绝兑付或保兑行拒绝兑付或议付,并已经按照本条款发出通知时,该银行将有权就已经履行的偿付索取退款及其利息。

**第十七条 正本单据和副本单据**

a. 信用证中规定的各种单据必须至少提供一份正本。

b. 除非单据本身表明其不是正本,银行将视任何单据表面上具有单据出具人正本签字、标志、图章或标签的单据为正本单据。

c. 除非单据另有显示,银行将接受单据作为正本单据如果该单据:

i. 表面看来由单据出具人手工书写、打字、穿孔签字或盖章;或

ii. 表面看来使用单据出具人的正本信笺;或

iii. 声明单据为正本,除非该项声明表面看来与所提示的单据不符。

d. 如果信用证要求提交副本单据,则提交正本单据或副本单据均可。

e. 如果信用证使用诸如"一式两份""两张""两份"等术语要求提交多份单据,则可以提交至少一份正本,其余份数以副本来满足。但单据本身另有相反指示者除外。

**第十八条 商业发票**

a. 商业发票:

i. 必须在表面上看来系由受益人出具(第三十八条另有规定者除外);

ii. 必须做成以申请人的名称为抬头(第三十八条(g)款另有规定者除外);

iii. 必须将发票币别作成与信用证相同币种;

iv. 无须签字。

b. 按照指定行事的被指定银行、保兑行(如有)或开证行可以接受金额超过信用证所允许金额的商业发票,倘若有关银行已兑付或已议付的金额没有超过信用证所允许的金额,则该银行的决定对各有关方均具有约束力。

c. 商业发票中货物、服务或行为的描述必须与信用证中显示的内容相符。

**第十九条 至少包括两种不同运输方式的运输单据**

a. 至少包括两种不同运输方式的运输单据(即多式运输单据或联合运输单据),不论其称谓如何,必须在表明上来看:

i. 显示承运人名称并由下列人员签署:

● 承运人或承运人的具名代理或代表,或

● 船长或船长的具名代理或代表。

承运人、船长或代理的任何签字必须分别表明承运人、船长或代理的身份。

代理的签字必须显示其是否作为承运人或船长的代理或代表签署提单。

ii. 通过下述方式表明货物已在信用证规定的地点发运、接受监管或装载:

● 预先印就的措辞,或

● 注明货物已发运、接受监管或装载日期的图章或批注。

运输单据的出具日期将被视为发运、接受监管或装载以及装运日期。然而,如果运输单据以盖章或批注方式标明发运、接受监管或装载日期,则此日期将被视为装运日期。

iii. 显示信用证中规定的发运、接受监管或装载地点以及最终目的地的地点,即使:

(a) 运输单据另外显示了不同的发运、接受监管或装载地点或最终目的地的地点,或

(b) 运输单据包含"预期"或类似限定有关船只、装货港或卸货港的指示。

iv. 系仅有的一份正本运输单据,或者,如果出具了多份正本运输单据,应是运输单据中显示的全套正本份数。

v. 包含承运条件须参阅包含承运条件条款及条件的某一出处(简式或背面空白的运输单据)者,银行对此类承运条件的条款及条件内容不予审核。

vi. 未注明运输单据受租船合约约束。

b. 就本条款而言,转运意指货物在信用证中规定的发运、接受监管或装载地点到最终目的地的运输过程中,从一个运输工具卸下并重新装载到另一个运输工具上(无论是否为不同运输方式)的运输。

c. i. 只要同一运输单据包括运输全程,则运输单据可以注明货物将被转运或可被转运。

ii. 即使信用证禁止转运,银行也将接受注明转运将发生或可能发生的运输单据。

### 第二十条 提单

a. 无论其称谓如何,提单必须表面看来:

i. 显示承运人名称并由下列人员签署:

● 承运人或承运人的具名代理或代表,或

● 船长或船长的具名代理或代表。

承运人、船长或代理的任何签字必须分别表明其承运人、船长或代理的身份。

代理的签字必须显示其是否作为承运人或船长的代理或代表签署提单。

ii. 通过下述方式表明货物已在信用证规定的装运港装载上具名船只:

● 预先印就的措辞,或

● 注明货物已装船日期的装船批注。

提单的出具日期将被视为装运日期,除非提单包含注明装运日期的装船批注,在此情况下,装船批注中显示的日期将被视为装运日期。

如果提单包含"预期船"字样或类似有关限定船只的词语时,装上具名船只必须由注明装运日期以及实际装运船只名称的装船批注来证实。

iii. 注明装运从信用证中规定的装货港至卸货港。

如果提单未注明以信用证中规定的装货港作为装货港,或包含"预期"或类似有关限定装货港的标注者,则需要提供注明信用证中规定的装货港、装运日期以及船名的装船批注。即使提单上已注明印就的"已装船"或"已装具名船只"措辞,本规定仍然适用。

iv. 系仅有的一份正本提单,或者,如果出具了多份正本,应是提单中显示的全套正本份数。

v. 包含承运条件须参阅包含承运条件条款及条件的某一出处(简式或背面空白的提单)者,银行对此类承运条件的条款及条件内容不予审核。

vi. 未注明运输单据受租船合约约束。

b. 就本条款而言,转运意指在信用证规定的装货港到卸货港之间的海运过程中,将货物由一艘

船卸下再装上另一艘船的运输。

c. i. 只要同一提单包括运输全程,则提单可以注明货物将被转运或可被转运。

ii. 银行可以接受注明将要发生或可能发生转运的提单。即使信用证禁止转运,只要提单上证实有关货物已由集装箱、拖车或子母船运输,银行仍可接受注明将要发生或可能发生转运的提单。

d. 对于提单中包含的声明承运人保留转运权利的条款,银行将不予置理。

**第二十一条　非转让海运单**

a. 无论其称谓如何,非转让海运单必须表面上看来:

i. 显示承运人名称并由下列人员签署:
- 承运人或承运人的具名代理或代表,或
- 船长或船长的具名代理或代表。

承运人、船长或代理的任何签字必须分别表明其承运人、船长或代理的身份。

代理的签字必须显示其是否作为承运人或船长的代理或代表签署提单。

ii. 通过下述方式表明货物已在信用证规定的装运港装载上具名船只:
- 预先印就的措辞,或
- 注明货物已装船日期的装船批注。

非转让海运单的出具日期将被视为装运日期,除非非转让海运单包含注明装运日期的装船批注,在此情况下,装船批注中显示的日期将被视为装运日期。

如果非转让海运单包含"预期船"字样或类似有关限定船只的词语时,装上具名船只必须由注明装运日期以及实际装运船只名称的装船批注来证实。

iii. 注明装运从信用证中规定的装货港至卸货港。

如果非转让海运单未注明以信用证中规定的装货港作为装货港,或包含"预期"或类似有关限定装货港的标注者,则需要提供注明信用证规定的装货港、装运日期以及船名的装船批注。即使非转让海运单上已注明印就的"已装船"或"已装具名船只"措辞,本规定仍然适用。

iv. 系仅有的一份正本非转让海运单,或者,如果出具了多份正本,应是非转让海运单中显示的全套正本份数。

v. 包含承运条件须参阅包含承运条件条款及条件的某一出处(简式或背面空白的提单)者,银行对此类承运条件的条款及条件内容不予审核。

vi. 未注明运输单据受租船合约约束。

b. 就本条款而言,转运意指在信用证规定的装货港到卸货港之间的海运过程中,将货物由一艘船卸下再装上另一艘船的运输。

c. i. 只要同一非转让海运单包括运输全程,则非转让海运单可以注明货物将被转运或可被转运。

ii. 银行可以接受注明将要发生或可能发生转运的非转让海运单。即使信用证禁止转运,只要非转让海运单上证实有关货物已由集装箱、拖车或子母船运输,银行仍可接受注明将要发生或可能发生转运的非转让海运单。

d. 对于非转让海运单中包含的声明承运人保留转运权利的条款,银行将不予置理。

**第二十二条　租船合约提单**

a. 无论其称谓如何,倘若提单包含有提单受租船合约约束的指示(即租船合约提单),则必须在表面上看来:

  i. 由下列当事方签署：
- 船长或船长的具名代理或代表，或
- 船东或船东的具名代理或代表，或
- 租船主或租船主的具名代理或代表。

  船长、船东、租船主或代理的任何签字必须分别表明其船长、船东、租船主或代理的身份。代理的签字必须显示其是否作为船长、船东或租船主的代理或代表签署提单。

  代理人代理或代表船东或租船主签署提单时必须注明船东或租船主的名称。

  ii. 通过下述方式表明货物已在信用证规定的装运港装载上具名船只：
- 预先印就的措辞，或
- 注明货物已装船日期的装船批注。

  租船合约提单的出具日期将被视为装运日期，除非租船合约提单包含注明装运日期的装船批注，在此情况下，装船批注中显示的日期将被视为装运日期。

  iii. 注明货物由信用证中规定的装货港运输至卸货港。卸货港可以按信用证中的规定显示为一组港口或某个地理区域。

  iv. 系仅有的一份正本租船合约提单，或者，如果出具了多份正本，应是租船合约提单中显示的全套正本份数。

  b. 即使信用证中的条款要求提交租船合约，银行也将对该租船合约不予审核。

### 第二十三条　空运单据

a. 无论其称谓如何，空运单据必须在表面上看来：

  i. 注明承运人名称并由下列当事方签署：
- 承运人，或
- 承运人的具名代理或代表。

  承运人或代理的任何签字必须分别表明其承运人或代理的身份。

  代理的签字必须显示其是否作为承运人的代理或代表签署空运单据。

  ii. 注明货物已收妥待运。

  iii. 注明出具日期。这一日期将被视为装运日期，除非空运单据包含注有实际装运日期的专项批注，在此种情况下，批注中显示的日期将被视为装运日期。

  空运单据显示的其他任何与航班号和起飞日期有关的信息不能被视为装运日期。

  iv. 表明信用证规定的起飞机场和目的地机场。

  v. 为开给发货人或拖运人的正本，即使信用证规定提交全套正本。

  vi. 载有承运条款和条件，或提示条款和条件参见别处。银行将不审核承运条款和条件的内容。

b. 就本条而言，转运是指在信用证规定的起飞机场到目的地机场的运输过程中，将货物从一飞机卸下再装上另一飞机的行为。

c. i. 空运单据可以注明货物将要或可能转运，只要全程运输由同一空运单据涵盖。

  ii. 即使信用证禁止转运，注明将要或可能发生转运的空运单据仍可接受。

### 第二十四条　公路、铁路或内陆水运单据

a. 公路、铁路或内陆水运单据，无论名称如何，必须看似：

  i. 表明承运人名称，并且
- 由承运人或其具名代理人签署，或者

- 由承运人或其具名代理人以签字、印戳或批注表明货物收讫。

承运人或其具名代理人的售货签字、印戳或批注必须标明其承运人或代理人的身份。

代理人的收获签字、印戳或批注必须标明代理人系代表承运人签字或行事。

如果铁路运输单据没有指明承运人,可以接受铁路运输公司的任何签字或印戳作为承运人签署单据的证据。

ii. 表明货物在信用证规定地点的发运日期,或者收讫代运或代发送的日期。运输单据的出具日期将被视为发运日期,除非运输单据上盖有带日期的收货印戳,或注明了收货日期或发运日期。

iii. 表明信用证规定的发运地及目的地。

b. i. 公路运输单据必须看似为开给发货人或托运人的正本,或没有认可标记表明单据开给何人。

ii. 注明"第二联"的铁路运输单据将被作为正本接受。

iii. 无论是否注明正本字样,铁路或内陆水运单据都被作为正本接受。

c. 如运输单据上未注明出具的正本数量,提交的分数即视为全套正本。

d. 就本条而言,转运是指在信用证规定的发运、发送或运送的地点到目的地之间的运输过程中,在同一运输方式中从一运输工具卸下再装上另一运输工具的行为。

e. i. 只要全程运输由同一运输单据涵盖,公路、铁路或内陆水运单据可以注明货物将要或可能被转运。

ii. 即使信用证禁止转运,注明将要或可能发生转运的公路、铁路或内陆水运单据仍可接受。

### 第二十五条　快递收据、邮政收据或投邮证明

a. 证明货物收讫待运的快递收据,无论名称如何,必须看似:

i. 表明快递机构的名称,并在信用证规定的货物发运地点由该具名快递机构盖章或签字;并且

ii. 表明取件或收件的日期或类似词语。该日期将被视为发运日期。

b. 如果要求显示快递费用付讫或预付,快递机构出具的表明快递费由收货人以外的一方支付的运输单据可以满足该项要求。

c. 证明货物收讫待运的邮政收据或投邮证明,无论名称如何,必须看似在信用证规定的货物发运地点盖章或签署并注明日期。该日期将被视为发运日期。

### 第二十六条　"货装舱面""托运人装载和计数""内容据托运人报称"及运费之外的费用

a. 运输单据不得表明货物装于或者将装于舱面。声明货物可能被装于舱面的运输单据条款可以接受。

b. 载有诸如"托运人装载和计数"或"内容据托运人报称"条款的运输单据可以接受。

c. 运输单据上可以以印戳或其他方式提及运费之外的费用。

### 第二十七条　清洁运输单据

银行只接受清洁运输单据。清洁运输单据指未载有明确宣称货物或包装有缺陷的条款或批注的运输单据。"清洁"一词并不需要在运输单据上出现,即使信用证要求运输单据为"清洁已装船"的。

### 第二十八条　保险单据及保险范围

a. 保险单据,例如保险单或预约保险项下的保险证明书或者声明书,必须看似由保险公司或承保人或其代理人或代表出具并签署。

代理人或代表的签字必须标明其系代表保险公司或承保人签字。

b. 如果保险单据表明其以多份正本出具,所有正本均须提交。

c. 暂保单将不被接受。

d. 可以接受保险单代替预约保险项下的保险证明书或声明书。

e. 保险单据日期不得晚于发运日期,除非保险单据表明保险责任不迟于发运日生效。

f. i. 保险单据必须表明投保金额并以与信用证相同的货币表示。

ii. 信用证对于投保金额为货物价值、发票金额或类似金额的某一比例的要求,将被视为对最低保额的要求。

如果信用证对投保金额未作规定,投保金额须至少为货物的 CIF 或 CIP 价格的 110%。如果从单据中不能确定 CIF 或者 CIP 价格,投保金额必须基于要求承付或议付的金额,或者基于发票上显示的货物总值来计算,两者之中取金额较高者。

iii. 保险单据须标明承包的风险区间至少涵盖从信用证规定的货物监管地或发运地开始到卸货地或最终目的地为止。

g. 信用证应规定所需投保的险别及附加险(如有的话)。如果信用证使用诸如"通常风险"或"惯常风险"等含义不确切的用语,则无论是否有漏保之风险,保险单据将被照样接受。

h. 当信用证规定投保"一切险"时,如保险单据载有任何"一切险"批注或条款,无论是否有"一切险"标题,均将被接受,即使其声明任何风险除外。

i. 保险单据可以援引任何除外责任条款。

j. 保险单据可以注明受免赔率或免赔额(减除额)约束。

**第二十九条　截止日或最迟交单日的顺延**

a. 如果信用证的截止日或最迟交单日适逢接受交单的银行非因第三十六条所述原因而歇业,则截止日或最迟交单日,视何者适用,将顺延至其重新开业的第一个银行工作日。

b. 如果在顺延后的第一个银行工作日交单,指定银行必须在其致开证行或保兑行的面函中声明交单是在根据第二十九条 a 款顺延的期限内提交的。

c. 最迟发运日不因第二十九条 a 款规定的原因而顺延。

**第三十条　信用证金额、数量与单价的增减幅度**

a. "约"或"大约"用语信用证金额或信用证规定的数量或单价时,应解释为允许有关金额或数量或单价有不超过 10% 的增减幅度。

b. 在信用证未以包装单位件数或货物自身件数的方式规定货物数量时,货物数量允许有 5% 的增减幅度,只要总支取金额不超过信用证金额。

c. 如果信用证规定了货物数量,而该数量已全部发运,及如果信用证规定了单价,而该单价又未降低,或当第三十条 b 款不适用时,则即使不允许部分装运,也允许支取的金额有 5% 的减幅。若信用证规定有特定的增减幅度或使用第三十条 a 款提到的用语限定数量,则该减幅不适用。

**第三十一条　分批支款或分批装运**

a. 允许分批支款或分批装运。

b. 表明使用同一运输工具并经由同次航程运输的数套运输单据在同一次提交时,只要显示相同目的地,将不视为部分发运,即使运输单据上标明的发运日期不通或装卸港、接管地或发送地点不同。如果交单由数套运输单据构成,其中最晚的一个发运日将被视为发运日。含有一套或数套运输单据的交单,如果表明在同一种运输方式下经由数件运输工具运输,即使运输工具在同一天出发运往同一目的地,仍将被视为部分发运。

c. 含有一份以上快递收据、邮政收据或投邮证明的交单,如果单据看似由同一块地或邮政机构在同一地点和日期加盖印戳或签字并且表明同一目的地,将不视为部分发运。

### 第三十二条 分期支款或分期装运

如信用证规定在指定的时间段内分期支款或分期发运,任何一期未按信用证规定期限支取或发运时,信用证对该期及以后各期均告失效。

### 第三十三条 交单时间

银行在其营业时间外无接受交单的义务。

### 第三十四条 关于单据有效性的免责

银行对任何单据的形式、充分性、准确性、内容真实性、虚假性或法律效力,或对单据中规定或添加的一般或特殊条件,概不负责;银行对任何单据所代表的货物、服务或其他履约行为的描述、数量、重量、品质、状况、包装、交付、价值或其存在与否,或对发货人、承运人、货运代理人、收货人、货物的保险人或其他任何人的诚信与否,作为或不作为、清偿能力、履约或资信状况,也概不负责。

### 第三十五条 关于信息传递和翻译的免责

当报文、信件或单据按照信用证的要求传输或发送时,或当信用证未作指示,银行自行选择传送服务时,银行对报文传输或信件或单据的递送过程中发生的延误、中途遗失、残缺或其他错误产生的后果,概不负责。

如果指定银行确定交单相符并将单据发往开证行或保兑行。无论指定的银行是否已经承付或议付,开证行或保兑行必须承付或议付,或偿付指定银行,即使单据在指定银行送往开证行或保兑行的途中,或保兑行送往开证行的途中丢失。

银行对技术术语的翻译或解释上的错误,不负责任,并可不加翻译地传送信用证条款。

### 第三十六条 不可抗力

银行对由于天灾、暴动、骚乱、叛乱、战争、恐怖主义行为或任何罢工、停工或其无法控制的任何其他原因导致的营业中断的后果,概不负责。

银行恢复营业时,对于在营业中断期间已逾期的信用证,不再进行承付或议付。

### 第三十七条 关于被指示方行为的免责

a. 为了执行申请人的指示,银行利用其他银行的服务,其费用和风险由申请人承担。

b. 即使银行自行选择了其他银行,如果发出指示未被执行,开证行或通知对此亦不负责。

c. 指示另一银行提供服务的银行有责任负担被执释放因执行指示而发生的任何佣金、手续费、成本或开支("费用")。

如果信用证规定费用由受益人负担,而该费用未能收取或从信用证款项中扣除,开证行依然承担支付此费用的责任。

信用证或其修改不应规定向受益人的通知以通知行或第二通知行收到其费用为条件。

d. 外国法律和惯例加诸于银行的一切义务和责任,申请人应受其约束,并就此对银行负补偿之责。

### 第三十八条 可转让信用证

a. 银行无办理转让信用证的义务,除非该银行明确同意其转让范围和转让方式。

b. 就本条款而言:

转让信用证意指明确表明其"可以转让"的信用证。根据受益人("第一受益人")的请求,转让信用证可以被全部或部分地转让给其他受益人("第二受益人")。

转让银行意指办理信用证转让的被指定银行,或者,在适用于任何银行的信用证中,转让银行是由开证行特别授权并办理转让信用证的银行。开证行也可担任转让银行。

转让信用证意指经转让银行办理转让后可供第二受益人使用的信用证。

c. 除非转让时另有约定,所有因办理转让而产生的费用(诸如佣金、手续费、成本或开支)必须由第一受益人支付。

d. 倘若信用证允许分批支款或分批装运,信用证可以被部分地转让给一个以上的第二受益人。第二受益人不得要求将信用证转让给任何次序位居其后的其他受益人。第一受益人不属于此类其他受益人之列。

e. 任何有关转让的申请必须指明是否以及在何种条件下可以将修改通知第二受益人。转让信用证必须明确指明这些条件。

f. 如果信用证被转让给一个以上的第二受益人,其中一个或多个第二受益人拒绝接受某个信用证修改并不影响其他第二受益人接受修改。对于接受修改的第二受益人而言,信用证已做相应的修改;对于拒绝接受修改的第二受益人而言,该转让信用证仍未被修改。

g. 转让信用证必须准确转载原证的条款及条件,包括保兑(如有),但下列项目除外:

- 信用证金额,
- 信用证规定的任何单价,
- 到期日,
- 单据提示期限
- 最迟装运日期或规定的装运期间。

以上任何一项或全部均可减少或缩短。

必须投保的保险金额的投保比例可以增加,以满足原信用证或本惯例规定的投保金额。

可以用第一受益人的名称替换原信用证中申请人的名称。

如果原信用证特别要求开证申请人名称应在除发票以外的任何单据中出现时,则转让信用证必须反映出该项要求。

h. 第一受益人有权以自己的发票和汇票(如有),替换第二受益人的发票和汇票(如有),其金额不得超过原信用证的金额。在如此办理单据替换时,第一受益人可在原信用证项下支取自己发票与第二受益人发票之间产生的差额(如有)。

i. 如果第一受益人应当提交其自己的发票和汇票(如有),但却未能在收到第一次要求时照办;或第一受益人提交的发票导致了第二受益人提示的单据中本不存在的不符点,而其未能在收到第一次要求时予以修正,则转让银行有权将其从第二受益人处收到的单据向开证行提示,并不再对第一受益人负责。

j. 第一受益人可以在其提出转让申请时,表明可在信用证被转让的地点,在原信用证的到期日之前(包括到期日)向第二受益人予以兑付或议付。本条款并不损害第一受益人在第三十八条(h)款下的权利。

k. 由第二受益人或代表第二受益人提交的单据必须向转让银行提示。

**第三十九条　款项让渡**

信用证未表明可转让,并不影响受益人根据所适用的法律规定,将其在该信用证项下有权获得的款项让渡与他人的权利。本条款所涉及的仅是款项的让渡,而不是信用证项下执行权力的让渡。

(2006年修订本,自2007年7月1日生效。)

# 附录十二 《见索即付保函统一规则》

（国际商会第 758 号出版物）

**第 1 条　URDG 的适用范围**

a. 见索即付保函统一规则（简称"URDG"）适用于任何明确表明适用本规则的见索即付保函或反担保函。除非见索即付保函或反担保函对本规则的内容进行了修改或排除，本规则对见索即付保函或反担保函的所有当事人均具约束力。

b. 如果应反担保人的请求，开立的见索即付保函适用 URDG，则反担保函也应适用 URDG，除非该反担保函明确排除适用 URDG。但是，见索即付保函并不仅因反担保函适用 URDG 而适用 URDG。

c. 如果应指示方的请求或经其同意，见索即付保函或反担保函根据 URDG 开立，则视为指示方已经接受了本规则明确规定的归属于指示方的权利和义务。

d. 如果 2010 年 7 月 1 日或该日期之后开立的见索即付保函或反担保函声明其适用 URDG，但未声明是适用 1992 年本还是 2010 年修订本，亦未表明出版物编号，则该见索即付保函或反担保函应适用 URDG2010 年修订本。

**第 2 条　定义**

在本规则中：

通知方指应担保人的请求对保函进行通知的一方；

申请人指保函中表明的、保证其承担基础关系项下义务的一方。申请人可以是指示方，也可以不是指示方；

申请指开立保函的请求；

经验证的当适用于电子单据时，指该单据的接收人能够验证发送人的表面身份以及所收到的信息是否完整且未被更改；

受益人指接受保函并享有其利益的一方；

营业日指为履行受本规则约束的行为的营业地点通常开业的一天；

费用指适用本规则的保函项下应支付给任何一方的佣金、费用、成本或开支；

相符索赔指满足"相符交单"要求的索赔；

相符交单保函项下的相符交单，指所提交单据及其内容首先与该保函条款和条件相符，其次与该保函条款和条件一致的本规则有关内容相符，最后在保函及本规则均无相关规定的情况下，与见索即付保函国际标准实务相符；

反担保函无论其如何命名或描述，指由反担保人提供给另一方，以便该另一方开立保函或另一反担保函的任何签署的承诺，反担保人承诺在其开立的反担保函项下，根据该受益人提交的相符索赔进行付款；

反担保人指开立反担保函的一方，可以是以担保人为受益人或是以另一反担保人为受益人，也包括为自己开立反担保函的情况；

索赔指在保函项下受益人签署的要求付款的文件；

见索即付保函或保函无论其如何命名或描述，指根据提交的相符索赔进行付款的任何签署的承诺；

单据指经签署或未经签署的纸质或电子形式的信息记录,只要能够由接收单据的一方以有形的方式复制。在本规则中,单据包括索赔书和支持声明;

失效指失效日或失效事件,或两者均被约定情况下的较早发生者;

失效日指保函中指明的最迟交单日期;

失效事件指保函条款中约定导致保函失效的事件,无论是在该事件发生之后立即失效,还是此后指明的一段时间内失效。失效事件只有在下列情况下才视为发生:

a. 保函中指明的表明失效事件发生的单据向担保人提交之时;或者

b. 如果保函中没有指明该种单据,则当根据担保人自身记录可以确定失效事件已经发生之时。

保函参见见索即付保函;

担保人指开立保函的一方,包括为自己开立保函的情况;

担保人自身记录指在担保人处所开立账户的借记或贷记记录,这些借记或贷记记录能够让担保人识别其所对应均保函;

指示方指担保人之外的,发出开立保函或反担保函指示并向担保人(或者反担保函情况下向反担保人)承担赔偿责任的一方。指示方可以是申请人,也可以不是申请人;

交单指根据保函向担保人提交单据的行为或依此交付的单据。交单包括索赔目的之外的交单,例如,为了保函效期或金额变动的交单;

交单人指作为受益人或代表受益人进行交单的人,或在适用情况下,作为申请人或代表申请人进行交单的人;

签署当适用于单据、保函或反担保函时,指其正本经出具人签署或出具人的代表人签署,既可以用电子签名(只要能被单据、保函或反担保函的接收人验证),也可以用手签、摹样签字、穿孔签字、印戳、符号或其他机械验证的方式签署;

支持声明指第 15 条 a 款或第 15 条 b 款所引述的声明文件;

基础关系指保函开立所基于的申请人与受益人之间的合同、招标条件或其他关系。

**第 3 条 解释**

就本规则而言,

a. 担保人在不同国家的分支机构视为不同的实体。

b. 除非另有规定,保函包括反担保函以及保函和反担保函的任何修改书,担保人包括反担保人,受益人包括因反担保函开立而受益的一方。

c. 关于提交一份或多份电子单据正本或副本的任何要求在提交一份电子单据时即为满足。

d. 在表明任何期间的起始、结束或持续时,

i. 词语"从……开始"(from)、"至"(to)、"直至"(until, till)及"在……之间"(between),包括所提及的日期;

ii. 词语"在……之前"(before)以及"在……之后"(after),不包括所提及的日期。

e. 词语"在……之内"(within)用来描述某个具体日期或事件之后的一段期间时,不包括该日期或该事件的日期,但包括该期间的最后一日。

f. 如用"第一流的""著名的""合格的""独立的""正式的""有资格的"或"本地的"等词语用来描述单据的出具人时,允许除受益人或申请人之外的任何人出具该单据。

**第 4 条 开立和生效**

a. 保函一旦脱离担保人的控制即为开立。

b. 保函一旦开立即不可撤销,即使保函中并未声明其不可撤销。

c. 受益人有权自保函开立之日或保函约定的开立之后的其他日期或事件之日起提交索赔。

**第 5 条 保函和反担保函的独立性**

a. 保函就其性质而言,独立于基础关系和申请,担保人完全不受这些关系的影响或约束。保函中为了指明所对应的基础关系而予以引述,并不改变保函的独立性。担保人在保函项下的付款义务,不受任何关系项下产生的请求或抗辩的影响,但担保人与受益人之间的关系除外。

b. 反担保函就其性质而言,独立于其所相关的保函、基础关系、申请及其他任何反担保函,反担保人完全不受这些关系的影响或约束。反担保函中为了指明所对应的基础关系而予以引述,并不改变反担保函的独立性。反担保人在反担保函项下的付款义务,不受任何关系项下产生的请求或抗辩的影响,但反担保人与担保人或该反担保函向其开立的其他反担保人之间的关系除外。

**第 6 条 单据与货物、服务或履约行为**

担保人处理的是单据,而不是单据可能涉及的货物、服务或履约行为。

**第 7 条 非单据条件**

除日期条件之外,保函中不应约定一项条件,却未规定表明满足该条件要求的单据。如果保函中未指明这样的单据,并且根据担保人自身记录或者保函中指明的指数也无法确定该条件是否满足,则担保人将视该条件未予要求并不予置理,除非为了确定保函中指明提交的某个单据中可能出现的信息是否与保函中的信息不存在矛盾。

**第 8 条 指示和保函的内容**

开立保函的指示以及保函本身都应该清晰、准确,避免加列过多细节。建议保函明确如下内容:

a. 申请人;

b. 受益人;

c. 担保人;

d. 指明基础关系的编号或其他信息;

e. 指明所开立的保函,或者反担保函情况下所开立的反担保函的编号或其他信息;

f. 赔付金额或最高赔付金额以及币种;

g. 保函的失效;

h. 索赔条件;

i. 索赔书或其他单据是否应以纸质和/或电子形式进行提交;

j. 保函中规定的单据所使用的语言,以及

k. 费用的承担方。

**第 9 条 未被执行的申请**

担保人在收到开立保函的申请,而不准备或无法开立保函时,应毫不延迟地通知向其发出指示的一方。

**第 10 条 保函或保函修改书的通知**

a. 保函可由通知方通知给受益人。无论是对保函直接进行通知,还是利用其他人(第二通知方)的服务进行通知,通知方都向受益人(以及适用情况下的第二通知方)表明,其确信保函的表面真实性,并且该通知准确反映了其所收到的保函条款。

b. 当第二通知方对保函进行通知时,应向受益人表明,其确信所收到的通知的表面真实性,并且该通知准确反映了其所收到的保函条款。

c. 通知方或第二通知方通知保函，不对受益人承担任何额外的责任或义务。

d. 如果一方被请求对保函或保函修改书进行通知但其不准备或无法进行通知时，则应毫不延迟地通知向其发送保函、保函修改书或通知的一方。

e. 如果一方被请求对保函进行通知并同意予以通知，但无法确信该保函或通知的表面真实性，则其应毫不延迟地就此通知向其发出该指示的一方。如果通知方或第二通知方仍然选择通知该保函，则其应通知受益人或第二通知方其无法确信该保函或通知的表面真实性。

f. 担保人利用通知方或第二通知方的服务对保函进行通知，以及通知方利用第二通知方的服务对保函进行通知的，在尽可能的情况下，应经由同一人对该保函的任何修改书进行通知。

### 第11条　修改

a. 当收到保函修改的指示后，担保人不论因何原因，不准备或无法作出该修改时，应毫不延迟地通知向其发出指示的一方。

b. 保函修改未经受益人同意，对受益人不具有约束力。但是，除非受益人拒绝该修改，担保人自修改书出具之时起即不可撤销地受其约束。

c. 根据保函条款作出的修改外，在受益人表示接受该修改或者作出仅符合修改后保函的交单之前，受益人可以在任何时候拒绝保函修改。

d. 通知方应将受益人接受或拒绝保函修改书的通知毫不延迟地通知给向其发送修改书的一方。

e. 对同一修改书的内容不允许部分接受，部分接受将视为拒绝该修改的通知。

f. 修改书中约定"除非在指定时间内拒绝否则该修改将生效"的条款应不予置理。

### 第12条　保函项下担保人的责任范围

担保人对受益人仅根据保函条款以及与保函条款相一致的本规则有关内容，承担不超过保函金额的责任。

### 第13条　保函金额的变动

保函可以约定在特定日期或发生特定事件时，保函金额根据保函有关条款减少或增加。只有在下列情况下该特定事件才视为已经发生：

a. 当保函中规定的表明该事件发生的单据向担保人提交之时，或者

b. 如果保函中没有规定该单据，则根据担保人自身记录或保函中指明的指数可以确定该事件发生之时。

### 第14条　交单

a. 向担保人交单应：

i. 在保函开立地点或保函中指明的其他地点，并且

ii. 在保函失效当日或之前。

b. 交单时单据必须完整，除非明确表示此后将补充其他单据。在后一种情况下，全部单据应在保函失效当日或之前提交。

c. 如果保函表明交单应采用电子形式，则保函中应指明交单的文件格式、信息提交的系统以及电子地址。如果保函中没有指明，则单据的提交可采用能够验证的任何电子格式或者纸质形式。不能验证的电子单据视为未被提交。

d. 如果保函表明交单应采用纸质形式并以特定方式交付，但并未明确排除使用其他交付方式，则交单人使用其他交付方式也应有效，只要所交单据在本条a款规定的地点和时间被收到。

e. 如果保函没有表明交单是采用纸质形式还是电子形式,则应采用纸质形式交单。

f. 每次交单都应指明其所对应的保函,例如标明担保人的保函编号。否则,第20条中规定的审单时间应自该事项明确之日起开始计算。本款规定不应导致保函的展期,也不对第15条a款或第15条b款关于任何单独提交的单据也要指明所对应的索赔书的要求构成限制。

g. 除非保函另有约定,受益人或申请人出具的,或代表其出具的单据,包括任何索赔书及支持声明,使用的语言都应与该保函的语言一致。其他人出具的单据可使用任何语言。

### 第15条 索赔要求

a. 保函项下的索赔,应由保函所指明的其他单据所支持,并且在任何情况下均应辅之以一份受益人声明,表明申请人在哪些方面违反了基础关系项下的义务。该声明可以在索赔书中作出,也可以在一份单独签署的随附于该索赔书的单据中作出,或在一份单独签署的指明该索赔书的单据中作出。

b. 反担保函项下的索赔在任何情况下均应辅之以一份反担保函向其开立的一方的声明,表明在其开立的保函或反担保函项下收到了相符索赔。该声明可以在索赔书中作出,也可以在一份单独签署的随附于该索赔书的单据中作出,或在一份单独签署的指明该索赔书的单据中作出。

c. 本条a款或b款中有关支持声明的要求应予适用,除非保函或反担保函明确排除该要求。"第15条a、b款中的支持声明不予适用"等类似表述即满足本款要求。

d. 索赔书或支持声明的出单日期不能早于受益人有权提交索赔的日期。其他单据的出单日期可以早于该日期。索赔书或支持声明或其他单据的出单日期均不得迟于其提交日期。

### 第16条 索赔通知

担保人应毫不延迟地将保函项下的任何索赔和作为替代选择的任何展期请求通知指示方,或者适用情况下的反担保人。反担保人应毫不延迟地将反担保函项下的任何索赔和作为替代选择的任何展期请求通知指示方。

### 第17条 部分索赔和多次索赔;索赔的金额

a. 一项索赔可以少于可用的全部金额("部分索赔")。

b. 可以提交一次以上的索赔("多次索赔")。

c. "禁止多次索赔"的用语或类似表述,表示只能就可用的全部或部分金额索赔一次。

d. 如果保函约定只能进行一次索赔,而该索赔被拒绝,则可以在保函失效当日或之前再次索赔。

e. 一项索赔是不相符的索赔,如果:

i. 索赔超过了保函项下可用的金额,或者

ii. 保函要求的任何支持声明或其他单据所表明的金额合计少于索赔的金额。

与此相反,任何支持声明或其他单据表明的金额多于索赔的金额并不能使索赔成为不相符的索赔。

### 第18条 索赔的相互独立性

a. 提出一项不相符索赔或者撤回一项索赔并不放弃或损害及时提出另一项索赔的权利,无论保函是否禁止部分或多次索赔。

b. 对一项不相符索赔的付款,并不放弃对其他索赔必须是相符索赔的要求。

### 第19条 审单

a. 担保人应仅基于交单本身确定其是否表面上构成相符交单。

b. 保函所要求的单据的内容应结合该单据本身、保函和本规则进行审核。单据的内容无需与该单据的其他内容、其他要求的单据或保函中的内容等同一致,但不得矛盾。

c. 如果保函要求提交一项单据,但没有约定该单据是否需要签署、由谁出具或签署以及其内容,则:

i. 担保人将接受所提交的该单据,只要其内容看上去满足保函所要求单据的功能并在其他方面与第19条b款相符,并且

ii. 如果该单据已经签署,则任何签字都是可接受的,也没有必要表明签字人的名字或者职位。

d. 如果提交了保函并未要求或者本规则并未提及的单据,则该单据将不予置理,并可退还交单人。

e. 担保人无需对受益人根据保函中列明或引用的公式进行的计算进行重新计算。

f. 保函对单据有需履行法定手续、签证、认证或其他类似要求的,则表面上满足该要求的任何签字、标记、印戳或标签等应被担保人视为已满足。

**第 20 条 索赔的审核时间及付款**

a. 如果提交索赔时没有表明此后将补充其他单据,则担保人应从交单翌日起五个营业日内审核该索赔并确定该索赔是否相符。这一期限不因保函在交单日当日或之后失效而缩短或受影响。但是,如果提交索赔时表明此后将补充其他单据,则可以到单据补充完毕之后再进行审核。

b. 一旦担保人确定索赔是相符的,就应当付款。

c. 付款应在开立保函的担保人或开立反担保函的反担保人的分支机构或营业场所的所在地点,或者保函或反担保函中表明的其他地点("付款地")进行。

**第 21 条 付款的货币**

a. 担保人应按照保函中指明的货币对相符索赔进行付款。

b. 如果在保函项下的任何付款日,

i. 由于无法控制的障碍,担保人不能以保函中指明的货币进行付款,或者

ii. 根据付款地的法律规定使用该指明的货币付款是不合法的,

则担保人应以付款地的货币进行付款,即使保函表明只能以保函中指明的货币进行付款。以该种货币付款对指示方,或者反担保函情况下的反担保人具有约束力。担保人或者反担保人,可以选择以该付款的货币,或者以保函中指明的货币获得偿付,或者在反担保函的情况下,以反担保函中指明的货币获得偿付。

c. 根据b款规定以付款地的货币付款或偿付时,应以应付日该地点可适用的通行汇率进行兑付。但是,如果担保人未在应付日进行付款,则受益人可以要求按照应付日或者实际付款日该地点可适用的通行汇率进行兑付。

**第 22 条 相符索赔文件副本的传递**

担保人应将相符索赔书及其他任何有关单据的副本毫不延迟地传递给指示方,或者在适用的情况下,传递给反担保人以转交给指示方。但是,反担保人,或在适用情况下的指示方,都不应在此传递过程中制止付款或偿付。

**第 23 条 展期或付款**

a. 当一项相符索赔中包含作为替代选择的展期请求时,担保人有权在收到索赔翌日起不超过三十个日历日的期间内中止付款。

b. 当中止付款之后,担保人在反担保函项下提出一项相符索赔,其中包含作为替代选择的

展期请求时,反担保人有权中止付款,该中止付款期间不超过保函项下的中止付款期间减四个日历日。

c. 担保人应毫不延迟地将保函项下的中止付款期间通知指示方,或者反担保函情况下的反担保人。反担保人即应将保函项下的该中止付款和反担保函项下的任何中止付款通知指示方。按本条规定行事即尽到了第16条规定的通知义务。

d. 在本条a款或b款规定的期限内,如果索赔中请求的展期期间或者索赔方同意的其他展期期间已获满足,则该索赔视为已被撤回。如果该展期期间未获满足,则应对该相符索赔予以付款,而无需再次索赔。

e. 即使得到展期指示,担保人或反担保人仍可拒绝展期,并应当付款。

f. 担保人或反担保人应将其在d款项下进行展期或付款的决定,毫不延迟地通知给予其指示的一方。

g. 担保人和反担保人对根据本条中止付款均不承担任何责任。

**第24条　不相符索赔、不符点的放弃及通知**

a. 当担保人确定一项索赔不是相符索赔时,其可以拒绝该索赔,或者自行决定联系指示方,或者反担保函情况下的反担保人,放弃不符点。

b. 当反担保人确定反担保函项下的一项索赔不是相符索赔时,可以拒绝该索赔,或者自行决定联系指示方,放弃不符点。

c. 本条a款或b款的规定都不延长第20条中规定的期限,也不免除第16条中的要求。获得反担保人或指示方对不符点的放弃,并不意味着担保人或反担保人有义务放弃不符点。

d. 当担保人拒绝赔付时,应就此向索赔提交人发出一次性的拒付通知。该通知应说明:

i. 担保人拒绝赔付,以及

ii. 担保人拒绝赔付的每个不符点。

e. 本条d款所要求的通知应毫不延迟地发出,最晚不得迟于交单日翌日起第五个营业日结束之前。

f. 如果担保人未能按照本条d款或e款的规定行事,则其将无权宣称索赔书以及任何相关单据不构成相符索赔。

g. 担保人在提交了本条d款中要求的通知之后,可以在任何时候将任何纸质的单据退还交单人,并以自认为适当的任何方式处置有关电子记录而不承担任何责任。

h. 就本条d款、f款和g款而言,"担保人"包括"反担保人"。

**第25条　减额与终止**

a. 保函的可付金额应根据下列情况而相应减少:

i. 保函项下已经支付的金额,

ii. 根据第13条所减少的金额,或者

iii. 受益人签署的部分解除保函责任的文件所表明的金额。

b. 无论保函文件是否退还担保人,在下列情况下保函均应终止:

i. 保函失效,

ii. 保函项下已没有可付金额,或者

iii. 受益人签署的解除保函责任的文件提交给担保人。

c. 如果保函或反担保函既没有规定失效日,也没有规定失效事件,则保函应自开立之日起三年之后终止,反担保函应自保函终止后三十个日历日之后终止。

　　d. 如果保函的失效日不是索赔提交地点的营业日,则失效日将顺延到该地点的下一个营业日。

　　e. 如果担保人知悉保函由于上述 b 款规定的任一原因而终止,则除非因失效日届至,担保人应将该情况毫不延迟地通知指示方,或者适用情况下的反担保人,在后一种情况下,反担保人也应将该情况毫不延迟地通知指示方。

**第 26 条　不可抗力**

　　a. 在本条中,"不可抗力"指由于天灾、暴动、骚乱、叛乱、战争、恐怖主义行为或担保人或反担保人无法控制的任何原因而导致担保人或反担保人与本规则有关的营业中断的情况。

　　b. 如果由于不可抗力导致保函项下的交单或付款无法履行,在此期间保函失效,则:

　　i. 保函及反担保函均应自其本应失效之日起展期三十个日历日,担保人在可行的情况下应立即通知指示方,或者反担保函情况下的反担保人,有关不可抗力及展期的情况,反担保人也应同样通知指示方;

　　ii. 不可抗力发生之前已经交单但尚未审核的,第 20 条规定的审核时间的计算应予中止,直至担保人恢复营业;以及

　　iii. 保函项下的相符索赔在不可抗力发生之前已经提交但由于不可抗力尚未付款的,则不可抗力结束之后应予付款,即使该保函已经失效,在此情况下担保人有权在不可抗力结束之后三十个日历日之内在反担保函项下提交索赔,即使该反担保函已经失效。

　　c. 如果由于不可抗力导致反担保函项下的交单或付款无法履行,在此期间反担保函失效,则:

　　i. 反担保函应自反担保人通知担保人不可抗力结束之日起展期三十个日历日。同时反担保人应将不可抗力及展期的情况通知指示方;

　　ii. 不可抗力发生之前已经交单但尚未审核的,第 20 条规定的审核时间的计算应予中止,直至反担保人恢复营业;以及

　　iii. 反担保函项下的相符索赔在不可抗力发生之前已经提交但由于不可抗力尚未付款的,则不可抗力结束之后应予付款,即使该反担保函已经失效。

　　d. 根据本条规定进行的任何展期、中止或付款均对指示方有约束力。

　　e. 担保人和反担保人对于不可抗力的后果不承担进一步的责任。

**第 27 条　关于单据有效性的免责**

　　担保人不予承担的责任和义务:

　　a. 向其提交的任何签字或单据的形式、充分性、准确性、真实性、是否伪造或法律效力;

　　b. 所接收到的单据中所作或添加的一般或特别声明;

　　c. 向其提交的任何单据所代表的或引述的货物、服务或其他履约行为或信息的描述、数量、重量、品质、状况、包装、交付、价值或其存在与否;以及

　　d. 向其提交的任何单据的出具人或所引述的其他任何身份的人的诚信、作为与否、清偿能力、履约或资信状况。

**第 28 条　关于信息传递和翻译的免责**

　　a. 当单据按照保函的要求传递或发送时,或当保函未作指示,担保人自行选择传送服务时,担保人对单据传送过程中发生的延误、中途遗失、残缺或其他错误产生的后果,不予负责。

　　b. 担保人对于技术术语的翻译或解释上的错误,不予负责,并可不加翻译地传递保函整个文本或其任何部分。

**第 29 条 关于使用其他方服务的免责**

为了执行指示方或反担保人的指示,担保人利用其他方的服务,有关费用和风险均由指示方或反担保人承担。

**第 30 条 免责的限制**

担保人未依诚信原则行事的情况下,第 27 条到第 29 免责条款不适用。

**第 31 条 有关外国法律和惯例的补偿**

指示方,或反担保函情况下的反担保人,应就外国法律和惯例加诸于担保人的一切义务和责任对担保人进行补偿,包括外国法律和惯例的有关内容取代了保函或反担保函有关条款的情况。反担保人依据本条款补偿了担保人之后,指示方应对反担保人予以补偿。

**第 32 条 费用的承担**

a. 指示其他方在本规则下提供服务的一方有责任负担被指示方因执行指示而产生的费用。

b. 如果保函表明费用由受益人负担,但该费用未能收取,则指示方仍有责任支付该费用。如果反担保函表明保函有关的费用由受益人负担,但该费用未能收取,则反担保人仍有责任向担保人支付该费用,而指示方有责任向反担保人支付该费用。

c. 担保人或任何通知方都不得要求保函或对保函的任何通知或修改以担保人或通知方收到其费用为条件。

**第 33 条 保函转让与款项让渡**

a. 保函只有特别声明"可转让"方可转让,在此情况下,保函可以就转让时可用的全部金额多次转让。反担保函不可转让。

b. 即使保函特别声明是可转让的,保函开立之后担保人没有义务必须执行转让保函的要求,除非是按担保人明确同意的范围和方式进行的转让。

c. 可转让的保函是指可以根据现受益人("转让人")的请求而使担保人向新受益人("受让人")承担义务的保函。

d. 下列规定适用于保函的转让:

 i. 被转让的保函应包括截至转让之日,转让人与担保人已经达成一致的所有保函修改书;以及

 ii. 除了上述 a 款、b 款和 d 款项下(1)节规定的条件之外,可转让保函只有在转让人向担保人提供了经签署的声明,表明受让人已经获得转让人在基础关系项下权利和义务的情况下,才能被转让。

e. 除非转让时另有约定,转让过程中发生的所有费用,都应由转让人支付。

f. 在被转让的保函项下,索赔书以及任何支持声明都应由受让人签署。除非保函另有约定,在其他任何单据上可以用受让人的名字和签字取代转让人的名字和签字。

g. 无论保函是否声明其可转让,根据可适用法律的规定:

 i. 受益人可以将其在保函项下可能有权或可能将要有权获得的任何款项让渡给他人;

 ii. 但是,除非担保人同意,否则担保人没有义务向被让渡人支付该款项。

**第 34 条 适用法律**

a. 除非保函另有约定,保函的适用法律应为担保人开立保函的分支机构或营业场所所在地的法律。

b. 除非反担保函另有约定,反担保函的适用法律应为反担保人开立反担保函的分支机构或营业场所所在地的法律。

### 第 35 条　司法管辖

a. 除非保函另有约定,担保人与受益人之间有关保函的任何争议应由担保人开立保函的分支机构或营业场所所在地有管辖权的法院专属管辖。

b. 除非反担保函另有约定,反担保人与担保人之间有关反担保函的任何争议应由反担保人开立反担保函的分支机构或营业场所所在地有管辖权的法院专属管辖。

### 附录

**适用 URDG758 的见索即付保函格式**

[担保人的信头或 SWIFT 标识代码]

致:[填写受益人的名称和联系信息]

日期:[填写开立日期]

保函种类:[标明是投标保函、预付款保函、履约保函、付款保函、留置金保函、质量保函等]

保函编号:[填写保函相关编号]

担保人:[填写名称及保函开立地址、除非在信头已表明]

申请人:[填写申请人的名称及地址]

受益人:[填写受益人的名称及地址]

基础关系:申请人关于[填写保函所基于的申请人与受益人之间的合同、招标条件、或其他关系的编号或其他信息]项下的义务

保函的金额与币种:[填写保函最高赔付的大小写金额及币种]

除下文明确要求的支持声明外,还需提交的任何支持索赔的单据:[填写需提交的任何支持索赔的附加单据。如果保函不需提交除索赔书和支持声明外的任何附加单据,此处空白或填写"没有"]

需提交单据的语言:[填写需提交单据的语言。除非另有规定,申请人或受益人出具单据使用的语言应与保函的语言一致。]

交单形式:[填写纸质形式或电子形式。如采用纸质形式,需指明交付方式。如采用电子形式,需指明交单的文件格式、信息提交的系统以及电子地址。]

交单地点:[采用纸质形式交单的情况下,担保人指明单据提交到其分支机构的地址;采用电子形式交单的情况下,指明电子地址,如担保人的 SWIFT 地址。如果本栏位未填写交单地点,则交单地点为前文中担保人开立保函的地点]

失效:[填写失效日期或描述失效事件]

费用的承担方:[填写费用承担方的名称]

作为担保人,我们在此不可撤销地承诺,在收到受益人提交的相符索赔后,向受益人支付最高不超过保函金额的任何款项。索赔应按上述交单形式提交,并随附前文列明的可能需提交的其他支持索赔的单据,并且在任何情况下提交一份受益人的声明,声明申请人在哪些方面违反了基础关系项下的义务。受益人的声明可以在索赔书中作出,也可以在一份单独签署的随附于该索赔书的单据中作出,或是在一份单独签署的指明该索赔书的单据中作出。

保函项下的任何索赔必须在前文规定的失效当日或之前,于前文指明的交单地点被我们收到。

本保函适用《见索即付保函统一规则(URDG)》2010 年修订本,国际商会第 758 号出版物。

签字

**可加入见索即付保函格式中的选择性条款**

可以提交索赔的起始时间如不同于保函开立之日:

本保函项下的索赔可以自[指明日期之日起,或事件如:]提交

——申请人在担保人处所开立账户[指明账户号码]收到[填写将收到预付款的币种及准确金额],这些汇款应标明其所对应的保函;

——担保人收到[填写将收到预付款的币种及准确金额],并将贷记申请人在担保人处所开立的账户[指明账户号码],这些汇款应标明其所对应是保函;* 或

——向担保人提交一份声明,声明[投标保函已释放][满足下列条件的跟单信用证已开出:指明金额、开证方或保兑方及货物或服务的描述]或者[基础合同生效]。

金额变动条款

○ 保函金额可根据[选择下列一个或多个选项:]减少[填写保函金额的百分比或准确金额和币种]

——向担保人提交下列单据:[填写单据清单];

——在保函中指明的指数导致减额的情况下[填写导致保函金额减少的指数数值];或

——(在付款保函的情况下):汇款[填写准确金额和币种]

至受益人在担保人处所开立的账户[指名账户号码],这些汇款记录应能够让担保人识别出其所对应的保函(例如:援引保函相关编号)。

○ 保函金额可根据[选择下列一个或多个选项]增加[填写保函金额的百分比或准确金额和币种]

——向担保人提交下列单据:[填写单据清单]

——向担保人提交申请人的声明,声明由于基础合同扩大了工程范围或增加了工程价值,并指明新的工程价值的金额及币种;或

——在保函中指明的指数导致增额的情况下[填写导致保函金额增额的指数数值]。

受益人所提交的关于第 15 条 a 款中支持声明的示范条款:

○ 在投标保函的情况下,支持声明可声明:

申请人:

——在标期内撤标,或

——作为公告的中标人,申请人没有根据投标要约签订合同和/或没有按招标文件提供所要求的保函。

○ 在履约保函的情况下,支持声明可声明:

申请人因[晚交付][未按期完成合同履约][合同项下规定提供的货物数量不足][交付的工程有质量缺陷]等违反了基础关系项下的义务。

○ 在付款保函的情况下,支持声明可声明:

申请人没有履行合同付款义务。

○ 起草其他类型保函(预付款,留置金,交货,质量,维修等)项下的支持声明,可以使用概括性的表述,而无需受益人证实索赔,或在保函本身没有明确要求的情况下,无需提供违约的技术细节。

**适用 URDG758 的见索即付反担保函格式**

[反担保人的信头或 SWIFT 标识代码]

致:[填写担保人的名称和联系信息]

日期：[填写开立日期]

请按照以下文本向受益人开出你方保函，相关责任由我们承担：

[引用以下适用URDG758的见索即付保函格式，提供保函的简要信息或采用你方认为适用的保函格式]

保函种类：[标明是投标保函、预付款保函、履约保函、付款保函、留置金保函、质量保函等]

保函编号：[担保人填写保函相关编号]

担保人：[担保人填写名称及保函开立地址，除非在前文已表明]

申请人：[填写申请人的名称及地址]

受益人：[填写受益人的名称及地址]

基础关系：申请人关于[填写保函所基于的申请人与受益人之间的合同、招标条件、或其他关系的编号或其他信息]项下的义务

保函的金额与币种：[填写保函最高赔付的大小写金额及币种]

除下文明确要求的支持声明外，还需提交的任何支持索赔的单据：[填写需提交的任何支持索赔的附加单据。如果保函不需提交除索赔书和支持声明外的任何附加单据，此处空白或填写"没有"]

需提交单据的语言：[填写需提交单据的语言。除非另有规定，申请人或受益人出具单据使用的语言应与保函的语言一致]

交单形式：[填写纸质形式或电子形式。如采用纸质形式，需指明交付方式。如采用电子形式，需指明交单的文件格式、信息提交的系统以及电子地址]

交单地点：[采用纸质形式交单的情况下，担保人指明单据提交到其分支机构的地址；采用电子形式交单的情况下，指明电子地址，如担保人的SWIFT地址。如果本栏位未填写交单地点，则交单地点为前文中担保人开立保函的地点]

失效：[填写失效日期或描述失效事件]

费用的承担方：[填写费用承担方的名称]

作为担保人，我们在此不可撤销地承诺；在收到受益人提交的相符索赔后，向受益人支付最高不超过保函金额的任何款项。索赔应按上述交单形式提交，并随附前文列明的可能需提交的其他支持索赔的单据，并且在任何情况下提交一份受益人的声明，声明申请人在哪些方面违反了基础关系项下的义务。受益人的声明可以在索赔书中作出，也可以在一份单独签署的随附于该索赔书的单据中作出，或是在一份单独签署的指明该索赔书的单据中作出。

保函项下的任何索赔必须在前文规定的失效当日或之前，于前文指明的交单地点被我们收到。

本保函适用《见索即付保函统一规则(URDG)》2010年修订本，国际商会第758号出版物。

[引用结束]

作为反担保人，我们在此不可撤销地承诺，在收到担保人的相符索赔后，向担保人支付最高不超过下文所述反担保函金额的任何款项。索赔应按后文规定的交单形式提交，并随附担保人的声明，声明担保人在保函项下已收到相符索赔。担保人的声明可以在索赔书中作出，也可以在一份单独签署的随附于该索赔书的单据中作出，或是在一份单独签署的指明该索赔书的单据中作出。

反担保函项下的任何索赔必须在后文规定的失效当日或之前，于后文指明的交单地点被我们收到。

反担保函编号：[填写反担保函相关编号]

反担保人：[填写名称及保函开立地址,除非在信头已表明]

担保人：[填写担保人的名称及保函开立地址]

反担保函的金额与币种：[填写反担保函最高赔付的大小写金额及币种]

交单形式：[填写纸质形式或电子形式。如采用纸质形式,需指明交付方式。如采用电子形式,需指明交单的文件格式、信息提交的系统以及电子地址]

交单地点：[采用纸质形式交单的情况下,反担保人指明单据提交到其分支机构的地址;采用电子形式交单的情况下,指明电子地址,如反担保人的 SWIFT 地址。如果本栏位未填写交单地点,则交单地点为前文中反担保人开立保函的地点]

反担保函失效：[填写失效日期或描述失效事件。注意反担保函的失效因包含邮递期而通常晚于保函失效]

费用的承担方：[填写费用承担方的名称,通常由反担保人承担]

担保人在开出保函后应向反担保人确认。

本反担保函适用《见索即付保函统一规则(URDG)》2010 年修订本,国际商会第 758 号出版物。

签字

**国际商会保函专项工作组工作章程**

1. 保函专项工作组是由国际商会设立的专家组,致力于收集整理与国际保函实务有关的建议和制定新政策。该专项工作组的首轮任期为三年。到期后,除非由保函专项工作组或国际商会银行委员会投票决定将其解散,否则保函专项工作组的任期将每三年一任期自动延展下去。

2. 保函专项工作组的成员主要来自国际商会银行委员会、商业法律与惯例委员会和金融与保险委员会。其他代表相关专业组织的具备相关专业经验的非国际商会成员也可以以观察员的身份申请加入保函专项工作组。

3. 保函专项工作组的首要任务是在所有商务领域和全球各地区宣传推广见索即付保函统一规则,通过定期组织或参与本国、地区性和国际性研讨会,与专业机构和国际组织会谈,授权发行出版物等各种手段,促进其更为广泛的应用。保函专项工作组将关注国际保函实务、相关法律判决和仲裁决定、各国法律法规,以及保函领域内其他国际与地区组织的相关工作。

4. 就保函领域内其他应由国际商会负责完成的工作,保函专项工作组也将考虑并向相关的国际商会委员会提出建议。

5. 保函专项工作组将协助国际商会银行委员会的技术顾问解答与 URDG 有关的问题,同时协助他们在 DOCDEX 规则下做好技术顾问的工作。

6. 如果国际商会的委员会、理事会或国际仲裁法庭秘书处提出要求,保函专项工作组可以答复任何与保函相关的问题,包括其他与保函相关的国际商会规则,如合约保函统一规则,以便确保国际商会处理不同类型保函实务所持立场能够保持一致,并协调保函领域国际商会所有规则和支持性服务的联合推广。

7. 保函专项工作组将定期向国际商会银行委员会或根据其他国际商会委员会或理事会的要求汇报工作。

8. 保函专项工作组将至少每年举办一次会议,或应主席要求随时召开,会议没有最低参会人数要求。

9. 国际商会秘书处将同时承担保函专项工作组秘书处的职责。

成员名单

Georges Affaki（主席，法国），Karin Bachmayer（奥地利），Roeland Bertrams（荷兰），Rolf J. Breisig（德国），Maximilian Burger-Scheidlin（奥地利），Mohammad M. Burjaq（约旦），Carlo Calosso（意大利），Roger F. Carouge（德国），Gabriel Chami（黎巴嫩），Haluk Erdemol（土耳其），Thomas B. Felsberg（巴西），Xavier Fornt（西班牙），Michel Gally（法国），SirRoy Goode（英国），Andrea Hauptmann（奥地利），Zhou Hongjun（中国），Khaled Kawan（巴林），György Lampert（匈牙利），Fredrik Lundberg（瑞典），Robert Marchal（比利时），Mi Na（中国），Antonio Maximiano Nicoletti（巴西），Eva Oszi-Migléczi（匈牙利），Sae Woon Park（韩国），Christoph Martin Radtke（法国），Natalia A. Rannikh（俄罗斯），Glenn Ransier（美国），Kate Richardson（英国），Zuzana Rollova（捷克），Cristina Rooth（瑞典），Don Smith（美国），Jeremy Smith（英国），ShriK. N. Suvarna（印度），Pradeep Taneja（巴林），Farideh Tazhibi（伊朗），Pieris Theodorou（塞浦路斯），Edward Verhey（荷兰），Chen Wen Yi（中国），Antonella Zanaboni（意大利）。

观察员：

Wilko Gunster（国际商会荷兰委员会），Alison Micheli（世界银行），Jean-JacquesVerdeaux（世界银行）。

DOCDEX：解决 URDG 争议的专业服务

国际商会跟单票据争议解决的专家方案（DOCDEX）规则为有效解决争议提供了一种可选择的渠道。通过这一规则，可以获得独立、公平和快捷的专家意见。

适用范围：DOCDEX 规则适用于解决与下列规则相关的争议：

ICC 见索即付保函统一规则（URDG）

ICC 跟单信用证统一惯例（UCP）

ICC 跟单信用证项下银行间偿付统一规则（URR）

ICC 托收统一规则（URC）

程序：发起 DOCDEX 程序的一方须向 ICC 国际专家技术中心（"中心"）提出申请。中心将在三十天之内邀请相关方提供应答文件。随后，中心将立刻指定三位专家（"指定专家"）。

指定专家在收到案件所有相关文件后的三十天内，做出专家意见（"DOCDEX 意见"），无须听证。

质量监控：在收到 DOCDEX 意见后，将由中心的 ICC 银行委员会的技术顾问或其指定的代表对 DOCDEX 意见进行评判，以确认 DOCDEX 意见与 ICC 银行委员会现行的规则和解释相符。技术顾问或其指定的代表对 DOCDEX 意见的修改须征得大多数指定专家的同意。

专家：指定专家由中心从 ICC 银行委员会的专家名单中选出。专家名单由全球经验丰富并且熟悉相关 ICC 规则的国际专家组成。指定专家的姓名不会向争议当事各方披露。

DOCDEX 意见的性质：除非争议当事各方同意采用 DOCDEX 处理争议，否则 DOCDEX 意见不对争议当事各方具有约束力。然而，DOCDEX 意见为他们的争议提供了极具参考价值的评估意见，并促进争议的友好解决。

时间：当事各方通常会在提出申请后的六十天内收到 DOCDEX 意见。

费用：标准收费为 5 000 美元。在特殊情况下，最多另收 5 000 美元的额外费用。DOCDEX 意见所有费用合计不超过 10 000 美元。

DOCDEX 规则的相关情况可查询 www.iccdocdex.org

DOCDEX 规则由 ICC 国际商会的国际专家技术中心(中心)与 ICC 银行技术与惯例委员会联合制定。

　　*URDG758 项下的见索即付保函和反担保函的格式及随后几页中建议的选择性条款,仅供参考使用。它们并不是本规则内容的一部分。

　　*这条建议的生效条款,与前一条一样,都经常在预付款保函和留置金保函中适用。在这两种情况下,此条款都是确保受益人在基础合同项下将应付款项支付给申请人之前,不能提出索赔。有两种方法起草这一条款,第一种方法如第一条所示,只有在该款项有效地贷记到申请人账户之后保函才生效。受益人/付款人承担转账错误或第三方扣押的风险。另一种起草方法如第二条所示,只要持有申请人账户的担保人收到付款,受益人的义务视为已经履行。贷记付款至申请人账户的任何延迟由申请人和担保人依据银行—客户关系协议或法律规定解决。

图书在版编目(CIP)数据

国际结算/顾建清编著. —3 版. —上海:复旦大学出版社,2019.1(2020.1 重印)
通用财经类
ISBN 978-7-309-14086-6

Ⅰ.①国… Ⅱ.①顾… Ⅲ.①国际结算-高等学校-教材 Ⅳ.①F830.73

中国版本图书馆 CIP 数据核字(2018)第 285029 号

国际结算(第三版)
顾建清 编著
责任编辑/鲍雯妍

复旦大学出版社有限公司出版发行
上海市国权路 579 号 邮编:200433
网址:fupnet@fudanpress.com　　http://www.fudanpress.com
门市零售:86-21-65642857　　团体订购:86-21-65118853
外埠邮购:86-21-65109143　　出版部电话:86-21-65642845
常熟市华顺印刷有限公司

开本 787×1092　1/16　印张 17.5　字数 344 千
2020 年 1 月第 3 版第 2 次印刷

ISBN 978-7-309-14086-6/F·2534
定价:38.00 元

如有印装质量问题,请向复旦大学出版社有限公司出版部调换。
版权所有　　侵权必究